JN410777

살아서 천상으로 갈 것인가, 죽어서 무덤으로 갈 것인가?

천상으로 가는 길

초판 1쇄 인쇄 2017년 7월 3일
초판 1쇄 발행 2017년 7월 7일

지은이 인황과 신감
펴낸이 金泰奉
펴낸곳 한솜미디어
등 록 제5-213호

편 집 박창서, 김수정
마케팅 김명준
홍 보 김태일

주 소 (우 05044) 서울시 광진구 아차산로 413(구의동 243-22)
전 화 (02)454-0492(代)
팩 스 (02)454-0493
이메일 hansom@hansom.co.kr
홈페이지 www.hansomt.co.kr

ISBN 978-89-5959-473-3 (03150)

*책값은 표지에 표시되어 있습니다.
*잘못 만들어진 책은 구입하신 서점에서 친절하게 바꿔드립니다.
*지은이 연락처_ 인황신전 자미국 지상 자미천궁 02)3401-7400

살아서 천상으로 갈 것인가, 죽어서 무덤으로 갈 것인가?

천상으로 가는 길

인황과 신감 지음

나는 누구이고, 어디서 와서 어디로 가는가? 인류를 구하실 분은 언제 오시고, 언제 만나나? 하늘은 어디로 내리셨고, 어떻게 만날 수 있나? 사후세계는 존재하나, 인류의 구원자는 지금 오셨나?

책을 엮으면서(천상으로 가는 명)

천지의 메시지

저자 인황은 1999년 봄부터 국내 수많은 명산의 최고봉에 올라 하늘에 예를 올렸고, 일본의 후지산, 황궁, 명치신궁 그리고 북한 땅의 금강산 중국 땅의 두만강, 백두산, 발해, 경박호, 장춘, 용정, 훈춘, 만리장성, 자금성을 두루 다니면서 하늘과 신들이 내리신 명을 집행하였다.

저자 인황은 남들과 다른 하늘의 명과 신들의 명을 받고 이 땅에 인간으로 태어남으로써, 하늘의 원과 이분들의 한을 함께 겪어야만 했다. 그 시간들이 교과서에 없는 창조의 길이기에 인간으로서는 감내하기 힘든 인생길이었다. 눈물, 아픔, 고통 없이는 이룰 수 없는 험난하고도 힘든 길이었고, 그 메시지로 둘러싸인 저자의 인생길은 암흑 속의 안개길 인생이었다.

시작과 끝이 보이지도 들리지도 않는 하늘과 신, 조상들의 눈물의 메시지. 인내의 힘든 과정을 통하여 이분들의 원과 한을 알게 되었고, 원과 한을 통하여 이분들의 애절하고도 간절한 소원이 무엇인지도 처음으로 알게 되었다.

저자 인황은 이 힘든 과정을 통하여 하늘과 신, 영, 조상님, 여러분 모두를 아픔과 슬픔, 고통과 불행의 질곡에서 해방시켜, 잘 살게 해주고자 한다. 천지만생만물을 태초로 창조하시고 생사여탈의 명령을 내리시는 유일의 태초 하늘이신 태상천존 자미천황님의 무릉도원 세상을 이 땅에 세우고 있다.

독자 여러분에게 종교를 왜 다니는지 묻고 싶다.

허전하고 외로운 마음을 의지하고 싶어서, 인생사 일들이 꼬이고 너무나 안 풀려서, 질병으로 병원에 다녀보았지만 현대의학으로 고쳐지지 않아서, 자녀들을 무탈하게 자라게 하여 성공 출세시키고 싶어서, 하늘과 신이 주시는 좋은 기운을 받아 잘 살아보고 싶어서, 죽은 다음에 사후세계를 보장받아 극락, 천당, 천국, 선경세상으로 가기 위해서, 전생과 현생에 지은 죄를 빌기 위해서, 자녀들을 좋은 학교에 진학시키기 위해서, 장사나 사업이 잘되게 하기 위해서, 도통하기 위해서, 육신이 건강하기 위해서, 하늘과 신을 만나고 싶어서, 조상님을 좋은 세계로 보내드리고 싶어서, 원래 영들의 고향인 천상으로 돌아가고 싶어서, 심판의 칼날을 피하기 위해서, 지구 종말의 말세에 살아남기 위해서 종교에 다니고 있다.

사람들마다 종교에 다니는 사연들이 모두 천차만별이다. 물론 종교는 안 다니지만 하늘과 신을 찾아 명산대천으로 기도 다니는 사람도 있을 것이고, 종교에 빠져서 광신도가 되어 목숨 걸고 열심히 다니는 사람들도 있다.

필자 인황은 전국 각지에서 책을 읽고 상담하러 오는 수많은 사람들을 친견하면서 이들의 갖가지 사연들을 들어보면 가장 힘들어 하는 사람들이 무신론자들보다는 종교에 오래도록 아주 열심히 다닌 사람들이라는 결론을 얻었다. 종교에 전혀 안

다닌 사람들은 10명 중에 1명이 있을까 말까 할 정도로 수많은 사람들이 오래도록 종교를 다니고 있다.

종교를 다니면서 나쁜 기운을 받아와서 인생이 몰락 직전에 있는 사람들이 대다수였다. 좋은 기운을 받아 인생을 더 편하게 잘 살기 위해서 다녔던 종교가 정반대로 여러분의 인생을 더 힘들게 만들었지만 종교에서 받아온 나쁜 귀신의 기운 때문이란 진실은 받아들이려 하지 않고 사주팔자가 나빠서, 삼재가 들어서, 이름이 나빠서, 운이 안 좋아서, 재수가 없어서, 아홉수라서 인생 풍파가 몰아치고 있다고 한다.

필자 인황의 말이 아니라 하늘과 신께서 친히 하강 강림하시어서 나에게 직접 가르쳐 주신 진실의 말씀이 있는데, 하늘께서는 이 땅에 그 어느 누구에게도 종교세계를 세우라고 윤허하시지 않으셨다고 하시며 인간 육신으로 신과 영들을 내려보내실 때 다른 짓은 다 해도 좋지만 종교세계 만은 절대로 다니면 안 된다고 명을 내리시어 보내셨다고 하신다.

그러시면서 천상에도 없는 종교세계를 누가 이 땅에 세웠느냐고 진노하시면서 너희 인간들, 조상들, 영혼들, 신들이 숭배자로 받들어 섬기고 있는 석가, 여호와, 예수, 성모, 상제, 마호메트, 공자, 노자는 하늘 앞에 대역 죄인들이라 하시었다.

하늘이 내려 보낸 인간들, 조상들, 영혼들, 신들을 자신들 앞에 굴복시켜서 종살이 노예살이를 시키신다고 분노가 이만저만이 아니신데 하늘 앞에 대역 죄인들인 그들 앞에 줄을 서서 그들을 받들어 섬기면 여러분의 인생은 어떻게 되겠는가?

그들이 하늘께 지은 죄를 신도들 각자가 나누어서 받아오기 때문에 인생이 뒤집혀 몰락의 길을 가는 것이라 하시었다.

그래서 필자는 독자 여러분을 모든 종교의 굴레에서 벗어나게 하여 살려주고자 한다. 종교 안에서 찾던 신명님, 하나님, 미륵님은 종교에 가시지 않고 자미국 지상 자미천궁으로 오시어서 진짜 구원의 하늘은 태상천존 자미천황님이시라고 매일같이 밝히시고 계시니 이제 더 이상 종교 다닐 필요가 없다.

하늘이 인류에게 내리시는 명을 전해 주고 순천자가 되어 하늘이 내리시는 존귀한 명을 받들게 해주는 곳으로 기존의 종교와는 전혀 다른 세계이기에 외워야 할 경전도 없고, 교리나 이론 교육은 하늘과 땅이 절대 허락하시지 않는다.

이 책의 정신적, 물질적 자산 가치는 사람마다 영적, 물적 차원에 따라서 각기 다르다. 영적, 물적 1단계 차원의 일반 사람들에게는 최하 3억 원 이상의 자산 가치가 있고, 2단계 차원의 중류층에게는 30억 원의 자산 가치가 있고, 3단계 차원의 중상류층에게는 300억 원의 자산 가치가 있고, 4단계 차원의 상류층에게는 3,000억 원의 자산 가치가 있고, 5단계 차원의 초상류층(100대 재벌)에게는 최하 3조 원의 자산 가치가 있는 책이다.

끝까지 완독하지 않으면 여러분에게 그만큼 큰 손해이다. 한 글자도 빠뜨리지 말고 다 읽고서 인간 육신들과 조상님들, 영혼들, 신들이 과연 얼마만큼의 영적, 물적 자산 가치로 받아들였는지 판단한 뒤에 저자와 친견 여부를 결정하면 된다.

여러분 인간 육신들과 조상님들, 영혼들, 신들은 하늘 아래 모두가 죄인들인데 죄를 빌어야 하는 이유이다. 이들 모두가 전생과 현생에서 하늘에 지은 죄가 얼마나 큰 것인지 실감도 안 나고, 현실적으로 받아들이지 못한 채 살아가고 있다. 전생과 현생의 지은 죄를 하늘께 용서 빌어 죄를 사면받지 못하면 여러분 현생은 물론 자손대대로 죄를 물려준다.

여러분 각자 한 명의 죄도 큰데 이미 돌아가신 직계 당대부터 시조까지 수많은 조상님들이 지은 죄는 헤아릴 수 없이 많다. 조상님들이 돌아가시었다고 해서 죄가 소멸된 것이 아니라 독자 여러분이 지금도 실시간으로 받으며 살아가고 있기에 인생사에 아픔과 슬픔, 고통과 불행이 끊이지 않는 것이다.

죄인들은 한시도 마음 편하게 부귀공명, 기쁨, 행복, 쾌락 누리며 살아가면 안 되기에 자자손손 대대로 가문에 온갖 아픔과 슬픔, 고통과 불행의 풍파가 끊어지지 않는 것이다. 이것이 바로 하늘에 지은 죄를 빌어야 하는 이유이다.

전생과 현생에 지은 죄를 하늘에 빌지 않으면 돈의 1인자 이건희, 이재용 부자와 권력의 1인자 박근혜 전 대통령처럼 인생의 극심한 풍파만 겪는 것이 아니라 자손이 태어나더라도 정상인이 아닌 장애아가 태어난다.

소아마비, 장님, 귀머거리, 벙어리, 손과 발이 없는 장애자, 선천성 백혈병, 심장병, 에이즈를 앓는 아이가 태어나거나 정상 아이로 태어났어도 얼마 살지 못하고 청춘에 사망하는 불행이 잇따른다. 현재 장애자로 태어난 사람들은 그들의 돌아가신 수많은 선대 조상들이 하늘에 지은 죄를 용서 빌어 사면 받지 못했기 때문이라는 무서운 진실을 전한다.

이 책은 여러분이 세상을 살아가는 데 실질적으로 현실의 삶에 적용할 수 있도록 수많은 사람들의 사례를 담은 실전 학문이므로 어떤 종교를 다니고 있다 할지라도 종교적 이론과 편견을 내려놓고 생명처럼 여기며 끝까지 정독해야 할 아주 중요한 책이다. 읽다가 어렵다는 이유로, 종교적 취향이 맞지 않는다는 이유로 포기하는 것은 인생의 영원한 실패자가 되는 지름길이다.

이 땅에 다녀간 성인성자로 추앙받고 있는 석가, 예수, 성모, 상제, 공자, 노자, 마호메트를 훨씬 초월하는 인류의 최고 영적지도자인 하늘의 화신이자 하늘의 명 대행자 인황과 하늘의 명 수행자 신감이 하늘과 신으로부터 계시받아 심오하게 집필한 책이며 불경, 성경, 도경을 능가하는 아주 귀한 신서이자 천서이므로 필히 완독을 권유한다.

정독하여도 5~6시간이면 충분히 읽을 수 있는 분량인데 늦어도 3~5일 안에는 완독하고 성공한 인생을 지키기 위해서든, 아픔과 슬픔, 고통과 불행, 질병에서 벗어나려거든 저자와 반드시 친견해야 한다. 나라를 개국하신 72위님과 각자의 신과 생령(영혼), 각자의 조상님들이 후손들에게 전하는 애절한 메시지와 함께 우리 모두가 잘 살 수 있는 비결이고, 무심코 지나쳤던 이분들에 대하여 우리 모두는 깊이 생각하고 깊이 반성함으로써 이분들의 의미도 정확히 알아야 한다.

살아있는 우리 모두는 언젠가는 죽음의 길로 가야 하기에 우리 모두는 어쩔 수 없는 예비 조상(귀신)이다. 죽음 이후의 막막하고 깜깜한 저승길! 한 번도 가본 적이 없는 모두에게 두려운 저승세계, 독자 여러분 각자 모두는 죽으면 어디로 갈 것이고, 어느 사후세계에 머물 것인지 생각해 보았는가?

허공중천 구천세계인가? 지옥세계인가? 말 못하는 짐승, 새, 물고기, 뱀, 벌레, 곤충으로 태어날 것인가? 아니면 꽃피고 새우는 근심 걱정 없는 신선들이 사는 이상향의 하늘나라 천상궁전 자미천궁으로 올라갈 것인가?

하늘나라 천상궁전 자미천궁!

이곳은 신선들의 나라이다. 천상궁전으로 오르면 하늘의 사랑과 보호를 받는 천손(하늘 백성)으로 다시 태어나게 되는 영광을 누리게 된다. 하늘의 주인이신 태상천존 자미천황님께서 조상님들에게 신분과 서열을 정해 주신다.

우리 모두는 인간 육신의 집을 잃어버림으로써 사후세계에 다시 태어나게 된다. 죽은 영혼 모두는 사후세계에 다시 태어남으로써 처음 와보는 사후세계에 대하여 낯설기만 하다. 쉽게 표현하면 갓난아기가 된 본인 조상님들 스스로는 아무것도 행할 수가 없기에 후손들이 구원해 주지 않으면, 조상님들의 힘으로는 아무것도 행할 수가 없다. 지옥세계나 구천세계를 스스로는 떠날 수 없으므로 반드시 인간사를 살고 있는 어른(자손)들이 갓난아기(조상님)들을 구원해 주어야 한다.

사후세계에 다시 태어난 조상님들 모두의 소원은?

말 못하는 천지만생만물로 끝없이 무서운 윤회를 하는 것도 아니고, 춥고 배고픈 허공중천의 구천세상이 아닌, 또한 힘들게 찾아가도 왔는지조차도 몰라주어 설움 받을 수밖에 없는 자손들의 몸이 아닌, 신선들의 세계 천상궁전 자미천궁으로 하루빨리 올라가 힘들고 지쳤던 인간사의 모든 것을 잊고 새롭게 태어나고 싶은 것이 이분들 모두의 한결같은 바람이고 소원이다.

하늘과 신, 영, 조상들이 내리는 기운!

저자가 전하는 말을 여러분 독자들이 믿지 못할 수도 있지만 각자의 몸 안에 있는 조상과 영혼, 신들은 진실이라는 것을 알고 각자의 온몸을 통해서 신비로운 반응을 나타낼 것이다. 반응을 나타내는 증상도 천차만별인데 대략 다음과 같은 신비한 일들이 육신과 마음에서 일어날 것이다.

책을 읽는 도중 온몸으로 이분들의 기운(설움과 아픔, 원과 한)을 느끼게 될 세계 최초의 신서이자 천서가 될 것이다. 우리와 의사소통의 방법이 다른 이분들께서는 자손이 이 책을 읽는 도중 자손의 머리, 어깨, 가슴, 눈, 귀, 코, 입, 허리, 배, 다리, 손, 발, 여러 곳을 통하여 신비조화를 내려주심으로써 자신들의 존재를 자손들에게 전달하게 될 것이다.

각자의 마음으로 그동안에 조상님들의 원과 한이 전달되어 본인들 본마음과 상관없이 서러움의 마음을 온몸으로 느끼는 독자들도 많이 있을 것이다. 또 한편으로는 아팠던 몸이 갑자기 좋아지는 이적을 보게 될 독자분도 있을 것이고, 갑자기 슬퍼 눈물이 나오면서 본인 스스로도 제어 할 수 없는 설움에 대성통곡이 나기도 할 것이며, 지난날의 모든 일들이 진심으로 참회되면서 희로애락이 교차하기도 한다.

책을 읽는 도중 여러 가지 신비조화 현상을 하늘, 땅, 신, 영혼, 조상님께서 여러분의 육신을 통해서 직접 보여주시고 느끼게 해주신다. 각 페이지마다 단원마다 줄마다 글자마다 하늘과 땅과 신, 영혼, 조상님의 말씀을 기록한 신서로서 하늘과 천지만물의 신명조화 정기가 무궁무진하게 내린다.

사람마다 각기 다르지만 상상을 초월하는 일들이 몸에서 또는 일상생활에서 일어나고 있다. 그 모든 것이 하늘이 인류에게 내리시는 命(명)이 실시간으로 전달되는 메시지라고 생각하면 틀림없다. 조화가 일어나는 현상으로는 사람마다 형태가 다를 것이며 강하고 약함도 다르다.

책을 읽는 도중에 피곤하지도, 졸리지도 않은데 하품이 계속 나온다. 이는 졸려서 나오는 하품과는 전혀 달라서 본인 스스로가 금방 알 수 있다(하늘의 명이 내려옴), 책을 읽을 수 없을 정도로 졸음이 쏟아진다(조상님들이 잠에서 깨어나는 과정), 팔과 다리가 심하게 떨리는 사람(신의 기운 체험),

몸에서 갑자기 열이 나거나(기운 내림), 몸 전체가 떨리는 사람과 손에 크고 작은 진동(신명하강 환희), 머리에 가려움증이나 뭐가 기어가는 듯한 느낌(신명이 언어 전달 시도), 환청이나 환영(신에서 보여주고 들려줌), 마음이 들뜨고 밝고 명랑해지거나(몸 안의 신이 알아들음), 이상한 꿈(신들이 보여주는 현상)을 꾸거나 몸이 가벼워짐(천지신명조화)을 느끼고, 슬프게 대성통곡하며 울거나 왠지 모르게 슬퍼서 흐느끼게 될 것이지만 전혀 놀랠 필요 없다.

머리가 아프거나 가슴이 답답하고 어깨가 눌리거나 몸이 아파 오는 것은 신과 조상님들이 들어와 있다는 표시이다. 이런 변화가 일어난 독자들은 존귀하신 하늘로부터 뽑혀서 命(명) 받을 수 있는 아주 특별한 대상자들로서 하늘과 땅이 부르시는 긴급 호출 명령이다.

그동안 몸 안에 숨겨져 있던 조상, 영혼, 신들이 하늘이 부르심에 반응을 나타내고 있는 것이니 책을 정독하여 모두 읽고 예약한 후 방문해서 위대하신 하늘이 내리시는 존귀한 命(명)을 속히 받들도록 하여야 한다.

이 책은 단순한 하늘, 땅, 조상, 영혼, 신에 관한 책이 아니라 우리 모두가 죄인의 굴레에서 벗어나 무릉도원 세상에서 살아갈 수 있는 하늘이 내리신 비결서(秘決書)이다.

하늘이 인류에게 내리시는 명을 전해 주고 순천자가 되어 하늘이 내리시는 존귀한 명을 받들게 해주는 곳으로 기존의 종교와는 전혀 다른 세계이기에 외워야 할 경전도 없고, 교리나 이론 교육은 하늘과 땅이 절대 허락하시지 않는다.

하늘, 신, 조상님이 인류에게 전하는 천지의 메시지!

이 책은 인간의 마음과 인간의 정신을 초월할 세계 최초의 신서이자 천서로 길이길이 남아, 지치고 힘든 각자의 인생과 영혼들의 사후세상을 영원한 행복의 길로 인도해 줄 인생의 비결서가 될 것이다. 지금까지 수많은 불경, 성경, 도경이 이 땅에 존재하고 있었지만 이 책과 같이 읽는 도중 본인들 스스로가 직접 몸으로 보이지 않는 하늘의 기운, 신, 조상의 기운을 진정으로 느낄 수 있는 책은 지구 역사상 단 한 권도 없었다.

이 책은 여러분들 각자의 인생을 즐겁고 행복하게 살 수 있도록 인도해 줄 것이고 하늘빛의 길을 가르쳐줄 것이다. 보이지 않고 들리지 않아 인간으로서는 감히 알 수조차도 없었던 하늘세계의 진실과 이분들의 말씀을 전달하여 산 자손들은 행복과 부귀영화, 건강의 길로 인도하여 주고, 죽은 조상님들에게는 모두의 소원인 영혼의 안식처 천상 도솔천궁과 천상 자미천궁으로 인도하여 주는 것이 저자가 하늘께 받은 사명이고 조상님께 받은 사명이다.

모두가 근심 걱정 없이 하루빨리 잘 살기를 원하며 바라고 있듯이, 사후세계에 계신 각자의 모든 조상님들도 자손들처럼 근심 걱정 없이 행복해지고자 천상 자미천궁으로 하루빨리 입궁되시고 싶어 자손, 후손들이 이곳에 들어와서 찾아주기를 어제도 오늘도 지금 이 순간도 손꼽아 기다리고들 있다.

살아서의 삶은 무엇을 의미하고? 죽음 이후의 삶은 무엇을 의미하는 것일까? 우리 모두는 죽음 이후에 어디로 가야 하는 것일까? 또한 이미 돌아가신 분들은 도대체 어디에 가 계신 것이며 무엇을 하고 계신 것일까? 우리의 의지와 상관없이, 우리 산 사람 모두가 언젠가는 가야 할 사후세계가 분명하건만, 아무것도 모른 채 사후세계로 돌아 갈 것인가?

또한 그 길이 어느 길인지도 모른 채 넋 놓고 있다가 갈 것인가? 인생은 길어야 100세 전후이지만 죽음 이후의 세상은 장구한 세월이다. 그 장구한 세월에 대하여 아무런 대책들도 없으니 실로 답답한 일들이다. 육신이 살아서 인간들이 사는 집을 장만하는 데만 혈안이 되어 있고, 죽어서 살아가야 할 사후세계 집 천궁은 아예 마련할 생각도 하지 않으니 안타깝다.

육신의 집은 몇 십 년에 불과하지만 사후세계의 집(천상 자미천궁)은 영원하다. 죽어서 칙칙하고 어두운 한 칸 무덤 속에서 영원히 살 것인가? 만생만물로 태어나는 무서운 윤회의 길을 선택할 것인가? 아니면 호화찬란한 천상 자미천궁에서 하늘의 사랑받으며 시종과 시녀들을 데리고 살 것인가?

지금까지 수많은 사람들이 이 땅을 다녀갔지만 이 진실 자체를 아는 이가 없었다. 진실 자체를 아는 이가 없다 보니 밝힐 수도 없었고 가르쳐주는 이도 없었다. 교과서에도 없는 하늘 세계. 하지만 저자 인황은 많은 고통의 시간을 통하여 어느 누구도 몰랐던 하늘의 진실과 신, 조상세계의 진실을 알았다.

하늘의 진실, 신, 조상세계의 진실을 알게 됨으로써 이분들 모두가 원하고 바라는 뜻도 알게 되었고 그 해법도 인류 최초로 알게 되었다. 이분들 모두의 해법을 알게 되면서 우리 인간이 이분들로부터 자유로워져 우리 사람들도 인간사를 사는 동안 근심 걱정 없이 잘 살 수 있는 방법도 알게 되었고, 사후세계에서도 행복해질 수 있는 방법을 알게 되어 이분들 모두의 뜻을 책으로 집필하여 만 세상에 전하고 있다.

이 책을 통하여 모두가 행복하였으면 하는 것이 저자의 간절한 바람이고 진리의 길을 찾아 행복의 길을 살았으면 한다. 이제 우리 모두는 바로 알아야 한다. 왜? 사람으로 태어났는가? 희로애락 그 속에 담겨진 숨은 뜻은 무엇일까?

나는 누구인가? 현재의 생은 무엇을 의미하고, 보이지도 들리지도 않는 다음 생은 무엇을 의미하는 것일까? 이 한 권의 책은 여러분이 궁금히 여겼었던 하늘세계, 사후세계, 신명세계, 영혼세계, 조상세계, 종교세계, 인간세계에 대하여 해법을 제시해 줄 것이고 명쾌한 정답을 내려 줄 것이다.

생소한 용어들이 있긴 하지만 정독하면 자신도 모르게 신비한 기운을 각자의 몸으로 체험하게 될 것이다. 각자의 가정과 가문의 운명까지도 바꾸어 줄 인생 행복의 비결서. 지금 이 순간도 허공중천 구천세계를 방황하고, 만생만물로 태어나 고통스러워 살려달라고 울부짖으며 자손들의 몸 안에서 구원해 주기만을 바라며 울고 있는 자신의 조상님들을 생각해 보라.

본인들 각자 인생의 불행(사기, 배신, 사업실패, 금전고통, 가정의 파탄, 자손의 가출, 정신병, 우울증)은 어느 누구의 탓이 아닌, 원과 한이 쌓인 돌아가신 조상님들의 눈물과 아픔이다. 주위 사람 원망하지 말고, 세상 원망하지 말고, 낳아주고 길러주신 육신의 부모조상님들을 구원 못하고 전생에 각자들이 하늘에 지은 죄의 대가이니 본인들 스스로를 원망하라.

옛날부터 "안되면 조상 탓"이라고 했다. 지금까지 속고 속은 천도재나 굿, 기도가 아닌 하늘의 명을 받아 조상입천제를 행하여 조상님도 구원하고 우리 산 사람도 구원받아야 한다. 조상입천제는 조상님들을 영원히 우리 산 사람과 구분되게 하여 산 사람은 지상에서 사람답게, 조상님들은 구천이 아닌 가장 높은 곳 천상 도솔천궁과 천상 자미천궁에서 살게 해주는 천상행사이다.

영원히 사람과 조상, 영혼, 신들이 각자의 길을 편히 가게 인도해 주는 행사로써 인류 역사상 최초로 행해지고 있다. 조상입천제는 모든 종교 이론에 얽매이지 않아도 된다. 영혼세계를 구원하고 인류를 구원하고자 종교세계가 아닌 하늘의 본세계가 열리고 있다.

모든 것은 때가 되면 원래대로 돌아가게 되어 있다. 인간으로서 인간이 만든 모든 이론에 속박되어 더 이상 방황하지 말고 하늘의 품으로 돌아가, 영혼의 천지부모이신 자미천황님과 자미황후님의 품안에서 우리 모두는 다시 태어나야 한다.

그렇다. 하늘과 다른 종교 이론이 선량한 사람의 마음과 불쌍하고 억울하게 죽은 영혼들을 속여 잠시 잠깐 그대들을 현혹시켜 인간의 배를 채웠을지는 모르나, 종교세계의 거짓된 이론으로 하늘을 현혹시키고 진정한 진실을 현혹시킬 수는 없다. 거짓이 강하다 하지만, 거짓이 진실을 이길 수는 없다.

때가 되면 거짓은 물러나고 진실이 자리 잡게 되는 것이 세상 이치이다. 이 책을 쓰는 저자의 마음은 너무 쓰리고 아프다. 진실이 감추어져 있는 동안 많은 산 사람들과 죽은 영혼들이 거짓의 세계에서 배신의 상처로 그 얼마나 마음이 아프고 괴로웠을까를 생각하니 그들 모두의 배신의 고통이 저자의 마음에 전해져 이내 마음이 그들과 함께 천 갈래 만 갈래 찢어지는 고통이다.

진실의 세계가 이 땅에 하강함으로써 거짓의 세계는 자연히 소리 소문 없이 스스로 사라지게 된다. 진정한 진실 앞에 어떠한 거짓이 통하랴? 진정한 진실 앞에 어떠한 변명이 통하랴? 천인, 신인, 도인들이 배출되는 자미국 지상 자미천궁은 진실이 모여 진실의 세계가 그 얼마나 위대한지 진실의 실체를 이 땅에 보여주게 될 것이다.

회유, 현혹, 협박, 강요의 이론이 아닌 진실의 말과 행동을 통하여 본인들 스스로가 판단하여 선택할 수 있도록 해서 하늘 본체의 뜻을 이 땅에 전하고 이 땅에 펼치게 될 것이다. 더 이상 거짓과 고통의 굴레에서 산 사람과 죽은 영혼들이 배신의 아픔으로 방황하며 괴로워하는 모습을 이제 더 이상은 지켜볼 수 없다. 또한 이 책을 보는 독자들 역시도 저자와 같은 생각일 것이다. 진실의 진리 앞에 우리 모두는 행복해질 권리가 있고, 우리 모두는 행복해져야만 한다.

51,700,000명의 국민들 중에서 하늘과 신으로부터 뽑혀서 자미국 지상 자미천궁에 들어와 하늘이 내리시는 명을 받들 사람들은 많아야 5,000명 남짓하다. 10,000명 중에 1명이 뽑히는 확률로 매우 어렵기에 책을 읽는 자체가 행운아에 속할 정도이다. 그래서 책을 읽고 하늘의 명을 받아 조상입천제, 천인합체, 생령입천을 행하는 사람들을 천운아라고 부르는데 이를 만조일손(萬祖一孫, 만 명의 조상 중에 한 명이 뽑힐 정도로 아주 희귀한 일)이라 한다.

목차

제1부

천상으로 가는 길 조상입천제

조상입천제란 무엇인가?

천상으로 가는 길은 도대체 어디에 있는 것일까? 그리고 어디를 가야 진정한 하늘을 만나는 것일까? 이것이 인류 모두에게 던져진 화두인데 아무도 풀지 못한 인류의 숙제였으나 하늘의 화신이자, 하늘의 명 대행자 인황과 하늘의 명 수행자 신감 둘이서 인류 탄생 이후 태초로 인류의 숙제를 풀어냈다.

여러분은 어느 천상으로 가려는 것인가?

기존의 종교세계를 통해서 수천 년 동안 알려진 극락, 천당, 천국, 선경세상으로 가려는 것인가? 인류가 종교를 통해서 믿었던 이들 세계는 존재하지 않는 허구의 세계라는 진실이 밝혀졌기에 갈 수도 없다. 각 종파의 종교 교조들이 임의적으로 만들어낸 상상의 세계였던 것이었다.

그래서 독자 여러분이 믿든 말든, 욕을 하든 말든 천상으로 가는 길은 오직 두 갈래 길뿐이다. 어머니처럼 자상함과 포근함으로 감싸주시는 도솔천황님(어머니 하늘)이 주인이신 천상 도솔천궁과 아버지처럼 지엄하시고 수천억 하늘 중에 최고 높은 자미천황님(아버지 하늘)이 주인이신 천상 자미천궁인데 과연 어느 세계로 갈 것인가?

천상 도솔천궁과 천상 자미천궁 세계는 종교세상을 통하여 알려진 적이 없는 신천지 세상이다. 이곳 천상으로 가는 길은 하늘과 땅, 저자 인황과 신감이 함께 세운 자미국 지상 도솔천궁, 자미국 지상 자미신전, 자미국 지상 자미천궁이고, 인류가 태어난 이래 하늘을 만나 구원받을 수 있는 전 세계 유일한 곳이다.

여러분이 알고 있는 기존의 종교세계에서는 하늘을 만날 수도 없고, 구원받을 수도 없다. 절대 천상으로 돌아갈 수도 없기에 세월 낭비, 금전 낭비만 하고 있을 뿐이다. 천상으로 가는 길은 도솔천황님과 천지신명님 그리고 최고의 하늘이신 자미천황님, 신명님이신 천상감찰신명님, 하나님이신 천상천감님, 미륵님이신 천상도감님께 인도받아야만 가능한 일이었다.

천상으로 가는 길!

기존의 종교세계에 오랜 세월 널리 알려진 석가, 예수, 성모, 상제, 마호메트, 공자, 노자를 열심히 믿는다고 천상으로 가는 것이 아니라 인황과 신감을 통해서 대단하신 절대 능력자를 만나야만 천상으로 가는 소원을 빨리 이룰 수 있다. 알면 쉽고 모르면 어려운 것이다.

결국 여러분이 조상의 대를 이어서 수천 년의 장구한 세월동안 열심히 믿어오던 종교세계 안에서는 천상으로 가는 길을 그 어디에서도 찾을 수 없다는 것이 확인되었으니 이제 여러분 인간 육신들과 수많은 각자의 조상님들, 각자의 영혼들, 각자의 신들이 어떤 선택을 할 것인지만 남아 있다.

천상으로 가는 비결!

불경, 성경, 도경의 종교 교리와 이론을 오랫동안 열심히 믿어야 천상으로 가는 것이 아니라 하늘이 내리시는 命(명)을 받아야 입천(천상으로 가는 윤허의 명)하는 것이었다. 이 책을 읽고도 여러분의 정신적 스승인 종교 지도자나 불경, 성경, 도경의 이론이 맞는다고 주장할 사람들은 이곳과는 인연이 없으니 지금처럼 다니던 종교세계를 그대로 열심히 다니면 된다.

우리의 영혼을 주신 태상천존 자미천황님과 자미황후님도 우리의 육신을 주신 조상님들도, 또한 이 땅에 살고 있는 우리 모두들도 이를 간절히 원하고 바라고 있다. 자미천황님과 자미황후님의 뜻에 순응하여 우리 모두가 잘 살아야 진실이 거짓을 이길 수 있다. 자미국 지상 자미천궁은 진실이 밝혀지는 그날까지 최선을 다하여 하늘로부터 선택받은 수많은 조상님들을 구원하고자, 수많은 산 사람의 영혼까지 구원하고자, 수많은 신들을 구원하고자 최선에 최선을 다할 것이다.

천상으로 돌아가는 길은 두 갈래 길이 있다.

육신이 살아서 가는 길과 육신이 죽어서 가는 길인데 두 갈래의 길 모두 자미국 지상 자미천궁에서 하늘이 내리시는 입천의 명을 받지 않고서 천상으로 오르는 길은 절대로 불가능하다는 진실이 인류 최초로 밝혀졌다. 종교에 심취해 있는 사람들은 인정하지 않을 것이지만 천상의 신들이 하강하시어서 말씀으로 가르쳐주신 진실이다.

왜, 하늘로부터 입천의 명을 윤허받아야 하는지 독자 여러분은 잘 모를 것이다. 하늘은 아무나 모두를 구원하시지 않으신다고 선포하셨기 때문이다. 하늘 아래 인류 모두는 하늘을 배신, 항명, 역천, 천상법도 위반해서 쫓겨났거나 천궁을 때려 부수고 도망쳐 나온 죄인들의 신분이라고 밝히시었다.

죄인의 등급도 천차만별이므로 전생에 하늘께 지은 죄를 용서 빌 때 받아줄 자와 받아주지 않을 자를 도솔천황님과 자미천황님께서 선별하시어 입천 윤허 여부를 가려서 판별하신다고 말씀하셨다. 그러므로 여러분이 종교인들에게 의뢰한 구원 행위는 모두 거짓이었으니 무효인 셈이다.

천상으로 돌아가는 길은 두 갈래 길 중에서 육신이 죽어서 가는 길이고, 육신이 살아서 천상으로 가는 길은 2부 천인합체와 3부 생령입천을 참고하면 된다. 산 자든 죽은 자든 하늘이 내리시는 입천의 명을 받지 않고서 천상으로 오르는 길은 절대로 불가능하다는 진실이 인류 최초로 밝혀졌다.

육신을 잃고 이미 가신 조상님들을 영혼의 어버이 자미천황님께서 계신 하늘 천상 자미천궁으로 입궁시켜 드리는 아주 중차대한 행사가 조상입천제이다. 조상님들의 운명이 천지개벽을 맞이하는 조상입천제. 아무 조상님들이나 천상 자미천궁에 들어갈 수 있는 것이 아니라 도솔천황님과 자미천황님께 선택받은 조상님들만이 조상입천제를 행하여 도솔천황님과 자미천황님 품으로 돌아갈 수 있다.

입천제는 일반입천제와 벼슬입천제 두 가지 종류가 있는데 일반 조상입천제(일반입천제, 하단입천제, 중단입천제, 상단입천제)는 도솔천황님이 주관하시고 조상님들이 천상 도솔천궁으로 입천되시며, 벼슬입천제(특단입천제)는 자미천황님이 주관하시며 천상 자미천궁으로 데려가신다.

이렇게 엄격한 천상법도가 있는 줄은 전혀 몰랐으나 저자 인황이 17년 동안 수많은 입천제를 행하면서 알게 된 위대한 진실이다. 천상 도솔천궁과 천상 자미천궁으로 입천된 조상님(천손)에게 상하서열이 존재하고 신분과 계급이 엄격히 구분된다는 것을 알았고, 조상님은 입천하면 천손(天孫)의 신분이 된다.

천상에서 조상님들의 운명이 어떻게 정해질까? 살아있는 자손들이 어떤 등급의 조상입천제를 올리는가에 따라 좌우된다. 인간세상으로 비교하자면 일반입천제를 행하면 하위공무원 수준의 신분이고, 벼슬입천을 행하면 고위공무원 신분이다.

벼슬입천제 역시 조상님들 마음대로 하고 싶다고 행하는 것이 아니라, 하늘을 애절히 찾으며 공경하고, 오랜 세월 지극정성 들여 공덕을 높이 쌓았거나, 살아생전 벼슬할 때 백성들에게 선심선덕을 베풀었던 조상님들에게 벼슬입천을 윤허해 주신다.

벼슬입천제는 자미천황님께서 벼슬입천할 조상님들에게 어떤 단계의 벼슬입천을 윤허해 주시는가에 따라서, 천상 자미천궁에 입천되는 세계가 다르다. 1품에서 12품까지 품계별마다 하단 벼슬입천제, 중단 벼슬입천제, 상단 벼슬입천제, 특단 벼슬입천제가 있고 12품계별 등급마다 자손들이 조상님과 하늘에 올리는 조공(祖貢)의 액수가 다르다.

조상들, 영혼들, 신들은 모두가 천상의 높은 벼슬자리가 탐날 것이지만 상응하는 대가를 지불해야 한다. 쉽게 말하자면 인황은 하늘을 파는 것이고, 여러분은 하늘을 사는 것이다. 죗값으로 올리는 돈의 액수 조공과 천공만큼 하늘을 사고파는 것인데 듣기에는 거북하고 이상하게 들릴 수도 있지만 이것이 하늘과 땅의 법도이다. 여러분이 시장이나 백화점에 가서 필요하거나 좋아하는 물건을 구입할 때 물건 값을 지불해야만 구입할 수 있는 것과 같은 이치이다.

그러므로 천상의 높은 벼슬자리도 그에 상당하는 돈을 지불한 조공과 천공만큼 벼슬을 살 수 있다. 하늘은 인간 육신이 없으시기에 사실 돈이 필요하지 않으시나 여러분의 마음 크기를 측정하실 때 돈의 조공과 천공 액수로 판가름하신다. 돈 없이 마음과 말로만 하는 것은 누구나 다 할 수 있지만 돈이 들어간다면 모두가 주저한다. 그러므로 돈을 조공과 천공으로 하늘에 올리는 것은 행뿐이다. 하늘은 행하고 뿌린 대로 한 치의 오차도 없이 거두게 하신다는 진실을 알아야 한다.

여러분에게 많은 돈을 벌게 해주신 것은 호의호식하고 부귀영화 누리며 자손들에게 유산으로 물려주라고 많이 벌게 해주신 것이 아니라 죗값으로 조공과 천공을 많이 올리라고 많이 벌게 해주신 것인데 이런 하늘의 진실을 몰라보고 있다. 여러분은 전생에서 인간으로 태어나기 전에 하늘의 명에 순천하겠다고 굳은 약속을 하고서 인간으로 태어났지만 모두 잊어버렸거나 약속을 저버린 패륜아가 되어 있기에 다시 진실을 알려준다.

죗값으로 조공과 천공을 올리지 않으면 물려줄 유산도 없을 정도로 가문이 쫄딱 몰락해 버린다는 무서운 진실을 알아야 한다. 하늘에 죗값으로 조공과 천공을 많이 올린다고 해서 많이 벌게 해주시었는데 안 올리니 순간에 모두 거두어 가신다. 성공하여 잘살고 있는 여러분 모두가 잘나고, 열심히 노력해서 번 것이 아니라 하늘이 벌어주신 것이라고 직접 밝히시었다.

여러분 인류 모두는 천상에서 죄를 짓고 지구로 쫓겨난 죄인들이고, 바로 인간으로 태어난 것이 아니라 천지만생만물로 태어나 수억만 년을 빌고 간절히 빌어서 만물의 영장인 인간으로 태어나게 해주시었다. 그리고 하늘이 인황을 통해서 부르시면 즉시 달려오겠다고 굳게 언약하였으나 지키는 자들이 없다.

그래서 여러분은 처음이자 마지막으로 하늘이 주신 구원받을 수 있는 천재일우의 기회를 저버리고 죽어서 말 못하는 만생만물로 태어나 끝도 없는 윤회의 굴레에 갇혀서 소리치며 울부짖어도 소용없는 무서운 사후세계의 삶을 살아갈 것이다.

살아생전 천인(天人)이 되지 못하고 죽었으면, 자손 잘 만나 벼슬입천제라도 행하여야 천상 자미천궁에 올라가서 높은 벼슬을 할 수 있다. 인간세계 공무원은 나이와 계급 정년이 있지만 천상에서는 천상법도를 위배하여 쫓겨나지 않는 이상 높은 자리에 오래도록 머물며 시종과 시녀를 거느릴 수 있다.

천상 도솔천궁과 천상 자미천궁!

이유 없이, 조건 없이 무조건 올라가야 할 모든 조상영가들의 천상명당이다. 이제 인황을 만나 조상입천제를 행하면 조상님들이 꿈에 그리던 무릉도원 천상 도솔천궁과 천상 자미천궁으로 오르시기에 납골묘지, 매장묘지가 아무 소용이 없으므로 모두 화장해서 강이나 산에 뿌리면 된다.

전통, 풍습, 관습으로 수백수천 년 동안 지내오던 모든 제사나 차례를 지내지 않아도 아무런 탈이 없다. 하지만 사명자 이외의 가족들은 하늘의 뜻을 알 수 없기에 가족 화합 차원에서만 지내도록 해야 한다. 가족들에게 이런 말을 해봐야 가족 간의 분란만 생기니 아예 말하지 않는 것이 좋다.

천인(天人)과 천손(天孫)은 하늘과 땅 차이만큼 신분의 차이가 많이 난다. 인간세상 계급으로 비유하자면 천인은 5급 사무관 이상 장차관급 벼슬에 해당하는 계급을 가진 고위공무원 신분이고, 천손은 6~9급에 해당하는 하위공무원 수준이라 보면 된다.

진실한 하늘을 찾고 있던 수많은 인간들, 조상들, 영혼들, 신들의 운명을 송두리째 바꾸어주실 높고도 높으신 그 위대하신 하늘이 도솔천황님과 태상천존 자미천황님이시다. 이곳은 인황궁전 자미금궐, 자미국 지상 도솔천궁, 자미국 지상 자미신전, 자미국 지상 자미천궁이라 하는데 그 연유는 저자 인황과 신감에게는 자미국 인황궁전 자미금궐이고, 도솔천황님께는 지상 도솔천궁이고, 천지신명님께는 지상 자미신전이고, 자미천황님께는 지상 자미천궁이다.

인류의 상상을 초월하는 신비의 대원력을 가지신 위대하시고 대단하신 도솔천황님, 천지신명님, 자미천황님께서 친히 실시간으로 자미국 인황궁전 자미금궐의 인황과 신감의 육신으로 하강 강림하시기 때문에 이름이 여럿이다.

이곳에서 행하여지는 조상입천제, 천인합체, 생령입천 등 모든 행사는 천상에서 실시간으로 자미방송 TV채널을 통해서 지켜보고 계신다고 밝히시었다. 그래서 한 치의 오차도 없이 인간들, 조상들, 영혼들, 신들이 구원받는 것이다.

여러분이 열심히 믿고 있는 종교는 죽음의 고행 길이고, 이곳은 생명의 꽃이 피고 모두가 살아나는 기쁨과 행복의 길이다. 여러분이 종교 안에서 찾고 있던 신명님은 천상감찰신명님으로 오시었고, 하나님은 천상천감님으로 오시었고, 미륵부처님은 천상도감님으로 오시었다.

그런데 이 세 분들보다 더 지고지존하시며 높고도 높으신 최고의 하늘이 계시니 바로 태초의 하늘이신 태상천존 자미천황님이시다. 자미천황님의 자손이 천상감찰신명님, 천상천감님, 천상도감님 세 분뿐이라고 밝히시었다. 인류 모두는 세 분들의 인도를 받아야만 태초의 하늘이신 태상천존 자미천황님께 구원받을 수 있다는 위대한 진실은 난생처음 들어볼 것이다.

신인합체, 신인합일, 신명조화, 신인조화, 신비조화, 신 내림, 신의 세계에 관심이 많아 무속이나 신교에 다니는 사람들과 천상에서 내려온 신선선녀들은 신명님이신 천상감찰신명님의 기운을 받아야 할 사람들이고, 이분을 만나야만 최고의 하늘이신 태상천존 자미천황님께 명받아 천인의 신분을 얻는다.

영혼세계에 관심이 많고 천인합체, 천인조화, 천인합발을 하려는 사람들과 기독교와 천주교에 다니며 죽어서 천국, 천당으로 구원받으려고 천상에서 내려온 천사들은 하나님이신 천상천감님의 기운받을 사람들이고, 이분을 만나야만 최고의 하늘이신 태상천존 자미천황님께 명받아 천인의 신분을 얻는다.

하늘세계, 사후세계, 조상세계, 도인, 도통, 윤회에 관심이 많아 불교와 도교, 유교에 다니는 사람들은 미륵부처님이신 천상도감님의 기운받아야 할 사람들이고, 이분을 만나야만 최고의 하늘이신 태상천존 자미천황님께 명받아 천인의 신분을 얻는다. 도통하려는 도인들도 천상도감님의 기운을 받아야 한다.

인류 역사가 시작된 이래 경천동지할 하늘의 진실이 오늘 자세히 밝혀졌다. 천사와 천인의 신분은 비교조차 할 수 없을 정도이고, 천사에서는 수억만 년의 세월이 흘러가도 천인의 신분으로 승격될 수 없다. 천사에서 천인의 신분이 되려면 하나님이신 천상천감님의 인도를 받아서 영혼의 부모님이신 태상천존 자미천황님의 명을 받아 천인합체를 해야 한다.

각자의 몸 안에 있는 조상들, 영혼들, 신들은 세 분들의 기운 따라 움직일 것이고, 더 높은 최고의 하늘을 만나 천인이 되려면 종교세계를 얼른 떠나서 인황과 신감을 친견하여야 한다. 구원과 죄 사면권, 천지만생만물에게 명을 내릴 수 있는 유일한 분이 태초의 하늘이신 태상천존 자미천황님이시다.

인간 육신은 물론 조상들, 영혼들, 신들에게는 생사가 달린 문제이고, 구원과 영생 여부가 판가름 나는 중차대한 일이므로 이제는 더 이상 종교에 머물지 말고 하늘의 명 대행자 인황과 하늘의 명 수행자 신감을 친견하러 와야 한다. 세 분들은 더 이상 종교세계로는 구원하러 가시지 않는다고 선포하신지 오래되었다.

신명님, 하나님, 미륵님 세 분께서 손에 손을 잡고 인황, 신감과 함께하고 계시니 이것이 바로 유불선통합의 완성 설계도이다. 이제 더 이상 종교에 다닐 필요가 없어졌다. 지금까지 각자가 믿는 종교를 내려놓고 세 분의 기운 따라 이곳으로 하루라도 빨리 들어와야 살아나서 아픔과 슬픔, 고통과 불행, 불운과 비운에서 벗어날 수 있다.

여러분 인생사에 갑자기 일어나는 커다란 아픔과 슬픔, 고통과 불행, 불운과 비운은 여러분을 더 높은 단계의 하늘께로 데려가시려고 세 분들께서 내려주신 선물이다. 여러분의 고집이 워낙 강하고 고집불통이라서 커다란 충격을 주지 않으면 세 분 앞에 굴복하지 않기에 가장 소중한 가족의 목숨과 태산 같은 돈, 권력, 명예, 건강을 한순간에 잃어버리게 하신 것이었다.

당장 현실은 하늘이 무너지는 아픔과 슬픔, 고통과 불행, 불운과 비운이지만 세 분들을 만나서 말씀을 들어보면 다 그럴만한 이유가 있었기에 결국에는 모두가 수긍하게 된다.

이 땅에 내려온 영혼들은 허공중천 구천세계에서, 지옥세계 명부전에서, 종교세계 안에서, 자손의 몸 안에서, 말 못하는 천지만생만물로 태어나 살려달라고 울부짖는 조상님들을 구하러 온 사명자들도 있고, 도망쳐 나온 자들도 있고, 천상법도를 위배하여 쫓겨난 자, 하늘에 항명하고 대적하여 유배당한 자, 인간세상이 궁금하여 내려온 자 등등 천차만별이다.

말 못하는 천지만생만물이 아닌 인간 육신으로 태어난 것은 선택받은 자들이 분명하지만, 이번 생에 하늘이 내리시는 명을 받들어 조상입천제, 천인합체, 생령입천을 행하지 못하면 천상으로 가는 길은 그 어디에도 없다. 그래서 인간세상은 천상으로 가는 구원의 시험장이다. 여러분은 처음부터 인간으로 태어난 것이 아니라 만생만물로 태어났다가 인간이 되고자 수억만 년을 하늘에 빌고 빌어서 인간으로 태어난 자들이 거의 전부이다.

여러분이 만생만물의 영장인 인간으로 태어난 이유는 한 세상 잘 먹고 잘 살기 위해서가 아니라, 영들의 고향인 천상 자미천궁으로 돌아가기 위해서이다. 인간이 아니면 하늘의 명 받을 수 없기 때문이다. 하늘이 내리신 명(조상님을 구원하는 조상입천제, 영들을 구원하는 천인합체, 생령들을 구원하는 생령입천)을 완수하기 위해서 인간으로 태어났다.

하늘의 명을 받아서 인간으로 태어난 사람들은 비록 생활이 넉넉하지는 않지만 명을 완수하기 위하여 조공과 천공을 마련하는데 최선을 다하여 하늘이 내리시는 따뜻한 사랑을 독차지하고 있다. 한 번 뿐인 처음이자 마지막 인생길에 하늘의 명을 완수하지 못하면 천상으로 영원히 돌아갈 수 없다.

하늘이 내리신 명을 완수하고 못하고도 각자 여러분의 자유이기는 하지만, 명을 완수하지 못하고 죽으면 여러분이 전생과 현생에 지은 태산 같은 죄를 빌 수 없기에 자손과 후손들이 가문 대대로 죄를 물려받아 살아 있는 지옥세계의 삶을 살아가게 된다는 진실을 명심하여야 한다. 죄는 죽어서 비는 것이 아니라 살아 있을 때 자미국 지상 자미천궁에 들어와서 신명님이신 천상감찰신명님을 통해서만 하늘에 빌 수 있다.

지렁이나 벌레의 모습으로 살고 죽기를 반복하여

태상천존 자미천황님!

인황님께서 주재하시는 행사에 다녀오는 날이면 제가 진짜 하늘에 갔다 온 거 같은 생각이 들어요. 너무 신기할 때도 있고, 너무 감격스러울 때도 있고, 꿈인지 생시인지 너무 어마어마하신 말씀을 해주시는 날도 있고 정말 세상 어느 곳에서도 느끼지 못한 카타르시스를 느낄 수 있어 너무 행복하고 좋아요.

행사에 참관하면서 느낀 희열과 감동은 일상에서의 편안함과 안정으로 유지되어 제 삶이 제자리를 찾아가는 것 같아 감사드립니다. 예전에 인황님을 만나기 전에 책을 읽으면서 이 책을 안 읽었으면 이 사실을 모르고 죽었을 텐데 그랬었던 때가 있었습니다. 요즘은 행사에 한 번 두 번 참석 횟수가 늘어나면서 행사에 참석하지 않았으면 이 사실을 모르고 죽었을 텐데 하며 너무 기쁘고, 이렇게 불러주시고 참석할 수 있게 해주시고 하늘의 귀한 진실 깨닫게 해주시니 너무 감사드리고 고맙습니다.

어느 날 조상님 일반입천제가 있어 참석했습니다.

진주에 사시는 59세 남자분이셨고, 조상입천제를 통해 처음 들어보았는데, 인간으로 태어나는 진화의 세월에 대해 말씀해 주셨습니다.

오늘 주인공은 살면서 파리는 왜 파리로 태어나는가? 뱀은 왜 뱀으로 태어나는가? 개는 왜 개로 태어나는가? 이런 것이 평소에 궁금했다고 하십니다. 짐승으로 태어나는 이유가 뭘까? 지렁이나 구렁이로 태어나는 이유는 또 무엇일까? 그들이 태어난 원인이 무엇인지 몰라 살면서 평소에 죽이지 않으려 했답니다.

주인공의 궁금증을 따라 인간으로 태어나기 위한 수억만 년 동안 이어진 진화의 삶에 대해 밝혀 주셨습니다. 전생을 인간으로 살았다고 보장할 수 있는가? 다음 생에 인간으로 태어날 것이라 누가 확신할 수 있는가?

지금 현생의 인간들아! 잘난 척들 하지 마라! 인간으로 온 현생에서 인간으로 온 사명을 완수하지 못하고 죽으면, 내생을 보장받지 못하는 것이니 무엇으로 태어날지는 알 수 없고, 다시 인간으로 태어나기까지 지렁이나 벌레의 모습으로 살고 죽기를 반복하여 수억만 년의 세월 동안 벌레나 짐승으로 진화를 거듭할 수밖에 없는 진실을 말씀해 주셨습니다. 인간으로 현생에 온 것이 하루 이틀에 온 것이 아니라고 하셨습니다.

오늘 특별히 이 진실을 전하는 이유가 무엇인지 여쭈어보았습니다. 이렇듯 인류의 비밀을 하나씩 각자에게 숨겨놓으셨는데 오늘 주인공이 이것을 가장 궁금히 여기니 오늘 밝히시는 거라 말씀해 주셨습니다.

이 궁금증은 행사 주인공이신 인간 하나의 궁금증이 아니라 하시고, 인간으로 오셨던 수많은 조상님들께서 인간으로 온 사명을 완수하지 못하고 죽어서 지렁이, 구렁이, 뱀, 개, 벌레,

곤충 등등 각각의 형상으로 진화 속에 갇혀 있으니 자손에게 구원해 달라는 무언의 메시지를 주인공이 받고 있었던 거라 하십니다.

나는 왜 지렁이로 태어났나? 나는 왜 뱀으로 태어났을까? 나는 왜 개로 태어났을까? 나는 왜 벌레로 태어났을까? 나는 왜 곤충으로 태어났을까? 나는 왜 쥐, 소, 호랑이, 토끼, 말, 양, 원숭이, 닭, 돼지, 새, 물고기, 파충류로 태어났을까? 그러시고 계시는 조상님들의 한숨 어린 아우성이라 하셨습니다.

주인공이 젊은 시절 한때 금전도 있고 잘나갔으나 종교에 굴복(교회를 약 20년간 다니셨다고 함)하고, 사기 배신으로 있는 금전을 모두 탕진하여 삶이 밑바닥 인생이었습니다. 인간일 때는 사업도 하고 자유롭게 살 수 있으나, 하물며 금전만 없어도 이리 답답하고 참담한 삶이 됩니다.

인간으로 온 사명을 완수하지 못하고 죽어 지렁이나 구렁이나 개로 태어난다면 그 삶이 얼마나 개탄스러울지 생각 한 번 해보라고 하셨습니다. 팍팍한 삶을 주신 것도 인간으로 사명 완수 못하고 죽으면 얼마나 환장할지 알라고 주셨다고 하시며 어서어서 천인합체의 명을 완수할 것을 당부하셨습니다.

잘 살다가 못 사는 것을 겪게 한 것은 인간의 삶도 하물며 그러한데 개, 짐승, 뱀, 물고기, 새, 벌레, 곤충으로 태어났을 때 그 답답함을 감히 상상이나 할 수 있겠냐고 하셨습니다. 돌로도 태어날 수 있고, 하물며 머그컵으로 태어날 수 있다고 하시며 머그컵 이전의 모습을 아느냐고 하시는데 그저 너무 놀라서 입을 다물 수가 없었습니다.

지나가던 개가 쳐다보면 주인공은 왜 쳐다볼까 궁금히 여겼다고 하는데, 이 또한 먼저 왔다 가신 조상님이 쳐다보는 건지 우리는 알 수 없는 일이라 하셨습니다(진짜 상상해 본 적도 없는 귀한 말씀에 많이 놀랐습니다).

행사 중에 저에게도 그러니 잘난 척 말라! 하셨어요.

잘난 척 안 합니다. 절대 잘난 척 안 합니다. 이렇게 구원해주시고 내생의 삶까지 예약받은 인생! 그저 엎드려 감사 올리고 살아서도 죽어서도 잊지 않겠습니다. 인간으로 죽음은 너무 무섭고 참담하오나, 천인의 다음 삶은 천상 자미천궁에서의 고귀한 삶일 것입니다.

행사가 끝나고 신감님의 집무실에서 오늘 윤회와 전생을 주로 말씀하시는 분은 미륵부처님이신 천상도감님께서 오신 거라 가르쳐주셨습니다(천상도감님! 행사 중에 어느 분께서 오신 건지도 몰라 인사도 못 드렸어요. 오늘 귀한 말씀 정말 쇼킹하고도 무지무지 신기한 말씀이셨는데 제가 잘 옮기도록 도와주세요)

주인공의 삶이 예비백성으로 가입하고부터 너무나 많은 변화가 있었고, 자미국과 인황님, 신감님을 알고 마음이 편해졌다고 했는데 그것은 진짜 하늘을 샀기 때문이라고 하셨습니다. 그냥 들으면 예쁜 말인 거 같으나 행사가 시작되고 하강하신 천상감찰신명님께서 잘못된 생각이라 엄히 꾸중을 하셨습니다.

그의 인생이 편안해 질 수 있었던 것은, 예비백성에 가입해서도 아니고, 자미국을 알았기 때문도 아니고 인황님, 신감님 때문도 아니라고 하시면서, 진짜 하늘! 태상천존 자미천황님을 만났기(알았기) 때문이라고 확실히 말씀해 주셨습니다.

오로지 모든 마음을 태상천존 자미천황님께만 향하라고 하셨습니다. 인황님과 신감님께서 육신 다하시면 그때는 누구를 따를 것이냐 하시며 이 세상에 영원한 분은 오직 태상천존 자미천황님뿐이시기에 영원히 함께하실 수 있다고 하셨습니다.

그동안은 종교에서 가짜 하늘을 샀기 때문에 아프고 힘들었던 거라고 하시며, 땅도 없는 사기꾼이 없는 땅을 파는데 진짜인줄 알고 사면 돈도 잃고, 땅도 없고 인간사가 꼬이는 것처럼 종교에서 가짜 하늘을 사칭하여 돈을 요구하는데 거기에 넘어가면 가짜 하늘을 사는 것이니, 진짜 하늘과 멀어져 힘든 거라 하십니다.

오늘로써 모든 인생사의 궁금증이 풀린 것이니 이제 어떤 것도 궁금히 여기지 말고 오직 살아생전에 천인합체의 명받는 것에만 매진하라고 하셨습니다. 여기저기 인간의 눈에 보이지 않게 흩어져 만생만물의 갖가지 모습(쥐, 소, 호랑이, 토끼, 구렁이, 뱀, 말, 양, 원숭이, 닭, 개, 돼지, 새, 물고기, 파충류, 돌, 식물, 만물, 무생물)의 형상으로 태어나 있으신 수많은 조상님들을 불러 모으시느라 시간이 많이 소요되었다고 하십니다.

이제 천상 자미천궁으로 입천하신다고 하시니, 조상님들은 천상 자미천궁에서 하늘의 천손으로 탄생하시고, 자손은 자미국 정식 백성이 되셨습니다. 정말 처음 들어보는 사후세계의 무서운 진실의 말씀이십니다. 천상에 있지 못하고 이 세상에 사람인 인간으로 태어난 자체도 죄라 하시는데 짐승, 새, 물고기, 파충류, 뱀, 벌레, 곤충 등등의 만생만물로 태어나신 각자의 조상님들은 얼마나 죄가 크겠습니까?

저는 오랫동안 무속세계를 다녔기에 진오기 굿을 직접 해보았고, 다른 사람들의 진오기 굿도 수없이 지켜보며 사람이 죽으면 뱀, 짐승, 새로 태어난다는 것을 체험하였습니다. 죽은 지 얼마 안 되는 망자들의 진오기 굿(망자들을 좋은 세계로 가게 하는 굿)을 할 때 쌀이나 밀가루 한 말 정도를 큰 그릇에 담아 올려놓고 창호지로 덮은 뒤에 진오기 굿이 끝나고 덮었던 창호지를 거두어내면 신기한 형상들이 아주 선명하게 찍혀있는 것을 보고 모두들 경악했습니다.

가장 많이 발견되는 것은 뱀이 기어가는 형상이고, 그 다음이 이름 모를 짐승 발자국과 새 발자국인데 수많은 무속인들조차도 사람 발자국은 보지 못했다고 합니다. 살아서 고생 많이 했으니 죽어서라도 극락이나 선경으로 올라가시어 편안히 지내시라고 진오기 굿을 해드리는 것인데 하나같이 모두가 극락, 선경으로 오르지 못하고 뱀이나 짐승, 새로 환생하는 것이었습니다.

저는 이런 것을 수없이 직접 체험하였기에 미륵부처님이신 천상도감님께서 말씀하신 내용에 대하여 전적으로 공감합니다. 윤회에 대하여 깊게 생각 안 해 보았는데 미륵부처님이신 천상도감님의 말씀으로 온몸에 소름이 쫙 끼칩니다. 사람이 죽으면 모두 천상으로 가는 것이 아니라 말 못하는 만생만물로 다시 태어난다는 무서운 진실 앞에 가슴이 먹먹합니다.

사후세계에 이런 무서운 윤회의 진실을 전혀 몰라보고 종교에 들어가서 종교 교주, 승려, 목사, 신부, 보살, 무당, 도인들이 전하는 말을 맹신하며 극락, 천국, 천당, 선경세계로 올라간다고 열심히 믿으며 빌고 있는 수많은 사람들이 너무나 가련해 보입니다. 자미국의 인황님과 신감님을 만나서 하늘의 명을 받아 조상입천제, 천인합체, 생령입천을 행하지 않는 이상 천상으로 돌아갈 수 없다는 위대한 진실을 알았습니다.

각자의 조상들, 영혼들, 신들을 천상으로 데려가 주시는 분은 종교에서 숭배하고 있는 석가모니 부처님, 기독교의 하나님, 천주교의 하느님, 예수, 성모, 상제가 아니라 도솔천황님과 자미천황님의 명에 의해서 신명님이신 천상감찰신명님, 하나님이신 천상천감님, 미륵님이신 천상도감님, 천지신명님께서 데려가시니 종교를 하루라도 빨리 떠나 인황님과 신감님을 만나야 인간들, 조상들, 영혼들, 신들이 구원받습니다.

오늘 저는 평소에 상상조차도 못했던 너무나 무섭고 위대한 진실을 알았습니다. 인간세계에 있는 수백만 개에 이르는 모든 종교세계가 가짜라는 하늘의 진실을 듣고 경악했습니다. 천상에는 종교가 하나도 없다고 하시며 하늘께서 이 땅에 종교를 세우라고 윤허하신 적이 없답니다.

그런데도 불구하고 지구촌에 수백만 개의 종교가 난무하고 있는데 이것이 도대체 무엇이냐고 진노하십니다. 구원은 오직 인황님과 신감님을 통해서만 이루어진답니다. 그래서 이 세상의 모든 종교에 다니고 있는 사람들이 이런저런 사유로 인생이 엎어지고 뒤집어져서 고통스럽게 살아가고 있다 하십니다.

여러분 각자가 겪고 있는 현생의 아픔과 슬픔, 고통과 불행, 불운과 비운은 하늘을 배신하고 종교를 믿었기 때문이랍니다.

종교에서 참회하고 회개하며 죄를 비는 것도 하늘께 죄가 된다고 하시며, 75억 명의 인간 죄인들은 복을 비는 것이 아니라 자미국의 인황님을 통해서 하늘에 죄를 빌어야 살아난다는 상상초월의 대단한 진실도 알았습니다.

여러분 각자가 조상입천제를 행할 돈(조공)을 가져왔다고 무조건 구원해 주시는 것이 아니라 인황님께서 원하고 바라셔야만 하늘이신 도솔천황님과 자미천황님께서 구원해 주신다고 말씀하시었습니다. 이런 사후세계의 천상법도가 있는 줄도 몰라보고 사람들은 종교세계를 다니고 있습니다.

도솔천황님과 자미천황님께 구원받을 인간들, 조상들, 영혼들, 신들은 우선적으로 인황님께서 하시는 말씀을 인정하고 승복해야 구원받습니다. 그리고 우리 인간들이 받고자 하는 천기, 지기, 명기, 정기, 서기의 좋은 기운은 오직 인황님의 육신과 마음, 생각, 말, 글을 통해서 내려진다고 하시며 하늘과 땅의 천지기운이 내리는 통로라고 하늘께서 말씀하셨습니다. 인황님의 존재가 얼마나 소중하고 귀중한지 다시 한 번 알게 되었습니다.

이 나라에서 인황님과 동시대에 인간으로 태어나 인황님을 친견한다는 것은 정말 상상초월의 행운을 넘어서 천운이 내린 사람들입니다. 인황님을 친견한 뒤에 구원받을 수 있다 함은 경천동지할 일이고 경이로움 그 자체입니다.

만약 여러분이 인간이 아닌 만생만물로 태어났다면 하늘의 화신이자 하늘의 명 대행자님이신 인황님을 친견할 수 없을 것이기에 구원받지 못합니다. 또한 대한민국이 아닌 외국에서 태어났다면 이런 하늘의 진실을 알 수도 없었을 것이고 언어 장벽, 국가 장벽으로 인해서 감히 인황님과 친견도 못했을 것입니다.

신감님께서 저에게 참관 메일을 올릴 수 있도록 기회주시고, 그 메일 속에 제가 틀린 내용 있을 경우 하나하나 설명해 주시며 바로 잡아 주시니 저는 참 행운아입니다. 마음속에 바르지 못한 생각 모두 탈탈 털어내어 좀 더 진실함으로 하늘에게 다가갈 수 있도록 신감님! 이끌어 주세요.

영험하신 신감님! 스치는 숨결 속에서도 인간의 마음을 모두 아시기에 신감님 앞에서는 우리 모두는 투시 될 수밖에 없는 거울이라 하십니다. 이미 아시는 많은 것들을 말씀하지 않으시는 진정한 하늘의 명 수행자이십니다. 어느 천인에게 이미 아시는데도 말하지 말라는 명이 있어 말하지 않는 것도 쉽지는 않다고 말씀하셨습니다. 그러하신 신감님이 계시기에 자미국 지상 자미천궁이 더욱 빛나는 것입니다.

하늘의 명 대행자이신 인황님!

세상에서 제일 힘들고 어려운 역할 하시느라 행사마다 너무 고생이 많으십니다. 인황님께서 큰 소리 땅땅 치실 때가 가장 멋지십니다. 기백 넘치시는 모습 자주 볼 수 있으면 좋겠습니다. 다음 행사 때 뵙겠습니다.

하늘의 백성 김○진 ○○천인

5천 년을 빌어서 하늘을 만난 조상님

저는 『유불선통합 자미국』이라는 책이 조선일보 광고란에 크게 실려서 책을 구입하게 되었는데, 책 내용이 너무나 마음에 딱 들어 친견상담 신청을 인황님께 올리니 책을 다 보고 오라고 하셔서 3번을 정독하고 친견상담 신청했습니다.

책 내용이 너무 마음에 딱 들어 아내에게 말했더니 사이비라며 가지 말라고 결사적으로 반대했습니다. 못 믿겠으니 같이 간다 하기에 인황님께 여쭈니 혼자 와야 된다고 하셔서 혼자 가서 인황님과 신감님을 친견했습니다. 여러 말씀을 들었으며 행사의 단계를 최고로 하고 싶었는데 경제권이 아내에게 있어서 조상입천제가 난망하여 정기예금을 아내 몰래 인출해서 간신히 일반 조상입천제를 올렸습니다.

행사 이전에는 못된 무리들에게 이용당하고, 사기 당하고, 배신당하고 온갖 못난 짓 다 당했으며 마음 고생 많이 했습니다. 그러나 이제는 대단하신 인황님과 영험하신 신감님의 은혜로 이렇게 마음 편하게 무릉도원 세상에서 살고 있으니 이런 영광이 어디 있습니까? 이리하여 두 분께 홀딱 반했습니다. 살아서나 죽어서나 이 은혜 갚을 길 없고 오직 두 분의 뜻을 섬기고 받들며 말씀 내려주시면 실천에 옮기는 길뿐입니다.

천상으로 가는 조상입천제를 행하는 날입니다. 저는 돌아가신 어머니와 아버지를 상봉하고 싶어 인황님께서 청배해 주셨는데 신감님 육신으로 들어오신 조상님은 30분이 지나도 아무 말씀하지 않았습니다. 겨우 30분이 지나 입을 열고 말씀하신 조상님은 부모님이 아니고 최고 윗대 대표 조상님이시었습니다.

하시는 말씀이 죽은 지 30년 된 너의 부모가 입을 열려면 앞으로 1천 년은 더 기다려야 된다면서 화를 내셨습니다. 진노하시면서 대표로 불러주지 않은데 대한 불만이 크셨습니다. 대표 조상님 나이가 5천 살인데 종교의 주인인 석가, 예수인 어린놈들한테 굴복하며 구원해 달라고 빌어야 되느냐?

자신의 당대부터 시조님들을 종교 교주들에게 굴복시키는 못난 행위를 하고 있다고 분개하십니다. 분노하신 시조 조상님이 종교 교주와 종사자들에게 종교 더러워서 안 간다. 너희들이 우리가 사는 사후세계에 진실을 알아? 너희들 죽어봤어? 죽어 보지도 않고 무슨 우리들을 구원 한다고 개지랄들을 하는 거야? 우리들이 죽어서 어디에 가있는지 너희들 눈에 보이기나 해? 어디가 있는지 알기나 하고 구원 해준다는 거야?

나는 5천 살인데 1천 살도 안 된 핏덩어리 종교인 주제에 사후세계 법도를 제대로 알지도 못하면서 감히 우리를 가르치며 구원한다고 현혹하는 것이냐? 젖먹이 갓난아이가 어른들을 가르치며 구원하겠다고? 나, 원 참 기가 막히네, 너희들이 우리들을 구원할 능력이 진짜 있어? 수천 년을 기다려도 진짜 하늘을 만날 수 없어 구원받지 못해서 진짜 하늘이 언제 내려오시나 하고 노심초사하며 기다리고 있었는데, 너희 종교 교주들의 눈에 보이지도 않고 들리지도 않는 우리 조상들을 어찌 구원한다는 것이더냐? 5천년 동안 세상에 수많은 종교를 찾아가서 지켜보았지만 종교 교주들이 구원해 준 적 한 번도 없었다. 그런데 아직도 구원해 준다고 굿, 천도재, 치성, 예배, 미사, 기도, 도통으로 우리들을 장난치고 있냐? 벼락 맞을 일들만 하고 자빠졌네,

하늘이라고 사칭하는 교주와 종교인들아, 그 천벌을 어찌 감당하려고 그러냐? 그러다가 정말 너희들 벌 받아 뒈진다. 종교세계가 모두 가짜라고 하시면서 종교가 우리 조상들을 열받게 한다고 분노를 폭발하시었습니다.

그러면서 종교에 가지 마, 가지 마, 라고 수없이 하늘로부터 음성이 들렸다하십니다. 그래서 오늘 자미국 지상 자미천궁에서 행하는 조상입천제에도 종교라고 생각되어 가지 않겠다고 하면서 집에 있는 아내의 몸에 들어가 계셨는데, 어느 분께서 찾아오시어 갑자기 신감님의 육신으로 넣어주셨다고 말씀하셨는데 그분이 바로 미륵부처님이신 천상도감님이라고 밝히셨습니다.

미륵님께서 5천년 동안 보살펴주시고 계셨다 하십니다. 육신이 죽어서 어느 곳을 가니까 사후세계 법도에 대하여 공부를 가르치면서 하늘이 오실 때까지 기다리라고 하시는데 얼마나 엄격하게 공부시키는지 힘들고 너무나 질려 버려서 "당신(미륵님)이 뒈졌으면 좋겠다"고 말하였더니, 미륵님의 말씀이 껄껄 웃으시며 "자네는 죽을 수 있어도, 나는 죽지 않고 영원히 살아있어"라고 말씀하시어 즉시 잘못했다고 용서를 빌면서

그 말을 취소하셨다고 하십니다.

오랜 세월 사후세계를 공부하면서 하늘이 내려오실 날을 기다리다 지쳐서 또다시 물어보면 이제 일주일 되었어, 한참 지나서 또다시 물어보면 아직도 한 달도 안 되었어, 라고 하였는데 오늘 와서 보니까 5천년의 세월이 흘렀다고 말씀하십니다.

진짜 하늘을 만나는데 장장 5천 년의 세월이 걸렸습니다. 대단하신 태상천존 자미천황님과 세 분들께서도 인황님과 신감님이 이 땅에 태어나시기를 수억만 년 동안 인고의 세월을 기다리셨답니다. 이분들의 능력이 대단하시어도 이분들의 말씀을 받아낼 인황님과 신감님을 만나지 못했기 때문이라 말씀하십니다.

현재 종교를 다니며 믿고 있는 것이 얼마나 잘못된 일인지 종교 틀에 갇혀 있는 모든 종교 신도들은 잠에서 깨어나 하루속히 자미국 지상 자미천궁으로 입국하여 구원받기를 바라며, 현재 종교를 다니고 있는 각 종교 신도들의 생각은 수준 이하입니다. 대단하신 인황님과 영험하신 신감님을 0.1%도 인정하지 않고 사이비 취급하며 말할 때 참을 수 없는 모멸감을 근래에 또다시 체험하였습니다.

그래서 저는 대단하신 인황님께서 지난 2월 4일(입춘일) 신님의 심판을 선포하셨습니다. 이 신님의 심판이 오기를 학수고대한 것도 사실입니다. 내 가족의 한사람이라도 심판의 대상에 들어가 실제로 심판 받아도 절대 후회하지 않을 것입니다.

이 종교의 무리들로 인해 사회가 오염되고 간첩이 날뛰고 전

교조, 민노총이 대한민국을 주름잡으니 걱정이 많습니다. 이 나라가 적화되면 큰일입니다. 6 · 25 전쟁 때 김일성이가 남침하여 양민 학살하고 밭에 가서 콩꼬투리까지 세어 바치게 한 악질의 놈들입니다. 이런 행패를 보면서 우리 대한민국에 대단하신 인황님께서 천제군주(天帝君主)로 추대되시어 강력한 통치자로서 이 나라의 난국을 바로 잡아 주셨으면 하는 간절함이 저의 머리에서 한순간도 떠나지 않았습니다.

이 늙은 몸(병자생 82세)이 죽어져 인황님께서 천제군주가 되신다면 머뭇거리지 않고 즉시 결행할 것이라는 생각입니다. 이런 언급은 잘 보이기 위해서가 절대 아니며 절박함의 내면에서 나옵니다. 저는 앞으로도 계속 신님의 심판을 고대하며 인황님, 신감님께서 이 난세에 하루속히 알려져 인류의 최고 지도자로 혜성과 같이 출현하시기를 간절하게 기원하겠습니다. 위대하시고 대단하신 인황님과 자상하시고 영험하신 신감님께서 하늘님과 땅님을 위해 젊고 건강하게 영생 하시기를 기원 하옵니다.

하늘의 백성 이○성/○○천인/신인/도인

이○성 대표 조상님의 말이 딱 맞는다. 금쪽같은 말씀이다.

그랬다. 우리 인류 모두는 종교 교주와 종교인들에게 속아 넘어간 것이다. 진짜 하늘 만나려고 5천 년의 세월을 묵묵히 기다려오신 이○성 대표 조상님이 뽑힌 것이다. 이런 진실을 몰라보고 종교세계에 들어가서 종살이, 노예살이를 하고 있었으니 어찌 천불이 나지 않으랴? 인황과 신감을 만나 조상님들을 구원한 천인과 백성들 모두는 그래서 천운아라고 하는 것이다. 조상입천제야말로 수천 년의 세월 동안 하늘을 기다리던 조상님들에게 최고의 선물이 되었다.

천 년 만에 구원받은 신라 마지막 경순왕

고려 태조 왕건에게 서기 935년에 항복한 신라 마지막 경순왕 김부. 비운의 경순왕은 허공중천 구천세계를 천 년(1,031년) 동안 떠돌다가 『천지령』 책을 읽고 감동받아 그의 35대 후손을 데리고 자미국 지상 자미천궁의 인황을 찾아와 조상입천제를 행하여 구원받았다.

천 년의 세월을 넘어 후손과 상봉한 경순왕!

생전에 신라의 마지막 경순왕이 자미국 지상 자미천궁에 들어와 위대하신 하늘 자미천황님께 스스로 굴복하여 조상입천제를 행해서 구원받아 천상 자미천궁에 오르게 되었다.

살아생전에는 왕을 했지만 그의 후손 나이가 30세에 지나지 않아 경제력이 없어 하단입천제를 행하여 비록 벼슬 입천은 못했지만 일단은 허공중천 구천세계를 떠나 자미천황님의 훌륭한 천손으로 태어날 수 있는 천상 자미천궁으로 입천이 되었다.

그의 후손이 천인합체의 명을 윤허 받았으니 그가 합체행사를 행하는 날 자미천황님께 벼슬을 하사받을 수 있을 것이다. 다른 왕들은 사후세계에서도 살아생전 누린 관직에 미련을 버리지 못하였으나 경순왕 김부는 살아생전 자신이 누렸던 왕의 권세와 부귀영화의 그 모든 잘남을 버리고 자손과 함께 자미국 지상 자미천궁으로 들어와 자미천황님께 구원받아 천상 자미천궁으로 입천되는 영광을 누렸다고 매우 기뻐하였다.

경순왕은 살아생전에는 자신이 잘 나서, 왕의 자리에 올랐는지 알았었지만 사후세상의 삶을 통하여 자신의 잘남이 아니라 신명님께서 자신을 사랑하심에, 왕의 자리에 앉혀 주시었다는 진실을 알게 되었다. 신라 경순왕을 왕의 자리에 앉혀준 분도 신명님이신 천상감찰신명님이시었고, 조상입천제 자리에 데리고 오신 분도 천상감찰신명님이시었다.

죽은 뒤에 절에서 1,031년 동안 밤낮으로 열심히 불공을 올렸는데도 구원이 안 되더라고 조상입천제를 행할 때 경순왕 김부 조상님이 그의 35대 후손의 육신과 함께 찾아와서 천상으로 올라가면서 전해 준 말이었다.

놀랍고 무서운 진실이다. 천 년 전에 죽은 신라 경순왕 김부. 그 당시는 불교가 한참 성행했을 때이고 유명한 고승들도 많았던 시절이다. 경순왕이 죽은 이후 삼우제, 49재, 천도재, 진오기 굿을 신라 조정에서 아주 성대하게 치러주었을 것이다.

인간들은 이렇게 성대한 삼우제, 49재, 천도재, 진오기 굿을 했으니 당연히 경순왕은 극락세계에 올라갔을 것이라고 고승들, 신료들, 그의 후손들은 생각하고 있었을 것이지만 그러나 그것은 인간들의 착각이었다.

경순왕은 죽어서 삼우제, 49재, 천도재, 진오기 굿을 수없이 받았지만 원하던 극락에 오르지 못하고 천 년의 세월 동안 어찌하면 구원받을까 하고 수많은 절을 전전하다가 경주 불국사 법당 안에서 불도를 공부하면서 불공을 열심히 올렸다.

너무나 고통스러워 자살을 여러 번 시도하였는데 그때마다 조상입천제를 올리러 온 그의 35대 후손도 따라서 자살을 몇 번 시도하였다. 경순왕이 사후세계에서 너무 고통스러워 자살을 시도할 때마다 천상에서 음성이 들려왔다. "조금만 더 참고 기다려라, 네가 원과 한을 풀 날이 곧 다가올 것이니라."

천상으로부터 이런 말씀을 들은 경순왕은 희망을 갖고 수백 년을 기다리다 얼마나 시간이 흘러갔느냐고 여쭈어보았더니 이제 한 달 지났다 하고, 또 몇 백 년이 지난 다음 여쭈니 한 달 반 지났다고 하였다.

그런데 오늘 조상입천제에 와서 보니 천 년의 세월이 흘러갔다고 한다. 사후세계에는 달력이 없어서 달이 가는지, 날이 가는지 도통 알 수 없다고 한다. 조금만 더 기다리면 너의 소원이 이루어진다고 들려주시었던 그 음성의 주인공이 다름 아닌 천상감찰신명님이시었다고 말했다.

하늘이신 자미천황님, 신명님이신 천상감찰신명님, 하나님이신 천상천감님, 미륵님이신 천상도감님께서 이 땅에 인류 최초로 윤허하신 자미국 지상 자미천궁이 세워지기를 천 년의 세월 동안 기다려온 경순왕 김부 조상님!

천 년(1,031년)을 기다려 자미국 지상 자미천궁의 인황을 찾아온 경순왕은 그의 후손이 조상입천제를 행하여 천 년이라는 오랜 세월 동안 갈망하던 하늘을 만나는 소원을 이루었다. 그 세월이 얼마나 지루하였을까? 살아생전에 수많은 사람들이 자신 앞에 고개를 숙였던 지체 높은 왕의 신분이 아니었던가?

그러나 하늘이신 자미천황님께는 살아생전에 최고 높은 권좌에 오른 왕과 대통령, 재벌 총수의 태산 같은 수십억, 수백억, 수천억, 수십조의 돈도 아무 소용없다. 천상 자미천궁에는 자미천황님의 법도만이 있을 뿐이다.

살아생전 왕이나 대통령들이라 할지라도 하늘이신 자미천황님께는 순순히 머리 조아리며 굴복해야 구원받는다. 현생과 전생에 지은 죄를 인정하고 순순히 굴복하지 않는 왕들이나 대통령들, 고위공직자 벼슬아치들은 절대로 구원이 없다.

사후세계에 있는 5,170만 국민의 모든 각 성씨 조상님들은 살아생전의 벼슬 관직 내려놓고, 돈에 대한 미련과 생전의 자만, 교만, 거만의 자존심을 모두 버리고 종교에서 벗어나 육신이 살아있는 후손들의 손을 잡고 자미국 지상 자미천궁에 들어와서 하늘이신 자미천황님께 구원받게 해달라고 굴복해야 한다.

이것이 하늘로부터 구원받을 수 있는 유일한 마지막 방법이다. 그동안 후손들의 몸 안에 들어와 있었느냐고 여쭈었더니, 어느 후손의 나의 기운을 감당하느냐고 탓하시었다. 그저 묵묵히 오늘이 오기만을 천 년의 세월 동안 하염없이 기다렸던 경순왕!

천상감찰신명님께서 조상입천제를 통해 경순왕을 자미천황님께 인도해 주시어 구원해 주신 것이다. 경순왕을 왕의 자리에 올려주신 분도 천상감찰신명님이시고, 자미천황님께 구원받을 수 있도록 사후세계에서 데려와 주신 분도 천상감찰신명님이신데 이유는 경순왕과 천상감찰신명님이 같은 핏줄이기 때문이었다.

죽으면 그만이라고 생각하며 이 시대를 살아가는 우리 모두는 크게 깨달아야 하리라. 천 년의 장구한 세월 동안 경순왕이 겪었을 그 원과 한이 얼마나 컸을까? 그의 후손들은 경순왕의 고통은 모른 채 그래도 자기 조상이 신라왕이었다고 세상 사람들에게 자랑하며 살아왔을 것이다. 그의 수많은 후손들이 있었지만 그 어느 누구도 경순왕을 구원해 주지는 못하였다.

육신이 죽어서도 그의 영혼은 구천을 떠돌며 하늘을 어떻게 만날 수 있을까 노심초사하며 꿋꿋이 기다린 보람이 있었다. 천 년을 기다려 구원받은 경순왕! 그러나 아직도 구원받지 못하고 허공중천을 떠돌거나 자손들 몸 안에 그대로 머물며 하늘 앞에 굴복하지 않는 수많은 왕들과 벼슬했던 조상영가들이 무척 많다고 경순왕이 천상 자미천궁으로 입천되어 떠나기 전에 자손에게 가르쳐주었다.

자미국 지상 자미천궁에 후손들 육신을 데리고 들어와서 자미천황님께 굴복해야 조상입천제로 구원받아 천상 자미천궁에 천손으로 다시 태어나 영생할 수 있다. 우리는 여기서 알아야 할 아주 중요한 사항이 있다.

신라 조정에서 왕의 예우를 갖추어 때 묻지 않은 수많은 신라 고승들을 동원하여 지극정성으로 삼우제, 49재, 천도재, 진오기 굿을 수없이 해주었을 것인데도 불구하고, 경순왕은 극락세계로 오르지 못하였다. 천 년의 세월이 흐른 뒤에 35대 후손의 육신을 앞장세워 자미국 지상 자미천궁의 인황을 만나 조상입천제를 행하여 천 년의 세월 동안 쌓인 원과 한을 풀고 꿈에도 그리던 영들의 고향 천상 자미천궁으로 입천되었다.

지금 절에 다니며 불공 열심히 드리고 있는 760만 모든 불자들은 명심하여 들어야 할 내용이다. 도력으로 비교하자면 현재 한국 불교의 승려들보다 불교가 국교였던 신라 고승들이 월등히 도력이 높았다. 신라 고승들도 경순왕을 천도시키지 못하였는데 현대를 살아가는 승려들이 여러분의 조상영가들을 천도시켜서 구원할 수 있다며 믿고 다니는 것인가?

왕건에게 항복한 비운의 경순왕이었지만 신라 조정에 국상이 났으니 태조 왕건의 왕명으로 장례식이며 삼우제, 49재, 천도재, 진오기 굿을 수많은 고승과 무당들을 동원하여 얼마나 성대하게 올려주었을지 각자 여러분의 상상에 맡긴다.

그런데 지금 현대판 승려들이 여러분 조상님들을 어떻게 대우하며 천도해 주고 있을까? 현재 승려들의 도력으로는 절대로 여러분의 조상님들이 극락세계로 오르지 못하기에 금전 낭비, 시간 낭비를 하고 있는 것이다.

여러분의 수많은 조상님들은 사후세계에서 슬피 울며 구원해 달라고 아우성치고 있으니 조상님을 제대로 구원하려거든 어서 빨리 자미국 지상 자미천궁으로 달려와서 인황을 친견하여야 한다. 결국 절이나 무속에서 지금 행하는 조상굿, 천도재는 경순왕을 통해서 가짜라는 것이 검증된 셈이다.

뿐만 아니라 기독교, 천주교, 도교를 통한 구원 행위도 모두 허구임이 밝혀졌다. 여러분의 신과 영혼들, 조상님들을 하늘이신 자미천황님께 인도하여 구원받게 해주실 신명님이신 천상감찰신명님, 하나님이신 천상천감님, 미륵님이신 천상도감님께서 불교, 기독교, 천주교, 도교, 무속세계로 가시지 않고 자미국 지상 자미천궁으로만 함께해 주시기 때문이다. 하늘의 직계 자손들이신 세 분들 없이는 구원 자체가 절대로 이루어질 수가 없다.

그리고 구원은 아무 조상이나 받는 것이 아니었다.

신명님이신 천상감찰신명님의 핏줄인 조상들, 하나님이신 천상천감님의 핏줄인 조상들, 미륵님이신 천상도감님의 핏줄인 조상들만이 차례대로 뽑혀서 하늘이신 자미천황님께 구원받아 천상 자미천궁으로 입천되는 것인데 이것이 바로 천상으로 가는 길이다. 도솔천황님, 천지신명님의 핏줄은 도솔천궁으로 간다.

전생이든 현생이든 천상감찰신명님, 천상천감님, 천상도감님과 수억 겁 이전에 옷깃이라도 스쳤어야 선택받아 구원된다고 하시었다. 그러니까 세 분들의 인도를 받지 못하는 조상영가들은 영원히 천상 자미천궁으로 입천될 수가 없는 것이다.

조상들뿐만이 아니라 각자의 몸 안에 있는 여러분의 영혼들도 천상감찰신명님, 천상천감님, 천상도감님의 핏줄이라야 천인합체의 명을 받아 천인으로 탄생할 수 있다. 핏줄은 아니더라도 전생에 천상에서 함께하였던 인연이 있었거나 눈길이 마주쳤던가, 옷깃이라도 스쳤어야만 구원 대상에 들어가 천상으로 간다.

25년 동안 앓던 불치병이 사라져

졸지에 50억 원 재산 날리는 산전수전 다 겪고 그것도 모자라 머리와 다리, 온몸에 부스럼과 통증으로 가려움을 참기가 너무도 힘들었다. 보행도 불편하여 인생을 무의미하게 지내다가 신문에 실린 글을 읽고 저자님(인황)을 만났다.

10여 년의 미국생활에서 술장사로 돈을 벌어 외제승용차를 타고 다니며 돈을 물 쓰듯 하였고, 집과 아파트도 몇 채 갖고 있었으나 한순간에 망했다가 다시 일어서고 망가지기를 3번이나 거듭하였다.

망할 때 뭔가 보이지 않는 어떤 힘이 작용하여 그 많은 재산을 날렸다는 생각이 번개처럼 스치고 지나갔다. 하는 일마다 풀리지 않아 고민하던 중 저자님께 현재 내가 겪고 있는 고민인 아픈 다리와 부스럼이 있는 머리 부분에 대해 말씀드렸다.

병원에 가보았느냐고 물으시기에 "수십 차례 병원에 가보았으나 병명이 나오지 않아 치료도 못하고 현재까지 고통만 당하고 있다"고 말씀드리자 "이 질병은 신이 내리신 병이니 어느 병원에 가도 치료가 안 된다"고 하시었다.

"돌아가신 조상님들을 입천시켜 드리면 나을 수 있다"고 하셨으나 현재 내 사정으로는 조상입천제(入天祭)를 지낼 만한 돈이 없다고 말씀드렸더니, 알았다고 하시면서 며칠 후에 돈이 들어올 것이니 그때 가서 조상입천제를 지내자고 말씀하셨는데 정말 신기하게 7일 후에 돈이 들어와 다행히 조상입천제를 올릴 수 있었다.

많은 번뇌와 고민 속에 저자님을 만나 원과 한이 되어 억울하게 돌아가신 나의 직계 좌우 조상님과 외가 조상님, 처가의 직계와 외가 조상님 모두를 청배하여 조상입천제를 올려드리니 속이 후련하였다.

조상님 입천제를 올려드리고 일주일가량이나 지났을까 싶었는데 25년 동안 앓아오던 머리 부스럼 딱지와 비듬이 없어지기 시작하였다. 피부과 병원에 가면 건성피부이기 때문에 생기는 병이라면서 완치는 안 되고 피부에 이상이 생길 때마다 연고를 자주 바르라고만 말해 주었었다.

또한 등에서 다리까지 나 있던 손톱 크기만 한 수십 개의 검붉은 물 사마귀가 흔적도 없이 사라졌다. 10년 전부터 아팠던 다리도 완치되었는데 나는 이 다리와 머리의 부스럼 병을 고쳐보려고 안 가본 병원이 없었으며 치료비로만 억대 이상의 돈을 쓰고도 고쳐지지 않았었다.

이런 불치의 병이 감쪽같이 없어지는 것을 체험하고 저자님의 영적 능력은 어디까지인가 경탄하지 않을 수 없었다. 이제 '불행 끝 행복 시작'이었다. 저자님의 법력은 그 어느 누구도 흉내 낼 수 없다. '천상계에서 대법과 대력을 갖고 오신 신'이

분명하다고 내 스스로 인정해야 했다.

내 몸이 치료된 것은 저자님의 몸에 큰 신께서 강림해 계셨기에 가능했다고 생각한다. 이유인즉 천도재나 굿을 수없이 해보았어도 전혀 치료가 안 되었는데, 불치병 병마가 조상입천제 이후 신비하게 사라졌으니 인정할 수밖에 없다.

그러니까 신이나 사람마다 기운이 다르듯이 저자님의 몸에 계신 어떤 신의 천지조화가 대단하시었다. 내 몸의 아픈 곳은 거짓말처럼 사라졌고, 또한 몸으로 느껴지는 신비한 진동(신들이 하강하는 기운)은 날이 갈수록 강력해졌으며 밥을 하면 밥에 알 수 없는 글자가 매일 새겨져 있었다.

저자님께서 어떤 주문을 해주시면 내 몸에 진동과 함께 신의 말씀이 내리고, 신비스런 현상들이 일어나기에 저자님을 인정하지 않을 수가 없었다. 신의 제자라 해서 다 같은 제자가 아니라는 것을 이제야 알 것 같다.

그동안 전국에서 소문나고 용하다는 보살 무당집에는 안 가본 곳이 없을 정도로 찾아가서 상담도 받아보았고, 굿과 천도재도 수없이 올려드렸었다. 그러나 그때 잠깐뿐이고 병세는 호전되지 않았으며, 신으로 인해서 그렇다는 말을 해준 보살 무당은 단 한 사람도 없었었다.

25년간 고민하며 고통받아 오던 질병을 말끔히 낫게 해주신 저자님께 정말 감사하며 평생 은혜를 잊을 수가 없어서 이 글을 남긴다.

남자의 성기를 움켜쥔 여자 귀신

책을 읽고 41세 동갑내기 부부가 예약한 후 찾아왔다. 남자는 얼굴이 검고 거칠었으며 머리는 맘고생이 심했는지 흰머리가 많았다. 반면 여자는 미모였지만 야위고 핼쑥했으며 백지장처럼 창백한 얼굴이었고 5살 정도 된 아이를 안고서 방문했다.

여자의 얼굴을 자세히 살펴보았더니 눈동자는 푸른빛을 띠고 어두웠으며 차가운 기운이 서려 있었고, 그의 조상들이 모두 그녀의 몸에 들어와 있었다. 19살에 약 먹고 죽은 언니, 목을 매어 죽은 오빠, 그리고 젊어서 죽은 아버지와 할아버지가 한 여인의 몸을 빌려 둥지를 틀고 어깨, 가슴, 목, 머리 위에 있었다.

어찌된 일이냐고 물었더니 그동안 일어났던 기구한 삶을 털어놓았다. 조상 천도재 올려드린다고 그동안 무당집에 여러 번 찾아가서 굿을 셀 수 없이 하여 결국 집까지 팔고 지금은 월세를 살고 있다며 하소연을 한다.

사건은 3년 반 전으로 거슬러 올라간다. 친정아버지가 갑자기 돌아가시었는데, 아버지 시신을 덮어놓은 흰 천을 보는 순간 그 무엇이 자신의 몸으로 들어오는 기운을 확 느낀 것이다. 그날부터 그녀에게 불행은 시작되고 있었다.

전혀 입에 대지도 못하는 막걸리를 한도 끝도 없이 먹어대기 시작했고, 술이 잔뜩 취해서는 신랑에게 육두문자로 악을 써대며 음부 욕설을 퍼부어 아파트 아래위층에 피해를 끼쳐 창피해서 살 수가 없었다고 했다.

부인과 함께 소파에 앉을라하면 부인이 소리소리 지르며 "너는 그냥 바닥에 앉아!" 하도 어이가 없어서 누가 들어왔기에 이리 함부로 신랑에게 하대를 하며 욕설을 퍼붓는 것이냐고 물었더니 "난 네 할아비다 왜? 근데 뭐가 잘못됐어?"

그러자 이번에는 순간 목이 죄어 오기 시작해서 그 통증을 참느라 숨이 막혀 캑캑댔다. 목을 매어 죽은 그의 오빠가 찾아와 자신이 죽는 순간의 고통을 알려주고 있는 것이었다. 그런가하면 길을 가다가 잘생긴 남자만 보면 온몸에 전율이 느껴지면서 자신도 모르게 남자에게 다가가서 남자의 성기를 어느새 움켜쥐고 만지는 자신을 발견하고는 기겁하여 얼굴이 빨개져 도망치기를 몇 번이나 했다.

이는 청춘에 죽은 언니가 결혼하기 전이라 남자의 성기를 한번도 보거나 만져보지도 못한 원과 한을 풀고자 동생의 몸을 빌려 행동하였던 것이다. 언니는 결혼도 못하고 19살에 약을 먹고 죽었고, 합궁도 못해 보았으니 남자의 성기가 너무도 만져보고, 갖고 싶고, 그리워서 일어났던 사건이었다.

이런 일이 몇 번 있은 이후, 잘생긴 남자만 보면 팔을 한쪽 손으로 잡고 다녀야 했다. 3년 반 동안 4명의 조상영가들이 자신의 몸을 빌려 원을 풀고자 하였고, 그 부부는 그때마다 굿을 했으나 그날만 괜찮고, 다음 날은 또다시 마찬가지였다.

또 다시 용하다는 무당을 수소문하여 다시 찾아가 굿을 했지만 조상님들은 천도가 되지 않았고, 급기야 절에 가서 정식으로 스님에게 부탁하여 천도재를 올렸지만 조상님들은 극락으로 가지 못하고 이 여인의 몸 안에 함께 있었다.

용하다는 무당집과 절을 많이 찾아다니며 조상 천도재를 끝도 없이 해드렸지만 아무 소용이 없게 되자 마지막 단계로 신을 받으라고 권하여 신 내림굿도 두 번을 받았다. 하지만 모두 실패하여 결국 수많은 돈만 잃게 되었고, 빚이 눈덩이처럼 불어나자 이 상황을 감당할 수 없게 되어 결국 집을 팔고 월세로 들어앉게 되었다는 한 여인의 기구한 팔자였다.

모든 것을 포기하고 집에서 신경 안정제를 먹고 잠만 자는 생활을 해오다가 신랑이 자미국의 소문을 듣고 책을 본 후 한 번만 가보자고 졸라대어 억지로 찾아오게 되었다고 말했다. 여러 곳에서 굿을 하고, 신 내림을 받고, 조상 천도재를 올려보아도 안되니 이제 그만 포기하고 살자고 하였으나 그래도 문제가 있으면 해답이 있다고 했으니, 속는 셈치고 다시 한 번 찾아가 보자고 설득을 할 때, 이곳은 무속인도, 도인도, 사찰도 아니라고 안심을 시켜 데리고 왔다고 했다.

자신과 같이 수없이 굿하고, 신 내림을 받아도 전혀 변화가 없고 낫지 않아 신병과 빙의로 헛돈 버리며 고생하는 사람들이 자기 주위에 너무 많다고 말했다. 돈은 돈대로 날리고, 아무런 효과도 얻지 못한 채 고생만 했던 것이다. 아무리 점을 잘 치고 조상을 잘 풀어주는 무당이라 하더라도 그들은 천상세계의 지엄한 법도를 알지 못한다.

조상굿이라면 무조건 진수성찬 차려 올려놓고 북 장구 치면서 춤추며 조상영가 불러내 실컷 놀아봐도 그때뿐이다. 조상들은 먹고 마시며 놀고 춤추는 것이 소원이 아니라 꿈에도 그리던 천상의 천당, 천국, 극락, 선경세계가 아닌 무릉도원 세계 천상 도솔천궁과 천상 자미천궁으로 올라가고 싶은 것이 조상영혼 영가들의 가장 큰 소원이다.

하늘의 주인께서 허락을 하셔야 천상의 문이 열려, 조상님들이 올라가시지 누구 마음대로 하늘 문을 열 수 있단 말인가? 또한 신 내림 굿을 하더라도 제자보다 손님 신명의 계급이 월등히 높으면 몇 날 몇 밤을 새워도 신명은 하강하지 않는다.

한마디로 초등학생이 고등학생을 가르치는 이치와 같기 때문에 신 내림은 이루어질 수 없다. 이런 경우는 고등신명에 해당하기에 이들은 대학신명이나 그 이상의 신력(神力)을 가진 하늘의 제자만이 가능하다.

부부가 돈이 마련되면 다시 찾아오겠다고 돌아갔는데 며칠 후에 전화를 걸어서 하는 말이, 조건부로 각서를 써주면 안 되겠느냐고 말하기에 이 저자는 일언지하에 거절하였다. 아무리 제를 올려봐도 별다른 효험을 보지 못하니 답답한 마음에 그런 조건을 내걸 수도 있겠지만 이 방법은 양자 서로 모두가 더 큰 죄만 쌓는 지름길이다.

이는 신을 능멸하는 행위가 되기 때문에 그런 조건부 행사는 절대하지 않는다. 물론 하늘과 신, 조상님들의 무서운 능력을 일반인들은 모르다 보니 그렇게 말할 수 있겠지만 하늘과 신, 조상님 앞에서는 이 같은 방법은 통하지 않는다. 죄인 주제에 하늘과 신에게 조건을 건다는 것은 죽음을 재촉하는 지름길이다.

하늘과 신, 조상은 매우 대단하시고 무서우신 분들이다. 믿지 못하는 마음 때문에 조건을 걸어 그분들을 시험하려는 것은 자살 행위나 마찬가지이다. 하늘과 신, 조상들의 마음에 들면 아낌없이 모든 것을 다 주려 하지만, 이분들의 심기를 불편하게 해드리면 벌을 피할 수 없다.

조상님들이 고통을 먼저 호소하시기에 우선은 자손들이 조상님들의 원과 한을 먼저 풀어드려야 풍파가 없게 된다. 하늘세계, 신의세계, 조상세계의 지엄한 법도를 모르고 조건부로 하자 하니 이 말을 듣는 저자도 기분이 나쁘지만 자손의 이 말을 들으신 여러분의 신과 조상님들의 기분은 과연 어떨까?

한 번 신중히 생각해 보았다면 감히 이렇게 무례를 범하는 말은 하지 못했을 것이다. 결론은 그 부부는 조상님 입천제를 행하지 않았다. 아니 행할 수 없었다. 이 또한 위대하신 하늘의 조화법이다.

앞에서도 설명하였듯이 천상궁전으로 입천되시는 조상님들은 도솔천황님과 자미천황님께서 선택하신 조상님들에 한해서만 이루어지는 하늘의 고귀한 선물이다. 굿과 천도재와는 감히 비교할 수 없는 도솔천황님과 자미천황님의 지엄하신 명에 의해서만 이루어질 수 있는 하늘과 조상과 산 자손이 함께하는 고귀한 천상공무집행이다.

하늘과 신, 조상님 전에 말과 행동을 함부로 하여서는 안 된다. 책을 구독함에 있어서도 마찬가지이다. 여러분은 본인 스스로가 책을 읽는 것이라 생각할지 모르지만 본인과 자신의 조상님들과 몸 안에 신과 영혼들이 함께 읽고 있다.

이 글을 읽는 도중 시시각각으로 여러분 온몸에 일어나는 수많은 천변만화의 신비로운 조화의 현상들은 하늘과 신, 영혼, 조상들이 여러분에게 전하는 긴급 호출메시지이다. 가장 많이 나타나는 증상은 전혀 졸리지도 않은데 하품을 끊이지 않고 한다는 점이다.

하염없이 소리 없는 눈물이 흐르거나 대성통곡도 나오고, 머릿속에 뭐가 기어가기도 하고, 온몸이 찌릿찌릿하며 전기가 흐르는 것이 느껴지고, 손이나 발에 강한 진동이 온다. 온몸 여기저기를 바늘로 푹 찌른 것처럼 앗 따가워할 정도의 기운 그리고 몸서리칠 정도로 갑자기 몸이 움찔거리기도 한다.

과학적으로는 입증할 수 없지만 책을 구독하면서 상상할 수조차 없는 신기한 현상들을 많이 경험할 것인데 이것이 하늘과 땅, 저자의 대원력이다.

외아들의 죽음을 통해서 구원받은 조상

저자 인황이 집필한 책이 45권째인데 책 내용을 읽다가 자신이 다니고 있는 종교와 너무나 달라서 부정하며 사이비라고 매도하거나 전화해서 욕지거리 하는 자들도 있는데 이들의 말로가 비참할 정도로 안 좋다는 것을 지금도 수없이 체험하고 있다.

책 읽고 '이런 게 어디 있어, 말도 안 돼' 하며 부정했다가 5~10년 만에 찾아와서 잘못했다고 비는 사람들이 많이 있다. 책을 읽은 뒤부터 매사 되는 일들이 하나도 없고 실패의 연속이었고, 우환과 질병으로 정신을 차릴 수 없으며 돈은 버는데 모이지 않고 버는 대로 어디론가 날아가버린다고 하였다.

그래도 살아있는 사람들은 늦게라도 10년 만에 찾아오지만 책 읽고 부정하며 무시하고 욕했던 자들은 불운과 비운이 따랐거나 벌받아 세상을 떠난 사람들이 부지기수일 것이다. 외아들을 잃고 불교를 떠나 자미국 지상 자미천궁에 들어와 조상입천제를 행한 그는 그래도 불행 중 천만다행인 것이다.

몇 년 전에 『천지령』 책을 읽고 '뭐 이런 게 있어? 이런 일이 어디 있어?'라고 부정하며 책을 읽다가 덮어버렸다. 30년간 불공을 열심히 드리러 다닌 독실한 불교 신도였기 때문에 책 내용을 거부했다고 한다.

그런데 네 달 전인 올해 초에 외아들(33세)이 가출하고 돌아오지 않아 수소문하였는데 이튿날 차 안에서 번개탄을 피워 놓고 자살하였다. 연탄가스에 질식되어 주검으로 발견되었던 것인데 외아들의 자살, 얼마나 큰 충격을 받았을까?

엄마는 외아들을 잃고 슬퍼하며 절에 가서 불공드리며 지냈는데 하나밖에 없는 외아들을 잃은 슬픔에 잠겨 아무 일도 못하고 매일같이 울기만 하였다. 그러다가 신문광고에 난 『천도령』 책을 주문하여 읽고서 감동받아 친견상담을 예약하였다.

저자 인황을 만나 친견 3일 후에 외아들을 포함하여 친가와 시가의 직계 좌우 당대부터 시조까지 조상입천제를 행하게 되었다. 입천제를 하러 왔는데 엄마가 얼마나 울고 불고 난리를 치는지 차마 눈을 뜨고 볼 수 없을 정도였다. 이는 엄마가 우는 것이 아니라 아들이 엄마 몸속에서 우는 것이었다.

아들과 엄마 사이는 때로는 남편처럼 때로는 애인처럼 사이가 각별히 좋았다. 이렇게 애지중지하는 아들을 보내고 보니 왜? 아들이 죽었는지도 모르겠고 죽고 나서 보니 아들이 빚만 1억을 지고 갔다 한다.

외아들이 죽어 나가자 다니던 불교에 실망하여 책을 읽고 자미국 지상 자미천궁을 찾게 되었다. 30년 동안 사들인 불교서적과 염주, 목탁, 부적, 달력, 족자, 탱화, 불상, 옷, 천수경, 테이프 등 불교에 관련된 용품들을 모두 내다버렸다.

외아들의 죽음은 아프고 슬프지만 이로 인해서 헤아릴 수 없는 수많은 조상님들이 구원받았으니 전화위복 아니겠는가? 슬픈 마음을 의지할 곳 없어서 『천도령』 책을 읽고 조상입천제를 행하러 왔던 것이다. 역시나 그랬다. 불교에 30년 동안 미쳐서 다니고 있었기에 사랑하는 외아들을 앞장세우지 않으면 불교에 지극정성인 엄마의 마음을 꺾을 수 없기에 어떤 분들이 충격적인 방법을 동원한 것이었다.

인황과 신감을 만나 조상님 입천제를 올렸다. 외아들의 죽음이 겉으로 보기엔 분명 슬픈 일이지만 당대부터 시조조상님까지 친정과 시가 모두와 양쪽 외가조상님들을 도솔천황님의 대 원력으로 도솔천궁으로 입천되었으니 슬픈 일이 아니라 경사스러운 일이고 가문의 영광이다.

절에 다니는 사람들이 알아야 할 아주 중요한 내용은 절 법당의 불상에는 석가모니 부처님은 없고 형상만 있을 뿐이라는 진실을 명심해야 한다. 독자 여러분은 절에 좋은 기운 받으러 가지만 반대로 나쁜 귀신들의 기운만 잔뜩 받아온다.

석가모니 부처님은 모 종단의 조계종 종정 스님 몸에 72년 동안 머물고 있다가 『생사령』, 『하늘이 인류에게 내린 명』, 『황명』 책을 읽고 감동받아 2007년 초에 방문해서, 드디어 미륵님께서 출세하시였다면서 큰 절하려고 하여 손사래쳤었다.

저자 인황과 상담한 후 천인합체를 행하여 태상천존 자미천황님께 황명을 받아 '석가'가 아닌 '천상천가'라는 천상관명을 하사받아 2007년 3월 16일 천상 자미천궁으로 입천하였기 때문에 전국의 사찰에 있는 불상에는 석가모니 부처님을 가장한 귀신들만

이 불상에 있을 뿐이므로 절에 가면 귀신 기운만 받는다.

하늘 태상천존 자미천황님으로부터 '천상천가'라는 천상관명을 하사받아 천상 자미천궁으로 입천한 지 10년 되었는데, 그 사이에 불교 신도 숫자가 560만 명이나 대폭 감소하였다고 한다. 불교는 석가모니 부처님이 세운 것이 아니라 그를 따르던 제자들이 세웠다고 한다. 석가모니 부처님의 기운이 없으니 사람들이 절에 가지 않는 것이다.

석가모니 부처님께서는 하늘의 부름을 받아 천상 자미천궁으로 올라가시면서 불교를 세운 자들이 불교를 무너뜨려야 한다고 말씀하시었다. 석가모니 부처님께서는 제자들이 자신을 천상천하 유아독존으로 추앙하고 받들며 불교의 주인으로 추대하여서 하늘 태상천존 자미천황님께 대역죄를 지은 역천자 죄인의 신분이라면서 몸 둘 바를 몰라 하였다.

석가모니 부처님이 천상 자미천궁으로 입천하였기에 절에 가서 불공을 올리면 부처님을 가장한 귀신들이 불공을 받아가기에 여러분 불자들은 귀신들이 주는 기운을 받아와서 인생이 더 뒤집어지고 힘들어지게 되어 있다.

이 땅에 있는 모든 종교는 하늘이 윤허하시지 않았기에 하늘의 뜻을 거스르는 역천자가 되는 죄를 짓는 일이므로 종교에 다니는 자체가 인생 몰락을 자초하는 지름길이다. 여러분도 근래에 절에 가면 옛날에 느꼈던 기운이 아닌 허전함과 답답함, 우울증과 불면증, 사업부진, 부부싸움, 불안 초조한 마음이 날이 갈수록 심해지고 있을 것이다.

벌을 받아 10년째 투석

대순진리회 7년, 증산도 13년, 천도교 1년을 다니다가 자미국에서 발행한 책을 읽고 조상입천제를 행하는 날에 밝혀진 경천동지할 진실이다. 이들 종교를 다니면서 그곳이 최고인 줄 알고 다녔는데 책을 읽고 더 대단한 자미국임을 알아보고 방문하여 친견상담하고 조상입천제를 행하였다.

10년 동안 매주 3회 피를 빼서 걸러 넣는 투석을 받고 있는 57세의 남자. 그동안 굿과 천도재를 많이 해보았지만 왠지 답답하고 몸이 아파서 10년째 투병 중이라 마지막이라 생각하고 자미국 인황을 찾아왔다.

조상입천제를 행하면서 어머니 혼령을 불러서 밝혀진 진실은 참으로 놀라웠다. 투석이란 병마의 원인이 밝혀지는 아주 중요한 순간이었다. 절에도 착실하게 다니는 불자였고, 천지신명님께도 기도하던 어머니가 3년 전에 돌아갔는데 어머니가 술 먹고 천지신명님께 기도하며 "천지신명"이라고 "님" 자를 빼고 친구 이름 부르듯이 했다고 말했다.

어머니의 기도 모습을 지켜보신 천지신명님께서 피가 거꾸로 치솟아 진노하시었고, 이로 인해서 10년 동안 피를 갈아 넣는 투석을 받게 된 원인이라고 밝히셨다. 죄를 지은 당사자 어머니는 죽고 없어도 어머니가 살아생전 지었던 죄를 자손이 물려받아 무서운 병에 걸렸다는 어마어마한 진실을 알려주시었다.

몸이 많이 아픈 자들은 전생에 무슨 죄를 지어서 큰 병에 걸려서 고생하느냐고 원망어린 말을 하는데 그 진실이 밝혀진 것이다. 부모조상님들이 살아생전 지은 죄로 인하여 자식들이 몹쓸 병에 걸려서 고통받으며 죽음의 날만을 기다리고 있다는 엄청난 진실이다.

부모조상님과 자신들이 지은 죄가 크면 당대에 바로 질병, 금전, 가난, 실직, 파면, 자살, 뇌졸중, 중풍, 심장마비, 돌연사, 교도소, 기업부도, 차사고, 우울증, 이혼, 사기배신, 사건사고를 당하여 가정이 파탄난다는 것을 알았다.

여러분 인생사에 갑자기 찾아오는 아픔과 슬픔, 고통과 불행, 불운과 비운의 실체는 이와 같이 여러분의 수많은 선대 조상님들 중에서 누군가는 죄를 지었기에 후손인 여러분이 지금 당대에서 그 벌을 받고 있는 것이다. 먼저 각자의 조상님들이 지은 벌을 풀어야 병원 치료를 받더라도 효과가 있다.

여러분의 돌아가신 당대부터 시조까지 수많은 선대 조상님들이 하늘과 신에게 어떤 죄를 지었는지 전혀 알 수도 없기에 빌 수도 없다. 그래서 하늘과 신에게 조상님들이 지은 죄를 비는 조상입천제가 여러분 가문을 살리는 지름길이라는 것이다. 조상님들이 지은 죄를 빌지 않으면 천만사가 불통이라 인생이 산 지옥세상과 다를 바 없다.

심장이 편안해졌음을 느끼며

5년 전에 책을 보고 조상님 입천제하기 전에는 심장이 두근거리거나 생각이 12번 변하듯 변덕이 있었으며, 다리가 덜덜 떨리면서 화도 자주 났으며, 열기도 있었고 이곳저곳에 패대기치듯 화풀이도 많이 하며, 거친 삶을 살면서 간간이 심장이 멎을 듯 압박이 심했었습니다.

조상님 입천제하고 나서부터 심장이 편안해졌음을 느끼며, 일하면서는 더 편안함을 느끼게 되었습니다. 다리 떨림이 사라지고, 갑자기 심장에 충격도 없어지고, 열기도 가라앉아지며 안정되어졌습니다. 그 당시에는 바로 못 느껴서 몰랐던 것도 시간이 지나면서 알게 되고 아주 큰 것을 베풀어주신 것임을 알게 되었으며, 이러한 것이 기적임을 느낌으로 알게 되었습니다. 그 뒤로 두 달도 안 되어 천인합체를 행하고 삶에 변화가 찾아왔습니다.

일하면서 장비를 들 때 힘이 불끈 솟아오른다거나 전기에 감전이 되거나 안전사고를 당해도 경미하며, 실시간으로 보호를 받고 있다는 것을 느낌으로 알게 되었습니다. 육신의 입장으로 보면 아주 놀라운 일이었습니다. 뭔가를 필요로 할 때 우연처럼 필연으로 이뤄지는 기적을 작업 중이나 일상생활에서 많이 체험하게 되었습니다.

감사죄를 행하고 나서 감싸는 무언가로부터 벗어나 마치 산 꼭대기에서 멀리 아래를 보는 기분이 드는 것과 일상생활에서 주변인들로부터 해방감을 느끼며 일과 주변생활이 잘 풀리며, 평화로움을 느끼면서 생활하게 되었습니다.

자전거를 타고 가면서 멀리서 저기 빨간 불인데, 파란불이었으면 좋겠다고 속으로 말하면 우연인 것처럼 파란불이 되어 지나는 경우가 많이 있었습니다. 이렇게 밀접하게 생활 속에서 많은 보호와 배려를 내려 주시며 은혜를 베풀어 주셔서 행복하게 살 수 있다는 것을 알게 되었습니다.

그 뒤로 1년의 시간 차 속에 천은보사를 행하게 되었습니다.

조상입천제, 천인합체, 감사죄만 봐도 엄청나게 크게 베풀어주신 은혜를 모두 갚을 수 없지만 표현하고 싶다는 생각이 강하게 들었습니다. 천은보사를 행하고 난 뒤에는 지금까지의 삶의 굴레와 족쇄로부터 해방되어 자유인으로 살도록 배려해 주시어 영은 천상에서 육은 지상에서 아주 행복하게 살도록 큰 은혜를 내려주셔서 감동, 감탄, 감격으로 마치 무지개 위를 걷는 것 같은 복을 받아 즐겁게 지내고 있습니다.

천은보사행사를 행하고 사는 것은 엄청난 큰 기쁨이면서 갚을 수 없는 아주 어마어마하게 큰 은혜를 받아서 산다는 것은 대 영광이면서 무한한 가문의 영광이옵니다. 그 은혜는 살아 있는 동안 육신의 가슴에 깊이 새기고 싶사옵니다.

하늘의 백성 장○신 ○○천인/신인

인황님 만나기 전에는 인생이 뒤집어져

저도 인황님 만나기 전에는 인생이 뒤집어짐과 동시에 혈당이 300~600까지 올라가 입이 잘 마르고 물도 많이 마시었으며 일반인들 같으면 당뇨 약을 복용한다고 난리였을 것입니다.

그런데 인황님께서 행해주시는 저의 조상님 입천제행사와 천인합체행사를 비롯하여 가족들 천인합체행사를 행하고 나서부터 현재까지 당뇨 약을 먹지 않고 별 이상 없이 잘 지내고 있습니다.

또 한의원에 오는 척추 환자들 교정을 해주다 보면 제 척추와 골반이 틀어져 가끔 허리와 하지 무릎 발목에 통증이 생기거나 찌릿찌릿할 때도 있고 하지가 무거울 때도 있었지만, 어느 날 자가 교정 방법을 터득하게 해주시어 심해지기 전에 수시로 바로잡아 주곤 합니다.

또 그러면서 어느 뼈가 어떻게 틀어지면 어떻게 아프구나 하는 상관관계와 그 해법 요령을 자가 체험을 통하여 이론적일 뿐만 아니라 실제적으로 확실하게 터득하다 보니 임상적 노하우도 그 누구보다도 탁월하게 해주셨습니다.

쌍둥이 2세들 출생 후 지난 한 해 반 동안은 운동도 제대로 못하고 쉴 새가 별로 없어 체력적으로 많이 힘들고 하지의 힘이 많이 무력한 느낌도 받았습니다. 하지만, 이제 애기들도 16개월이 지나니 엄마, 아빠 말귀도 좀 알아듣고 기본관리만 잘 해주면 잘 놀고, 잘 먹고, 잘 크게 해주신 덕택에 집에 돌아가면 애기들과 함께하는 시간이 기쁘고 가족 사랑의 귀중함을 더욱더 소중하게 느낍니다.

동시에 태초 하늘께서 맺어주신 육의 핏줄 조상님, 영의 핏줄 하늘님 사랑이 얼마나 소중한 것인가를 더욱 절실하게 알게 해주셨습니다. 더욱이 제 현생의 가족 사랑이 내생에까지 영원하게 이어질 수 있도록 가족 천인합체를 이루어주신 태초 하늘님의 끔찍하신 후손 사랑의 마음을 무엇으로 다할 수 있을런지요!

또 자미국의 인황님과 신감님께서 아니 계셨다면 제가 어찌 잃어버린 태초 하늘님의 사랑을 다시 찾고 받을 수가 있었을런지요!

인황님! 신감님!

애타게 태초 하늘님 사랑의 품속으로 향해 가고 싶었던 저의 간절한 소원 현실로 이루어질 수 있도록 해주시고 저희 부모 직계좌우 조상님들과 아내의 직계좌우 조상님들을 태초 하늘님께 구원받게 조상님 입천제 해주셔서 늘 고맙고 감사합니다!!!

하늘의 백성 임○진 ○○천인/신인/도인

조상님 입천제 후 질병이 사라져

조상님 입천제 이후에 두통, 가위눌림, 감기, 비염 증상들이 정말 거짓말처럼 싹 사라졌습니다. 자미국의 너무나 대단하신 인황님과 신감님께서는 지금까지 수많은 종교에서 행하지 못했던 경이롭고 신비한 일들을 행하고 계십니다.

귀신들의 출현으로 인하여 우리 일상생활에 일어나는 불가사의한 일들은 너무도 많고, 인간의 힘으로는 도저히 이길 수 없지만 자미국이 이 땅에 세워져 인황님, 신감님께서 계시니 두 분을 향한 감사함은 말로는 표현을 할 수 없을 정도이며, 전 세계에서 인황님, 신감님을 능가할 영 능력자는 지금까지도 없었고, 이후의 세상에서도 영원히 없을 것입니다.

저는 인간육신을 가지고 태어났지만 인간이 아니었나 봅니다.
자미국에 들어와 인황님, 신감님의 하해와도 같으신 사랑으로 내 안에 귀신이 존재하고 있다는 것을 조상님 입천제를 행하고 나서야 인정하게 되었습니다.

2008년도에 자미국 백성으로 재탄생하고 나서 "천기력" 앞에 서서 5배의 예를 올리려는데 갑자기 얼굴이 일그러지더니 입에서는 괴이한 소리가 나오기 시작했습니다. "천기력"에서 뿜어져 나오는 신비의 황금빛이 너무도 강렬하여 감히 고개를 들 수 없을 정도였고, 그 엄청난 빛에 제 얼굴은 더욱 일그러지며 엄청나게 괴로워하였어요.

빛의 강렬함이 얼마나 대단하던지 몸이 뒤로 넘어지려고 해서 방바닥에 털썩 주저앉았던 기억도 있습니다. 공포 영화 속에서나 보았던 귀신처럼 얼굴이 일그러지자 너무도 무섭고 끔찍했지만, 그것이 진짜 귀신인지, 또 어떤 현상인지 저로서는 알 수 없었지요.

때마침, 자미국 지상 자미천궁 천기회에 불러주시어 신감님께서 저에게 하시는 말씀이 "어디 이렇게 못된 귀신이 이○율이 몸 안에 들어가 있어" 하셨어요. 네? 제 몸 안에 귀신이 있다고요? 제 안에서 깊숙이 숨어 있던 귀신의 존재를 신감님께서 처음으로 밝히어주셨는데, 그 순간 공포와 서러움의 감정들이 복받쳐 올라 눈물이 봇물 터지듯 흘러내렸습니다.

아! 나는 어디서부터 잘못된 것일까?
어릴 때 기억 속의 제 모습은 항상 울고 있습니다. 부모님께 혼이 난 후, 방으로 들어가 이불을 뒤집어쓰고 울면서 마음속으로 이런 생각을 합니다.

'도대체 왜 나를 낳았어요?' 시간을 되돌릴 수만 있다면 엄마 뱃속으로 들어가 다시 태어나 새롭게 시작하고 싶다는 생각을 수도 없이 하였어요. 학교에서는 얌전하지만, 집에서 한 번 싸우기 시작하면 제 의지와는 상관없이 힘센 천하장사와 같은 힘이 솟아올라 남자처럼 변하니, 부모님께서도 사람이 아니라 괴물, 정신병자라고 하셨고 온갖 욕을 퍼부으셨습니다.

그런데, 그것은 정말 내 의지와는 상관없이 일어나는 현상인데, 이런 내 마음을 몰라주고 정신병자로 취급하며 가족들도 모두 외면하니 서러움이 몰려와 차라리 죽고 싶단 생각에 매일 우울했고 무기력해서 모든 것에 멍~하니 넋을 놓고 하루하루를 살아갔었습니다.

저도 부모님의 사랑을 받고 싶었지만 이미 가족들 사이에서 왕따나 다름없으니 주체할 수 없는 허전함과 텅 빈 마음에 밤하늘의 별을 올려다보며 알 수 없는 그리움의 눈물을 흘리곤 했습니다.

점점 자라면서 내 안에는 분명 다른 존재가 있다는 것이 좀 더 강력히 느껴졌어요. 남자, 노인, 어린 아이 등등…. 나는 도대체 누구일까? 왜 나는 평범하게 살 수 없을까? 하루하루 숨을 쉬며 살아간다는 것이 고통이자 산지옥이었습니다.

참 신기하게도 그 와중에 제 마음 안에서 어떤 희망의 메시지가 느껴지곤 했습니다. '이건 네가 아니야, 너의 진짜 모습은 이렇지 않아.' 누군가가 제 마음 안에 끊임없이 희망을 심어주는 것이 느껴졌고, 저도 모르게 큰 꿈이 자라나고 있었습니다. 그 신기한 희망마저 느껴지지 않았다면 벌써 자살하여 허공중천을 떠도는 귀신이 되었을 겁니다.

어린 시절부터 인황님을 만나기 전까지 감기, 비염을 달고 살았고, 턱관절, 어깨 통증, 끊임없는 두통, 또 잘 체해서 소화제 또한 늘 손에서 떠나지 않아 한마디로 종합병원이었습니다. 또 갑상선에까지 이상이 왔는데, 목이 부으면서 두 눈이 심하게 돌출되고, 체력은 날이 갈수록 쇠약해져 마치 바람 빠진 풍선처럼 완전히 넋이 빠져 있으니, 제가 제 뺨을 세게 쳐보아도 정신이 들지 않아 공부에 집중을 할 수 없었습니다.

아침에 눈을 뜨면 또다시 두려움과 공포가 마구 몰려오니, 캄캄한 암흑 속에서 길을 잃고 헤맵니다. 몸은 늘 천근만근이 되어 땅속으로 가라앉는 느낌이었고, 극심한 두통과 우울증, 정신적 방황은 더욱 심해져 갔지만 이런 현상들이 귀신의 짓이라고는 단 한 번도 생각한 적 없었어요.

그 후, 기적적으로 자미국에서 발행한 『생사령』 책을 읽은 후에 제 안의 조상님의 원과 한이 얼마나 크신지 대성통곡하며 알게 되었습니다. 그 후, 인황님께서 원하시어 행사를 행하게 되었는데, 생각도 못했던 1천 년 전 조상님과 상봉할 수 있었고 조상님께서는 저의 부모님께 엄청나게 호통을 치셨습니다.

그때 저는 돈이 없는 상태였기 때문에, 사명자도 아니신 부모님께 억지로 책을 권유하였고 인황님께서 윤허하시어 함께 참석할 수 있었습니다(그 당시 인황님, 신감님의 엄청나신 배려가 느껴지는 대목입니다). 지금은 당연히 절대 부모님께 말하고 있지 않고요.

천 년 전 조상님께서는 저를 이 세상에 태어나게 하시려고, 사후세상에서 그 오랜 시간 동안 너무나 애가 타도록 간절히 빌고 빌어서 제가 태어나게 된 것이라 하시며, 내가 이○율을 낳았다고 말씀하셨습니다. 수많은 조상님들이 사후세상에서 하늘님께 빌고 빌어서 책을 읽고 자미금궐에 들어가서 조상님 입천제를 행해 줄 하늘의 자손 점지해 달라고 빌어서 태어났다는 이 엄청나고도 귀한 진실을 이 세상 어디에서 그 누구에게 들을 수 있겠습니까? 너무나도 위대한 은혜를 내려주신 인황님, 신감님 고맙습니다. 정말 최고이십니다. 사후세상에서 하늘님이 내려주시는 빛을 보았다고 말씀하실 때는 조상님이 감격에 겨워 목이 메이시는 것을 느낄 수 있었고, 저에게는 너무도 애틋하게 "○율아, 사랑한다" 말씀하시자 주체할 수 없는 눈물이 흘러내렸습니다.

1천 년 전 조상님의 간절한 기도로 태어났다는 것도 영광인데 저에게 사랑한다고 말씀해 주시자 감동의 눈물이 멈출 줄을 몰랐고, 태어나서 그동안 조상님 몰라보고 알려고도 하지 않았음에 정말 부끄럽고 죄송스러웠습니다.

저의 조상님들께서 천상 자미천궁으로 올라가신 후, 저는 두통, 가위눌림, 감기, 비염 증상들이 정말 싹 사라졌고, 피부까지 엄청 좋아지는 신비한 기적을 안겨주셨습니다! 게다가 올봄에는 10년 가까이 복용하였던 갑상선 약을 완전히 끊게 되었지요!

살아서도 죽어서도 영원히 잊지 못할 너무도 대단한 조상님 입천제로 신비한 이적과 기적이 일어난 것이지요. 자미국의 인황님과 신감님은 너무나 대단하시고 존귀하신 분들이십니다.

하늘의 백성 이○율 ○○천인

조상님 입천제 이후 술들을 안 마셔

조상님 입천제 이전의 저와 제 가족의 삶은 절대로 정상적인 삶을 살 수가 없었습니다. 가족들 간에 보이지 않고 절대로 깨지지 않는 벽이 있었기 때문이었습니다. 그 벽을 깨주신 하늘님께 무한 감사를 올리옵니다. 그 벽이라 함은 하늘 모르고 돌아가신 골치 아픈 제 조상님들 때문인 것을 조상님 입천제 때 신감님께서 밝혀내 주시었습니다.

그 조상님들이 후손들 몸에서 보이지 않는다고 이리저리 돌아다니시며 모든 불행의 씨앗을 만들었답니다. 물론 훌륭하신 조상님들도 계시지만 하늘 모르는 골치 아픈 조상님들로 인한 피해는 이만저만이 아닙니다. 천벌은 자손대대로 이어짐을 보여주셨습니다.

조상님 입천제 행하기 이전에는 조상님들이 사후세계에서 고통받는 꿈을 간간이 꾸면 그 다음에는 꼭 안 좋은 일이 일어납니다. 1991년에 조상님이 톱으로 다리가 잘리시면서 고통도 초월한 듯이 저를 물끄러미 바라봅니다. 그리고 며칠 후에 제 동생이 자살했습니다.

저는 여기서 느낀 생각은 조상님이 사후세계에서 고통을 받고 계시면 그 후손들은 진정으로 행복해서도 안 되고, 행복할 수도 없으며 행복해 보았자, 라는 생각이 듭니다. 천지자연의 이치라 생각합니다.

그 다음은 술로 인한 피해입니다

저희 친가나 외가 모두들 엄청나게들 마셔댑니다. 명절날에는 무슨 술 시합이라도 하는 것처럼 말입니다. 조상님 입천제 이후 처음 맞이하는 설날 명절입니다.

모두들 스스로가 놀랍니다

술들을 거의 안 마시는 것입니다. 저 혼자만이 조상님들께서 입천제를 행하여 모두 천상세계로 올라가셨기 때문이란 것을 느낄 수 있었습니다. 제 주변의 지인들도 엄청 마셔 댑니다. 번 돈의 80%이상이 매일 술값으로 지출됩니다.

정신적, 경제적, 육체적으로 피해가 막심합니다. 정상적인 삶을 영위하기가 힘이 듭니다. 본인들도 자기가 아닌 다른 사람(조상)이 마신다고 생각합니다. 하루라도 술을 마시지 않으면 허전해하는 사람들이 주위에 많은데 이는 인간들이 먹는 것이 아니라 조상 귀신들이 먹는 것이라는 것을 자미국에서 저의 조상님 입천제를 통하여 실감나게 확인할 수 있었습니다.

인사불성이 되어 필름이 끊어져 무슨 말을 했는지조차 기억나지 않을 정도로 퍼마시는 것은 자기가 아닌 조상님들로 인한 것이라는 진실을 새롭게 알았습니다. 조상님들이 돌아가야 할 영혼들의 고향인 천상 자미천궁에 오르지 못하여 자손들 몸 안에서 힘든 사후세상을 술로 달래고 있는 것이었습니다.

사람들이 죽으면 육신은 화장하거나 땅에 매장되어 존재 자체가 사라지지만 육신을 떠난 조상님들은 살아생전의 선행과 악행에 대해 심판을 받아 상천세계, 중천세계, 하천세계로 분류된다고 들었습니다.

상천은 천상세계이고, 하천은 지옥세계이며, 중천은 인간세계라고 합니다. 그런데 죽은 조상님들이 천상세계로 오르지 못하고 중천이나 하천세계에 머물고 있으면 죽어서 고통받는 조상님들의 힘든 기운을 살아있는 자손들이 똑같이 받아서 인생이 뒤집히고 우환과 질병, 사업실패, 사건사고, 고소고발, 사기배신, 자살, 급살 같은 일들이 일어난다고 하십니다.

사람 몸에 조상들이 함께 살고 있으면 자손들을 굴복시켜 깨닫게 하려고 온갖 풍파가 자신들에게 몰아친다는 것을 수많은 고난을 통하여 알 수 있었습니다. 술 주사로 인한 폭언과 폭행은 인간 본래의 모습이 아니라 자기의 당대와 선대조상님들의 모습이라는 것을 자미국을 통해서 너무나 생생히 알았습니다.

조상님 입천제를 올려드리고부터는 술 마시는 것에 흥미를 잃었고, 저절로 술이 끊어지는 이변이 일어났습니다. 술 맛이 없고 술이 전혀 당기지 않습니다. 술 퍼마시고 다음 날 속이 쓰리고 업무에 지장을 주는데도 또다시 해장술을 마셔야 하는 사람들은 술중독이 아니라 조상님들이 마신다는 것을 아시고 어서 빨리 자미국에 들어가서 조상님 입천제부터 해드려야 할 것입니다.

자미국은 일반적인 무속이나 불교, 도교, 기독교, 천주교, 민

족종교가 아니라 전 세계에 단 하나밖에 없는 하늘과 땅이 함께하는 대단한 지상 자미천궁입니다. 자미국이라 하니까 뭐하는 곳인지 잘 이해가 되지 않는 사람들도 상당히 많을 것입니다.

우리 인류가 태어나면서부터 종교세계 안에서 애타게 기다리고 찾던 인류의 구세주가 함께하는 무릉도원 세계라는 것을 알았습니다. 우주를 창조하신 진짜 하늘이신 자미천황님도 계시고 신명님, 하나님, 미륵님, 천지신명님, 땅이신 자미인황님께서 모두 함께해 주시는 대단한 세계입니다. 불가능이 없을 정도로 하늘과 땅의 천지능력이 무수히 내리고 있습니다.

이제부터 인간과 영혼, 조상님들은 더 이상 기존에 알려진 종교세계 안에서 허송세월 방황하며 자기들을 구해 줄 하늘을 기다릴 필요가 없어졌습니다. 자미국을 찾는 것이야말로 진짜 하늘을 찾는 일이라는 것을 알았습니다. 저 역시 수많은 종교와 무속, 도교세계를 다녀보았지만 성에 차지도 않고 많은 실망을 하였습니다.

자미국의 인황님과 신감님은 살아 움직이는 대단하신 하늘이시자 신이십니다. 인류의 종착역이고, 구원의 종착역이며 행복의 종착역이라고 봅니다. 종교를 부정하고 종교에서 피해를 본 사람들과 전혀 종교를 믿지 않는 사람들도 자미국에 들어가야만 더 이상의 고통과 불행이 따르지 않을 것입니다.

자미국은 정말 너무나 대단한 곳이며 자미국을 알면 종교세계는 시시해서 가고 싶은 마음이 일어나지 않습니다. 우리 인간과 조상님들의 삶을 천지개벽시켜 주는 전 세계 유일한 곳입니다. 너무나 신비스러운 자미국이기에 종교처럼 아무나 들어올 수 없다고 합니다.

자미국에서 정하는 나름대로의 심사기준이 있고 설혹 조상님 입천제를 행하여 자미국의 백성과 천인되었다고 하여도 어떤 결격사유가 발생하면 신분이 박탈될 수도 있다는 것을 알았습니다. 종교처럼 수시로 집회를 하지 않고 백성과 천인들만 1년에 몇 번 불러줄 때만 갈 수 있는 아주 특별한 자미국이지요.

이런 진실은 자미국이 아니면 영원히 풀리지 않는 숙제일 것입니다. 저는 조상님 하단입천제를 행하였는데 돈으로 따지면 몇 달치 술값이니 저와 제 가족들과 조상님들은 엄청난 행운아입니다. 절대로 깨지지 않을 그 벽(조상님)을 위대하신 하늘께옵서 사랑으로 구원해 주심에 후손들에게도 행복이라는 희망이 서서히 싹이 틉니다. 그 외에도 보이지 않는 마음의 평화와 인간사 저차원의 삶이 아닌 고차원의 삶을 살아가게 해주십니다.

술, 도박, 폭력, 사기, 거짓말이 아닌 고귀하고 영롱하며 찬란한 삶이 깨달아집니다. 하늘의 위대하신 사랑에 매일 매순간에 감사함으로 살아갑니다. 앞으로 남은 저와 제 가족들의 천인합체행사를 행하여 구원할 아름다운 인생의 목표가 생겼습니다.

제가 어떻게 해서라도 조상님을 천상 자미천궁으로 모셨으니 자손들도 천상 자미천궁 갈 수 있도록 조상님들께서 보살펴주세요. 저를 자미국으로 인도한 모든 분들에게 영원히 감사합니다.

하늘의 백성 박○형 ○○천인

조상님 입천제 행하고 목숨 구해

동아일보 광고를 보고 자미국에 입국한지 6년의 세월이 흘렀습니다. 저는 질병으로 인해 자미국과 인연이 되었습니다. 삶과 죽음의 문턱에서 마지막으로 선택한 곳 자미국.

한 달간 자궁 출혈이 너무 심해서 병원에서도 지혈이 되지 않아 그대로 있었으면 아마 지금쯤 이 세상 사람이 아니었을 겁니다. 인황님, 신감님께서는 제 생명의 은인이십니다. 인황님께서 집필하신 책을 읽고 난 후에 입가에서 자꾸만 '자미국'이라는 말이 계속 맴돌았고 주위에는 '종'이 없는데 제 귀에는 종소리가 은은하게 들려왔습니다. 꼭 자미국으로 가야만 살 수 있다는 생각이 떠나질 않았습니다.

그 당시 힘이 없어 걸음도 제대로 걷질 못해 안색은 창백하고 가방하나 제대로 들지 못해 바닥에 질질 끌고 부산역으로 향했습니다. 그렇게 안간힘을 다하여 가다가 너무 아파서 도저히 못 갈 것 같아 인황님께 전화를 드렸습니다. "올 수 있다"고 하시었습니다. 그 말씀을 듣고 용기를 내어 부산에서 기차로 서울에 도착하여 자미국의 인황님, 신감님과 알현 후 조상님 입천제행사를 올렸습니다.

입천제가 끝나갈 무렵 천룡 위에 조상님들께서 타고 하늘로 승천하는 영상을 보았습니다. 조상님 입천제 마치고 내려올 때 기적이 일어났습니다. 병원에서도 지혈이 안 되었던 자궁 출혈이 조상님 입천제 후 신기하게도 출혈이 뚝 멈추었습니다.

인간의 삶이 다하여 천인의 삶을 살아야하기 때문에 조상님 입천제 후 15일 안에 천인합체행사를 행하라는 "천명"을 내려 주셨습니다. 천인합체하기 전 꿈에 "아픈 곳을 함께 고하라"라는 음성이 들려왔고, 신감님 모습으로 얼굴만 다르신 분께서 가부좌하신 자세로 "내가 누군지 알겠느냐?"하시었습니다.

"네" 하고 답변을 드렸고 천상천감님(기독교에서 말하는 하나님)이시라는 느낌이 들었습니다. 꿈을 꾸고 나서 천인합체를 행하였고, 인황님께서 심장, 폐질환 등 질병을 하늘에 고하여 주셨습니다.

천인합체 후 몸에 생기가 돌고 가래가 많이 나왔던 게 전혀 나오지 않고, 질병이 사라져 주위 사람들이 피부가 깨끗해졌다며 화장품 좋은 것 쓰느냐고 하였습니다. 자미국에 입국하여 지금까지 위급할 때 알려주시고 실시간으로 보호해 주시고, 꿈으로 메시지 주시며 병원에서 치료가 안 되는 질병이 치유되고 인황님은 대단함 그 자체입니다.

자미국과 인연이 되어서 인황님, 신감님 알현할 수 있다는 것 자체만으로도 영광 중에 영광이라고 생각하며 항상 인황님, 신감님 말씀을 목숨 줄처럼 따르고 행하면서 이 은혜 영원토록 잊지 않겠습니다.

하늘의 백성 손○희 ○○천인

간암이었는데 일주일 만에

어느 날 30대 중반의 여자가 예약도 없이 갑자기 방문하였다. 사연을 들어보니, 갑자기 몸에 피로가 자주 쌓이고, 예전과 다른 몸의 상태를 느끼고 병원을 찾아가 보니 "간암"이라는 것이다.

그래서 의사 선생님의 지시대로 다음 주에 수술하기로 날을 받아놓은 상태인데, 의사 선생님이 마음의 준비를 단단히 하라는 당부의 말을 했다고 하면서, 수술 들어가면 죽을 것인지? 아니면 살아서 나올 수 있을 것인지? 너무 걱정이 되고 궁금하여 방문하였다.

하늘의 명 대행자 인황님과 함께 자미천황님 전에 천고를 올리니, 조상을 구원 못한 결과이다, 하시면서 방법을 가르쳐주셔서, 자미천황님의 말씀대로 날을 정하여 조상님 입천제를 행하였다. 그리고 그 여자 손님은 예정대로 수술을 받았다.

수술 7일 후에 여자 손님에게서 한 통의 전화가 왔다. 그 7일이라는 시간 동안 인황님과 나는 하루하루가 가시방석이었다. 물론 자미천황님의 대 능력을 믿어 의심치는 않지만 우리도 어쩔 수 없는 인간이다 보니 걱정을 안 할 수는 없었다. 그 토록 기다렸던 그 여인의 목소리를 들으니 기쁘면서도 무슨 말을 어떻게 해야 할지 몰라 숨을 죽이고 있었고, 결과가 어떻게 나왔을지 가슴이 조마조마했다.

조심스레 물어봤다. “어떻게 됐어요? 걱정 많이 했어요. 몸은 괜찮아요?” 그 여인의 답변의 말은 “예, 몸은 괜찮아요. 그리고 걱정은 왜 하셨어요? 자미천황님과 우리 조상님께서 괜찮을 거라며 이적과 기적이 일어나게 해주신다 하셨고, 인황님과 신감님께서도 괜찮을 거라고 걱정 말라고 하셨잖아요” 하면서 말했다.

“예정대로 수술에 들어갔어요. 그런데 그 병원의 의사들조차도 모두 깜짝 놀랄 이변이 일어나고 말았어요. 수술 절차에 따라 모든 준비를 다 하고 마지막으로 배를 열고 보니, ‘간암’이 아니라며 이것이 어떻게 된 것이냐고 병원이 난리가 났었대요.

저는 마취를 한 상태이기 때문에 이 사실은 나중에 알았지만 저 때문에 병원의 모든 의사들이 황당하고 당황스러워 몸 둘 바를 몰라 했다고 하네요. 일주일 전에 수술 날짜를 잡기 전 모든 검사를 하였고, 3군데 병원에서 검사를 했을 때 분명히 ‘간암’이었는데, 일주일 만에 이런 일이 도대체 어떻게 일어날 수가 있느냐고? 의사 선생님들의 당황했던 그 상황이 어떠했을지 상상이 가시지요?

아무튼 저는 자미천황님과 조상님의 도움으로 이제는 아무렇지도 않아요. 자미천황님과 조상님 그리고 인황님과 신감님께 진심으로 감사드려요. 저의 목숨을 구해 주시고 저의 조상님을 구원해 주신 덕분이에요. 퇴원하는 대로 찾아갈게요. 안

녕히 계세요." 하면서 전화통화는 끝이 났다.

전화를 끊은 후, 인황님과 나는 자미천황님의 대 능력에 놀라 한참을 말을 못하고 있었다. 자미천황님께서 인황님과 나를 통하여 그동안 보여주신 기적, 이적은 정말 인간의 상상을 초월한 대 이적이었지만, 이 여인을 통하여 보여주신 자미천황님의 이적은 또 하나의 감동과 놀라움이었다.

인황님과 나.

앞으로 남은 인생 자미천황님의 뜻을 펴는 데 전념을 다하겠지만 이 여인을 통하여 "행"으로 보여주신 자미천황님의 이적은 영원히, 영원히 잊지 못할 것이다.

조상의 분노가 그 얼마나 무서운지

밖에는 한 줄기 비가 내리고 있었다. 인황님과 나는 자미천황님의 얘기와 앞으로 펼칠 자미국의 얘기로 한창이었는데 젊은 부부가 함께 방문을 하였다. 부인은 그동안 있었던 사연을 얘기하면서 눈물을 뚝뚝 흘렸다.

남편은 이런 부인이 애처로운지 부인의 손만 꼭 잡고 아무런 말도 못하고 있었다. 사연인즉, 두 부부 사이에 6살짜리 남자아이가 하나 있다 했다. 그런데, 그 아이의 별명은 "사탄의 인형"이라 했다.

무슨 말인가 자세히 들어보니, 영화 "사탄의 인형"과 본인 아들의 모습이 똑같다고 하면서, 이런 아들을 치료해 보고자, 자미국을 알기 전, 정신병원에도 가보고, 교회에도 가보고, 굿도 해보고, 절에서 천도재도 해보았다.

두 부부가 인간사에서 해볼 만한 것은 모두 다해 보았지만 아들은 호전되는 것이 아니라, 시간이 지날수록 더욱더 악화되어 이제는 어쩔 수 없이 두 부부와 시댁어른들, 친정어른들. 모두가 이 어린 자손을 고아원으로 보내기로 했다면서 눈물을 뚝뚝 흘렸다. 이렇게까지는 안 하고 싶어 모든 방법을 다 동원해 보았다. 남편이 하는 말은 이 아들 하나 정상인 만들려다 모든 가족 다 죽겠다는 것이다.

6살짜리 아들 하나를 어느 누구의 힘으로도 아니 되니 어르신들도 이제는 어쩔 수 없다고 하면서 고아원으로 보내는 것에 찬성하셨다고 하면서, 남편도 참았던 눈물을 보이고 말았다.

두 부부의 짧은 얘기에, 인황님과 나는 저절로 한숨이 나왔다. 보라! 하늘의 진노가 그 얼마나 무서운지, 조상을 몰라보고 조상구원을 못한 죄가 그 얼마나 무서운지, 신의 조화, 조상의 조화는 인간의 상상을 초월한다.

신의 분노, 조상의 분노가 그 얼마나 무서운지 이 부부를 통하여 신과 조상님께서는 분명히 보여주며 들려주고 계셨다. 조상님들께서는 조상님들의 고통을 어린 자손을 통하여 보여주고 있었다.

세상에 대해 아무것도 모르고, 답답함이 무엇인지 고통이 무엇인지 아무것도 모르는 어린 6살짜리 꼬마는 이 세상의 모든 고통을 다 짊어진 어른처럼 항상 고통의 괴성을 질렀고, 어린 아이의 몸에서는 어른이 감당할 수도 없을 정도의 엄청난 힘이 나오고 있으니, 세상의 사람들은 이 어린아이의 경우를 뭐라 설명할 것이고 어떻게 치료하여 어린아이의 모습으로 만들어줄 것인가?

아니면 그냥 방관하다 부부의 말처럼 고아원으로 보낼 것인가? 방법은? 딱 하나. 자미천황님의 위대하신 대 능력에 의존할 수밖에 없다. 인황님과 나, 이 부부는 하늘의 날을 정해 조상님 입천제를 행하면서, 자미천황님 전에 조상을 몰라보고, 신을 몰라보고 하늘의 존재를 무시했던 자신들의 죄를 빌고 또 빌었다.

한참 후에 자미천황님의 명을 받아 천상감찰신명님과 천상천감님, 천상도감님께서 자미천황님의 말씀을 전하여 주시면서, 자미천황님께서 그대들의 죄를 용서하여 주셨다는 말씀을 내려주셨고, 그 자손은 그 입천제가 끝난 2일 후 본 모습을 찾고 정상인이 되어 천진난만한 어린아이의 모습으로 돌아와 두 부부와 어른들께도 아주 잘하고 있다는 소식을 전해 들었다.

인간을 사랑하심의 마음으로 우리 중생들의 아픔과 고통을 해결해 주시는 자미천황님의 이적, 기적 앞에서 어느 누가 감히 하늘의 존재를 가짜? 진짜 할 것이며 과학적인 증명을 논할 것인가? 우리의 존경하는 천상의 태상천존 자미천황님은 항상 말이 아닌 "행"을 통하여 인황님과 나에게, 또한 하늘의 백성과 천인에게 항상 자미천황님의 존재와 자미천황님의 대 능력을 보여주고 계신다.

정상이 되어 약을 먹지 않아도 되고

30대의 젊은 주부가 2살짜리 아이는 등에 업고 5살짜리 꼬마는 손을 잡고 자미국에 방문하였다. 2살짜리 남자 아이는 16개월이라 했다. 그러나 이 아이는 보통의 아이들과 비교했을 때 유난히 작았다.

너무 작아 꼭 인형 같았다. 애기 엄마에게 그 연유를 물어보니 아이는 태어나서부터 항상 설사를 하였다. 그래서 병원에 가 보니 의사 선생님의 말씀이 아이가 장이 안 좋아 그런다고 하면서 약을 먹이라고 하여 16개월째 약을 먹이고 있고, 아이가 설사를 많이 하다 보니 살도 안 찌고 잘 자라지도 않는다고 하면서 애기 엄마는 자연스럽게 이야기를 했다.

이 말에 나는 "애기가 왜 태어나서부터 장이 안 좋아요?" 하고 물었다. 애기 엄마 말은 "그건 나도 잘 몰라요. 의사 선생님이 그렇게 가르쳐주었고, 우리 아이는 의사 선생님이 주신 약을 먹고 있는데 별로 호전은 없어요.

그러나 시간이 지나면 차츰 나아질 거라고 의사 선생님이 말씀해 주셨고 수시로 병원에 내왕하면서 결과만 보고 있어요" 하는 것이었다. 그래서 애기 엄마에게 신의 세계, 조상님의 세계에 대하여 설명을 해주면서, 아기의 장이 왜 안 좋은지도 설명을 해주었다.

그러자, 애기 엄마가 하는 말이 "우리 두 부부는 단골로 다니는 무속인의 집이 있어 해마다 조상님을 위한 굿을 해드렸어요"라고 했다. 굿과 입천제의 차이점을 설명해 주고, 자미국에서는 조상님을 위한 입천제를 굿처럼 해마다 하는 것이 아니라 일생일대에 한 번만 행하면 조상님들께서 꿈에도 그리던 천상궁전 자미천궁 세계로 가실 수 있다는 설명을 해주자, 눈이 휘둥그레지면서 하는 말이 "저도, 굿이 전부가 아니라 지금 인황님과 신감님이 설명하신 천상세계가 분명히 있을 것 같았어요" 하는 것이었다.

그러면서 하는 말이 "우리 남편은 항상 내 말을 안 들어요. 이상한 사람들 얘기만 들어 지금까지 금전적으로 손해 본 것만 해도 너무 많아요. 그리고 남편은 매일 몸이 천근만근이라고 하면서 항상 몸이 병명 없이 아파요.

또한 저는 큰 애만 보면 짜증이 나고, 큰 애가 하는 모든 것에 화가 나요. 그럼 조상님 입천제 행하면 이 모든 것이 좋아지나요?" 하면서, 자미국과 인연을 맺을 경우 단골로 다니던 무속인의 집은 어떻게 하느냐고 걱정을 했다.

많은 대화를 나누고 조상님 입천제를 행하기로 한 날은 남편도 함께 참석하였다. 입천제를 행하는 날 이 여인은 천상세계의 모습을 볼 수 있었다. 조상님 입천제를 행한 후, 2달이 안 되어 남편과 의논하여 천인합체 행사도 행했다.

그 후, 어린 2살짜리 아이의 장은 정상이 되어 약을 먹지 않아도 되고, 장이 정상이 되다 보니 지금은 살도 조금 찐 상태이고 키도 예전보다 많이 컸다고 기뻐하였고, 항상 밉기만 했던 큰 아이도 이제는 예쁘다고 자랑을 하였다.

50대의 모습으로 보이던 남편의 모습도 지금은 동안의 얼굴로 완전히 바뀌었고, 천근만근이었던 몸은 너무 가벼워졌다고 하면서 자랑이 대단하였다. 또한 남편은 삶에 대한 새로운 희망도 생기고 의욕도 생겼다면서 자미천황님 전에 진심으로 감사드린다고 하면서, 사업을 하느라 바쁜 와중에도 가끔 시간을 내어 부인과 함께 자미국에 내왕하고 있다.

천인합체 행사 이후

이 여인은 이곳이 바로 본인의 고향이었다고 하면서, "잃어버렸던 고향을 찾으니, 인생에 어떠한 근심 걱정도 이제는 없어요" 하면서 환희 웃는다. 이 여인의 말대로 자미천황님의 존재, 자미국의 존재를 알고 난 이들은 이 여인처럼 모두가 환희 웃는다.

서로 근심 걱정 없이 병들지 아니한 세상. 이곳이 바로 천국의 세계요, 무릉도원의 세계가 아니던가? 자미천황님은 우리 인간에게 영혼을 주시고, 우리 영혼을 지켜주시는 영혼의 부모이다.

살아서 그 위대하신 영혼의 부모를 만났는데 어찌 인생이 즐겁지 않으리오. 살아서 대 능력을 지니신 영혼의 부모를 만났는데 앞으로 남은 인생 무엇을 걱정하리오. 하늘 아래 백성과 천인들을 언제나 아껴주시고 사랑해 주시는 자미천황님의 하늘같이 넓은 마음에 저절로 감동의 고개가 숙여진다.

많이 아파서 절도 할 수 없었는데

가축생과 기해생의 자매가 조상입천제를 지낸 후 찾아와서 동생이 하는 말이다. 참을 수 없이 그리 아팠던 머리와 답답한 가슴이 씻은 듯이 며칠 만에 사라져 버렸다고 기뻐하였다. 그 동안 밥도 제대로 넘어가지 않고 입맛도 없었다 한다.

밥도 잘 먹게 되어서 너무 신기하여 잘 믿어지지 않는다 했다. 언니는 엉덩이와 다리가 많이 아파 절도 할 수 없을 정도였지만 그것이 조상입천제를 올리고 감쪽같이 없어져 절을 수도 없이 하는 것이었다. 참으로 신들의 신비조화라고 혀를 찼다.

그동안 수없이 절이나 보살 집에 드나들면서 치성이나 굿, 천도재 등 안 해본 것이 없었지만 효험을 못 보았다고 한다. 하늘께서 도와주시어 두 자매가 즉시 효과를 보게 되었다. 그 동안 병원에 드나들면서 온갖 약을 먹어왔지만 차도가 없었던 것이 며칠 사이에 거짓말처럼 멀쩡해지니 본인들 스스로가 믿어지지 않는다고 기뻐하였다.

신의 조화란 것이 이런 것임을 일반인들은 받아들이지 않으려 한다. 우연이라거나 나을 때가 되었으니 나았다는 식이다. 믿어지지 않겠지만 조상들이 자손의 몸에 머물면서 수없이 메시지를 전달하였으나 자손들은 그것을 알아듣지 못하였던 것이다.

모두가 천도재를 지내면 천상세계로 보내준다고 하였지만 조상님이 원하는 천상 도솔천궁과 천상 자미천궁으로 올라가지 못했기에 자손에게 계속 풍파(메시지)를 주었던 것이다. 조상님들이 가고픈 세상은 천상세계 도솔천궁과 자미천궁이지만 그곳으로 입천시켜 줄 영적 지도자를 만날 수 없었던 것이다.

천상세계 도솔천궁과 자미천궁에 올라가려면 나와 내 조상님의 두터운 업장에 대해 반드시 하늘로부터 죄 사면을 받아야만 된다. 조상님의 힘으로 스스로 닦아서 용서 빌어 사면받고 올라갈 수 있다면 자손들의 정성이 필요 없다.

자손들이 조상입천제를 행할 때 도솔천황님과 자미천황님께서 입천되어 올라갈 모든 조상영가들에게 죄업 일체를 용서하시고 사면해 주신다는 명을 내려주셔야만 천상세계 도솔천궁과 자미천궁으로 입천되어 올라간다.

업장 덩어리 죄 많은 조상영가들을 천상궁전 도솔천궁과 자미천궁에서 그냥 받아줄 리 만무하다. 그곳 천상세계의 법도는 인간세계 법도보다 더 까다롭고 엄격하기 때문이다.

검었던 얼굴이 우윳빛처럼 변해

송파에 사는 40대 여자가 이곳에 처음 들어왔을 때 마침 자매들의 조상입천제 준비로 바삐 움직이고 있었다. 신과 조상 기운이 심하게 빙의되어 찌들었고 웃음을 찾아보기 힘들었다. 어깨를 제대로 펴지도 못하였고, 얼굴 피부도 아주 검고도 게슴츠레한 채 말도 안 했으며, 빙의(귀신들림)가 가득 들어차서 사람 보는 눈이 정상이 아니었다.

사연인즉 머리가 항상 깨질듯 아프고, 약을 복용해도 낫지도 않고, 그냥 죽어버리고 싶은 생각이 자꾸만 들고, 코에서 살 타는 냄새가 지독하게 나서 역겨워 구토를 자주해 왔다고 한다. 거기다가 잠을 제대로 잘 수가 없었고, 남편과는 하루도 쉬지 않고 다투었다.

전 남편과는 결혼 2년 만에 사별하였고, 지금의 남편 사이에 18살 먹은 남자 아이가 있는 재혼한 부인이었다. 남편은 일하기 싫어하고 술만 퍼 먹으며 가게 일을 아주하기 싫어했다. 시골서 농사일하는 아줌마처럼 보였다.

얼마나 다급했으면 다음 날 조상입천제 날을 잡아 달라 했다. 조상입천제를 올려드리고, 얼마 후에 인사차 찾아왔는데 그녀의 얼굴을 본 순간 완전히 선녀의 모습이었고 혹시 다른 사람 아닌가? 착각할 정도로 변해 있었다.

눈빛은 영롱하게 빛났고, 얼굴은 우윳빛처럼 희며 윤이 나고 있었는데 그녀의 말을 들어보니 입천제를 행한 뒤 상상을 넘어 이렇게 변했다고 자랑했다. 잠을 자고 나면 눈이 안 떠져서 억지로 눈꺼풀에 힘을 줘야 떠지던 것이 아주 편하고 자연스레 떠졌고, 자기가 거울을 보았는데 딴 사람의 눈처럼 예쁘게 바뀌었다.

그 무겁던 머리가 날아갈 것처럼 가벼워졌으며, 빛을 잃고 검었던 얼굴이 우윳빛처럼 변했고, 저녁이면 코에서 살 타던 냄새도 깨끗이 사라졌다. 말하기 싫고 힘들어했던 사람이 생글생글 거리며 웃음까지 보이며 청산유수처럼 말도 기운차게 잘하고 있었다.

이젠 신랑과 싸움도 안 하고 가게 일도 잘 거들어준다 하니 하늘의 도솔천황님과 조상님의 천지조화란 참으로 마냥 신기하기만 하다. 이런 증상을 앓고 있는 사람들이 주위에 수없이 많지만 미신이란 말 한마디 때문에 혹은 종교의 굴레에 갇혀서 책을 구독하지도 못하기에 방문 상담도 못하고, 돈과 시간 낭비해 가며 병원 문턱이 닳도록 드나들고 있다.

질병이나 사업실패, 그리고 급살과 사고는 모두가 조상원혼귀신들의 빙의로 일어나고, 특히 심장마비는 급성빙의로 일어나고 있지만 믿으려 하지 않아 아까운 생명을 잃어버리고 있다. 우울증으로 자살하는 것도 조상원혼들의 빙의로 인해서 발생하니 원혼들을 청배하여 그 원과 한을 풀어주어 천상으로 보내서 자살로 인한 슬픔을 예방해야 한다.

조상천도재를 올리면 왜 이런 고통과 불행이 일어나는 것인가? 자신의 마음(영혼) 즉 정신은 육신이 죽는다고 소멸되지 않으며, 자신이 죽어서 영혼이 머물 육신이 없는 그 존재를 우리들은 귀신이라 부른다.

육신이 죽어 혼이 떠돌다가 갈 곳이 없어진 그들은 자신의 핏줄인 가족들이나 친인척의 몸으로 들어오면서부터 이상한 일들이 일어나게 된다. 그것도 어느 한 조상의 귀신만 몸에 들어와 있는 것이 아니고 적게는 서너 명에서 많게는 수십 명이 한꺼번에 몸을 차지하고 있다. 또한 잡신들도 함께 들어와 있으니 어찌 인간들이 정신을 차릴 수가 있겠는가?

눈에 보이지도, 귀로 들리지도 않는 신과 영혼들, 조상귀신들로 우리 모두의 인생살이가 힘들다. 영적으로 발생한 질병을 병원 가서 치료하겠다고 하고 있으니 귀신들이 배꼽 잡고 웃을 일이다. 모든 질병과 우환, 실패, 고통, 불행들이 내 몸 안에 있는 신과 영혼들, 조상귀신들이 그러고 있는 것이었다.

고통의 늪에 빠져 살려달라고 울부짖는 영혼들, 조상들, 신들을 어서 빨리 구원하여 고통의 삶에서 벗어나야 행복하고 즐거운 인생을 살아갈 수 있다. 조상구원은 입천제이고, 영혼구원은 천인합체이며, 신명구원은 신인합체이다.

이 책 한 권의 정신적 자산 값어치는 3억 원 이상이다. 이 책으로 인해서 독자 여러분이 고통스런 인생에 종지부를 찍고 그 고통에서 벗어나 행복과 즐거움이 가득하다면 3억 원이 비싸겠는가? 독자들은 지금 그 어떤 책에서도 들어보지 못한 하늘의 진실, 신의 진실, 조상의 진실, 영혼의 진실, 인생 삶의 진실을 공부하고 있는 과정이다.

육신을 잃어버린 죽은 영혼이 허공중천 구천세계를 떠돌지 않으려면 자신의 영혼을 창조하여 이 땅에 내려 보내주신 영혼의 어버이는 자미천황님이시고, 거처하시는 하늘궁전이 천상 자미천궁이다.

살아서든 죽어서든 영혼의 어버이 자미천황님의 존재를 모른다면 산 자(생령)든, 죽은 자(사령)든 영원히 구원받을 수 없다. 생령은 살아있는 자신의 영혼이고, 육신이 죽으면 사령(귀신)이 된다.

이미 가신 모든 조상님(사령)들을 구원해야, 각자 자신의 영혼이 하늘의 명을 받아 구원받을 수 있다. 죽은 자(사령)의 구원행사는 조상입천제이고, 산 자(생령)의 구원행사는 천인합체행사, 신명구원은 신인합체행사이다.

산소에 찾아와서 절하지 마라

고위공직자가 조상님 입천제를 올렸다. 이 과정에서 그의 조상님 중에 대표로 증조부 할아버지께서 내려오시어 자손과 눈물어린 상봉을 하게 되었다.

조상님들이 죽어서 사후에서 겪었던 힘든 생활상을 말씀해 주시면서 내가 너에게는 조상이기도 하지만 살아서든 죽어서든 선배라 하시면서 신신당부하시는 간절한 말씀이 있으셨다. 증조부께서는 나 역시도, 살아서는 죽으면 모든 것이 끝인 줄 알았다.

하지만 막상 죽어보니 살아있을 때만 못함을 즉시 알게 되었는데 그것은 다름 아닌 고행의 시작이었고, 자손들의 힘을 빌리지 않으면 춥고 배고픔의 고통을 참으로 감내하기 어렵다는 것이었다.

자손들이 조상입천제를 올린 조상들은 천상궁전 도솔천궁과 자미천궁으로 올라가 근심 걱정과 춥고 배고픔의 고통 없이 마음 편히 지내고 있지만, 그렇지 않은 다른 조상영가들과 돈밖에 모르는 부자로 살다가 죽은 영가들은 사후세상 살아가기가 너무 힘들다고 말씀하시면서 손자에게 당부하셨다.

그리고 살아서는 내 마음대로 행할 수 있는 부분이 많이 있었지만 사후세상에서는 마음대로 행동할 수 없음이 매우 고통스럽다 하시고, 오로지 구천세계나 지옥세계를 벗어나는 유일한 길은 자손들이 조상님들을 입천제를 행하여 구원해 주는 길이 가장 현명한 방법이라 말씀하시었다.

지옥에 있지 않은 조상님들은 어디에 있느냐고 여쭈어보았더니, 살아생전에 신명세계에 대하여 공부하였던 조상들은 산천이나 강, 바다에서 나름대로 자연의 이치를 깨달으며 하늘공부를 열심히 하고 있다.

하지만 생전에 전혀 관심도 없어 하고 공부하지 아니한 무지한 조상들은 귀신이 되어 허공중천을 떠돌거나 말 못하는 짐승, 벌레, 곤충으로 태어났다. 자손들 몸에 들어가 여러 가지 조화를 일으켜서 자손들이 알아차리게 하여 조상입천제를 행하도록 온갖 고통과 풍파를 내려주는 조상들이 있다 하였다.

이런 심한 고통을 주면서 조상님들의 간절한 메시지를 자손들에게 보내주어도 자손들은 들을 수도 없으니 대화가 통하지 않아 매우 서럽다 하며, 설령 자손들이 안다고 해도 조상들의 원과 한을 풀어주려고 하는 것이 아니라, 인간의 생각과 의지로 그 고통을 참고 이겨내려고 병원이나 약국으로만 달려가기에 가슴 치며 분통을 터트리는 조상들이 거의 대부분이라 하신다.

반면 자손 잘 만난 조상들은 고생 덜하고 빨리 천상궁전 도솔천궁이나 자미천궁으로 올라간다 하시며, 조상도 자손 잘 만나야 고생 덜하고, 자손도 조상 잘 만나야 잘 산다고 말씀하셨다.

목 메이게 자손들을 불러보아도 대답 없는 자손들이 너무 야속하였지만 증조부께서도 살아생전 지금의 자신 입장과 같은 그러한 과정을 행하고 밟았기에 자신이 생전에 선대조상님들의 고통을 알아보지 못한 데 대한 업보라고 스스로 위로할 수밖에 없었다고 했다.

그러면서 나도 선대조상님들께 죄가 커서 할 말은 없으나 네 나이도 이제 사후세상 돌아올 날이 얼마 남지 않았으니, 그 준비를 스스로 철저히 하라고 하시며, 너는 이제 나의 서러움을 어느 정도 알았을 것이니 죽어서 너의 자식에게 의지하지 말라고 애절히 당부하신다.

죽어보니 재물도, 권세도, 명예도, 자식도 다 소용없음을 알았다고 하셨는데 진리가 거기 있었다. 재산을 아무리 많이 물려줘도 49제도 지내기 전에 자손들끼리 유산상속 때문에 싸움하기 바쁘고, 조상님께 고맙다는 생각은 그때 순간뿐이란다.

자식들 모두 제 살기 바쁘고, 즐기고 노는 데 정신없어서 조상은 거들떠보지도 않고, 겨우 명절이나 제삿날에만 인사치레하여 매우 섭섭해 하시었다. 이 또한 조부모에 국한되어 있고 증조, 고조, 현조 5대조 이상은 아예 제사도 지내지 않고 벌초나 겨우 해주고 있다고 푸념하셨다.

그저 조상 제사와 차례 지내는 것도 형식에 그치고 설과 추석, 한식, 벌초할 때 오는 것이 전부인데 이 또한 제대로 지키지도 않고 회사 일이 바쁘다고 이 핑계 저 핑계 대며 빠지기 일쑤란다. 그러니 네 놈도 죽어서 이 할아비처럼 춥고 배고파하며 비참하게 구천세계 떠돌아다니는 불쌍하고 가련한 신세 되지 말고, 살아생전에 네가 죽자마자 즉시 천상궁전 자미천궁으로 올라갈 수 있는 천인합체행사 혹은 생령입천행사를 행하고 죽어야 한다며 신신당부를 하신다.

그러한 방법이 무엇이냐고 하니까, 하늘에 그 방법이 있다고 말씀하시기에 자미천황님께 다시 여쭈어 보았더니 "황명봉행"이라 말씀해 주시었다. 즉 하늘의 자미천황님 황명을 받드는 일인데 하늘에 올리는 천제(天祭)이다.

이 천제를 살아생전 자미천황님께 올려드리면 자신이 어느 날 갑자기 죽더라도 즉시 자미천황님께서 천상신명들에게 하명을 내리시어 그 영혼을 천상궁전 자미천궁으로 인도하게 하신다는 말씀이시었다.

그러시면서 이 할아비는 네가 오늘 이렇게 진수성찬을 차려놓고 우리 조상님들을 모두 구원하는 조상입천제를 행하여 천상궁전 자미천궁으로 입천시켜 주니 고맙다마는 이제는 살아있는 네가 무척이나 걱정된다 하시었다.

너는 이곳 자미국 지상 자미천궁이 어떤 곳인지 책을 통하여 알고 찾아와서 우리 조상 모두를 입천제를 행해서 구원해 주었다마는 너는 네 자손들이 이곳에 찾아와서 오늘의 너처럼 조상입천제를 지극정성으로 행하여 줄 거라고 믿느냐?

손자야! 너는 제발 할아비처럼 죽어서 자손들에게 서러움 받지 말아야 한다. 일단 죽으면 네 마음대로 되는 것이 단 한 가지도 없다는 것을 절대적으로 명심하여라. 수십 수백 수천억 재산 물려주고 죽어도 자손들이 조상들의 마음을 읽지 못하고, 알 수 없기에 돈을 태산처럼 쌓아놓고도 어떻게 해드려야 하는지 잘 모른단다.

조상을 지극정성 위한다는 것이 대부분 호화묘지 만들어놓고, 절에 가서 하는 천도재와 무당에게 하는 굿이 전부인 줄 알고 있어! 설령 죽은 조상이 유산을 과다하게 많이 물려주었어도 조상에게 올려주는 정성에는 자손들 모두가 공통적으로 너무 인색하다는 것이 모든 조상들 마음이야. 사기당하는 거 같아서 이름만 겨우 지을 뿐이란다.

그러니 너는 살아있을 때, 자손들에게 유산 물려주기 전에 반드시 천인합체를 행한 후에 죽어야 우리들과 천상 자미천궁에서 다시 천상 재회할 수 있다. 천인합체 황명 봉행 행사 비용인 천공(天貢)은 네가 죽어서 천상에 올라와서 모두 쓸 수 있는 금전이니 네 경제능력 범위 내에서 돈 아깝다 생각 말고 최고 액수로 행하여 네 자신의 사후세계를 철저히 준비하여라.

네가 오늘 조상위패 앞에 올려놓은 많은 금전은 나와 우리 수많은 선대조상님들 모두가 골고루 나누어서 천상으로 갖고 올라간다. 그리고 굿할 때 무당들이 태워주는 염라국 가짜 돈은 아무 쓸모가 없어. 저승에서나 천상세계에서나 모두 진짜 돈이 사용된다는 사실을 너는 잊지 마라.

사후세상 법도에 대하여 올바로 아는 사람들과 하늘제자들이 이 땅에 없단다. 사후세상 법도에 대해서 아직도 많이들 공부하여 깨달아야 한단다. 자식들이 찾아주어 조상입천제를 행해 주지 않으면 수백 수천 년이 흘러가도 그대로 허공중천에 있거나, 수백 대를 지나서도 자손들 몸으로 계속 찾아 들어가기에 의사들은 가정병력을 들추어가며 유전이라고 한단다.

그런 병으로 죽은 조상은 수천 년이 지나서도 천상에 오르지 못하고, 자손들 몸으로 숨어 들어가면 그 조상이 죽을 때 앓았던 병이 자연적으로 생겨난다. 이런 사실을 어느 누가 밝혀줄 것이냐? 의사들 눈이나 청진기, X-ray, MRI, CT, 내시경, 초음파에 우리 조상들이 보이기를 하느냐, 대화가 통하더냐?

아무것도 모르면서 무조건 가족력의 유전이라 속단하고 있으니 참으로 답답하고 가슴 아픈 일이다. 죽으면 산 자와는 일체 말이 안 통하고, 꿈에 나타나서 뜻을 전해 주어도 그것이 무엇을 뜻하는 꿈인지 해몽을 제대로 못해.

조상님들이 사후세상에서 너무너무 고통스럽다며 구원해 달라고 꿈으로 보여준 것인데도 불구하고, 기껏 해몽한다는 것이 복권 사라는 꿈인 줄 알고 복권방으로 쪼르르 달려갈 때 얼마나 속이 상하고 분통이 터지는지 너는 잘 모를 거다.

내가 저걸 자손이라고 낳았느냐고, 한두 번 후회한 것이 아니었어. 우리 조상들만 그런 것이 아니고 다른 조상들의 심정도 거의 대부분이 모두 다 그렇다고 보면 돼. 너도 속 터지는 조상들의 마음이 어떤지 한 번 그리해 볼 테냐?

산소에 찾아와서 술 한 잔 부어놓고, 절 몇 차례 올리고 휙 돌아갈 때 섭섭하여 목이 터져라 불러 세워도 뒤돌아보는 놈이 단 한 명도 없단다. 목 아프고 속상하고 분통 터지고 미칠 것 같은 심정이야.

아, 그리고 이제 산소에 찾아와서 절하지 않아도 된다. 난 이제 천상 자미천궁으로 올라가 그 산소에 없으니 말이다. 조상입천제 올려주면 산소에 찾아오지 않아도 되니 하루속히 화장하여라. 사시사철 꽃피고 새우는 천상세계 자미천궁에 올라가는데 너에게 무엇을 더 바라느냐.

춥고 배고픔도 아무런 근심 걱정도 없는 모든 영가들이 가장 올라가고 싶어 하는 세상이니라. 이렇게 좋은 천상세계로 올라가는데 내가 무엇 때문에 어둡고 차고 깜깜한 땅속 무덤의 관에 있겠느냐. 이제는 정말 산소에 찾아오지 마라.

이렇게 무척이나 가슴 아파하며 괴로워하고 계신 것을 보면 진정으로 조상님들이 간절히 원하고 바라는 바가 무엇인지 똑바로 아는 자손들이 없다. 천도재와 굿을 진행하는 스님이나 제자들은 천상 자미천궁 올라가는 절차와 방법을 알지 못한다.

이곳에 천인과 알고 지낸다는 사찰의 주지스님이 있는데 곡차(술) 한 잔 나누면서 하는 말이 "수없이 많은 천도재를 올려드렸는데 영가들은 가지 않고 법당 주위를 맴돌거나 절에 그냥 머물러 있다"고 실토를 했다.

그로 인하여 조상영가 천도할 때마다 죄의식에 사로잡히게 되고, 악업만 더 높이 쌓는 것 같아 승려 생활을 그만두려고도 생각해 봤지만, 배운 것이 절의 법도이고, 승려이다 보니 당장 먹고사는 일이 까마득한 일인지라 이러지도 저러지도 못하겠다고 진퇴양난의 속 타는 솔직한 마음을 털어놓았다고.

이런 말을 들으니 그 승려는 참으로 솔직한 편이다. 자신의 잘못을 진정으로 인정하면서, 사찰을 운영하며 먹고살기 위해 어쩔 수 없이 영가천도를 한다는 고백은 신선한 충격이다. 물론 모든 승려들이 천도능력이 없다고 스스로 자인하며 승려를 그만두겠다고 하지는 않을 것이다.

영가천도 법문만 잘한다고 천상으로 올라가는 것이 아니라 하늘이신 도솔천황님과 자미천황님의 입천 윤허를 받지 못한 조상 천도재는 조상영가를 천상으로 보낼 수 없다. 종교인이 천도재를 행해서 이루어지는 것이 아니라 하늘이 내리시는 명에 의해서만 조상들이 천계에 오를 수 있다.

이제 앞으로는 도솔천황님과 자미천황님께서 하강 강림하시었으니 영가천도는 더 안 되고 어려울 것이다. 이는 비단 불교에만 국한되는 것이 아니라 무속, 기독교, 천주교, 도교에도 큰 파장을 몰고 올 것이다.

하늘의 도솔천황님과 자미천황님께서 새로운 천상법도를 내리셨으니 천지의 모든 기운 따라 각 성씨 모든 조상님들이 책을 보고 깨달은 순서대로 자미국 지상 자미천궁으로 몰려들어 하늘이신 도솔천황님과 자미천황님으로부터 구원받게 된다.

귀신들려 가출해 버린 30대 가정주부

오늘 40대 중반 남자 손님이 찾아왔다. 자기 부인(30대 후반)에게 일어났던 사건들을 정리해 보았다. 부인 몸에 어떤 귀신이 들어오면 부인이 갑자기 성격이 바뀌면서 제정신이 아닌 행동을 한다고 했다.

친정은 경기도이고 온 가족이 교회에 다니며 부인도 열심히 하나님을 믿는 사람이었다. 2년 전에 오빠가 간암으로 죽고 작년에는 삼촌 역시 간암으로 죽었단다. 그것도 모두 40대 초반의 젊은 나이로 말이다.

물론 기독교 집안이라 제삿날은 없으며 명절이 되면 조상음식은 차리지 않고 식구들끼리만 모여 먹는다고 했다. 억울하게 죽은 조상님들이 혈육에게 찾아와 원과 한을 전달하고 있었던 것이다. 부인 몸에는 조상귀신이 한 명이 아니고 4명이 달라붙어 있었다. 가출하면 3일, 15일, 한 달 동안 있다 들어왔다.

짜증과 화를 잘 내며 변덕이 심하다. 깔깔대고 금방 웃다가 갑자기 닭똥 같은 눈물을 흘리며 울기도 한다. 먹을 줄도 모르는 술을 폭주하며 10인분이나 되는 식사를 하고도 배가 고프다며 더 먹는다. 혼자서 중얼거리며 히죽거리고 배우자 간이라도 쌍말하며 집기를 부수고 아래위 가리지 않고 때리거나 반말을 한다. 방안에 대소변을 보기도 한다. 죽어버린다며 불을 지르려고 라이터를 찾기도 한다. 때론 칼을 들고 죽이겠다고 하여 말리려고 해보지만 힘이 천하장사로 돌변하여 당해낼 수가 없다. 이렇게 한참을 고통스러워하다 힘없이 푹 쓰러져 누워버리는데 이는 귀신이 몸에서 잠시 빠져나갔기 때문이다. 한 시간 정도 흐른 뒤에 깨어난 상대는 자신이 행한 일에 대해서 아무것도 기억해내지 못했다. 지금은 가출한 지 3개월가량 지났지만 연락도 없이 귀가하지 않고 있다.

이런 일들은 현실 생활에 매우 많이 목격되고 있는 일들이며 이런 정도라면 대부분 정신병원에 입원시킨다. 가족들이 도저히 함께 생활할 수가 없는 것이다. 이처럼 조상님들도 산 사람 몸을 빌려 원한을 풀고 있듯이 천상에 영들도 사람 몸을 통해야만 영들의 뜻을 인간세상에 전할 수 있는 것이다.

영과 귀신의 존재에 대해서 논쟁하는 것은 시간 낭비이며 또한 사후 천당, 극락이나 지옥이 있느냐 없느냐의 질문도 우매한 질문이라 할 것이다. 단어가 있는 것은 반드시 그런 사물이나 세상이 존재한다는 사실이다. 영이나 조상님들은 자신의 마음과 같은 존재이기에 사람들 눈에 보이지 않고 귀에 들리지 않고 만져지지 않는다.

몸뚱어리 하나밖에 없는 인생 대개벽

최고로 대단하신 인황님과 최고로 영험하신 신감님과의 깊은 인연으로 죽어가는 인생길 살아나서 성공으로 가는 길을 걷는 드라마 같은 저의 사연입니다.

저는 평생을 살아오면서 보이지도, 들리지도 않는 무언가를 찾아 가치 있는 인생을 살아보려고 21세 때부터 일련정종 불교회(남묘호렌게쿄)에 입신을 해서 미친 듯이 갈구하며 가르치는 대로 행을 다했습니다. 공부도 많이 했고 간부직에 올라 지도자랍시고 지도를 하며 20년 동안 젊은 청춘을 몽땅 바쳐 인생의 황금기를 허무하게 소비하였습니다.

어느 한 종교에서 정상에 올랐다 하면 건방진 생각인지는 몰라도 위에서 내려다보니 거짓이고 가짜라는 것을 알았고, 인생이 뒤집어지면 이보다도 더 뒤집어지겠느냐? 하고 미련 없이 딱 잘라버리고 그 무서운 현혹, 협박, 공갈을 뒤로하고 뛰쳐나왔습니다. 그 후 공허한 세월을 허무하게 보내다가 이건 아니야? 어딘가에 인생답게 살아가는 길이 분명히 있을 거야 하며 또다시 무언가를 찾기 위해 문을 두드리기 시작했습니다.

무속을 찾아다닌 지 1년 이것도 아니야, 기수련(회로) 1년 이것도 아니야, 대순진리회에서 1년 이것도 아니야, 천의선도(육경신

수련) 1년 이것도 아니고, 법연원에서 1년 이것도 아니었습니다.

이러다 보니 육신은 육신대로 마음은 마음대로 이제는 한 곳의 구심점을 찾지 못하고 의지할 곳 없이 될 대로 되라는 식으로 살았습니다. 생활 자체는 육신만 살아있지 아무것도 없는 무일푼의 신세로 하루하루를 보내던 중 대단하신 인황님의 처녀작인 2005년 7월 15일 발행한 『생사령』 책을 동아일보 광고란에 실린 것을 보고 바로 구입하여 정독하였습니다. 책 내용에서 온몸으로 느껴지는 신령스런 천지기운에 따라 5번을 정독하니 이제 살길을 찾았구나, 바로 여기다, 라고 알게 해주셨습니다.

그러나 인황님과 신감님을 알현하고 싶어도 전남 여수에서 서울까지 올라갈 차비를 마련하지 못하고 전화로만 예약을 해놓고 기다리던 중 다행히 차비를 마련하여 그렇게 원하고 바랐던 인황님과 신감님을 알현하는 행운을 잡았습니다. 그때 이제는 살았구나. 얼마나 가슴 뛰고, 흥분되고, 기뻤는지 모릅니다.

그러나 조상님 입천제의 명을 받아야 하는데 조공을 마련할 길이 캄캄하고 막막했습니다. 그러던 중에 인황님과 신감님께서 어려움을 아시고 가장 낮은 단계의 조상님 입천제 명을 받을 수 있게 해주신다 하시니 그때부터 신바람이 나서 하루 일당 6만 원을 받아서 생활비 조금 주고 매일같이 3~4만 원씩 모아서 올리게 되었습니다.

조상님 입천제의 명을 받은 후에 생활은 찌들대로 찌들었지만 항상 활기차게 살아오면서 천인합체의 명을 받아야 하는데 천공을 마련할 길이 없어 마음이 타들어갔습니다. 6년의 세월이 흐르는 동안 천인합체의 명을 받지 못하고 있는데, 어느 날 자미금궐에 입궁을 했을 때 인황님께서 이○호 너는 6년이란 세월이 지났는데 천인합체 명을 받지 못하고 뭐하느냐? 하시면서 크게 호통을 치셨습니다.

오그라들어 가는 마음으로 예, 인황님 최선을 다해 천공을 마련하여 천인합체 명을 받도록 하겠습니다. 대답을 올리고 인황님께서 자미금궐에 입궁하라고 불러주시면 급한 일 뒤로하고 무조건 입궁하였습니다. 딱 한 번 인황님의 문자를 받고 이번에는 도저히 입궁을 할 수가 없어서 입궁을 포기하고 있는데, "너는 복을 준다 하는데 왜? 입궁하지 않으려고 하느냐?"라고 호통 치시는 어느 분의 음성이 마음으로 강하게 들려왔습니다.

음성을 듣는 순간 눈물이 폭포수처럼 흐르며 대성통곡하는 이변이 순식간에 일어났습니다. 이번에도 어떻게 해서라도 입궁을 꼭 해야 되겠다. 입궁하지 않으면 천추의 원과 한이 남겠다 싶어 자미금궐에 입궁해서 신감님 집무실에 들려 문안 인사를 올리니 신감님께서 너는 인황님 편이니 인황님께 가면 잘해 줄 것이니 빨리 가라고 무섭게 호통을 치셨습니다.

갑작스러운 질타에 몸 둘 바를 모르고, 어찌해야 하는지 오금이 저려 당황하고 있다가 인황님 집무실에 가서 말 한마디 올리지 못하고 앉아 있다가 나오고 말았습니다. 시간이 되어 집에 내려오려고 다시 신감님 집무실에서 신감님께 인사를 올리니 너는 인황님 편이니 저리 가라는 것입니다. 무슨 뜻인지도 도무지 모르겠고 겁만 났습니다. 저 자신이 무엇인가 크게 잘못하고 있는가 보다 생각하고 집에 도착해서도 무슨 뜻인지 몰라 궁금하고 괴롭기만 했습니다.

시간이 흘러 인황님께서 자미금궐에 입궁하라는 문자를 받고 입궁하였고 그때 자미가족 중에 어느 사람이 명을 받는 시간에 저는 바로 신감님 옆에 자리를 잡고 앉아 있는데 아직까지 천인합체 명을 받지 못한 놈들 누구냐? 손들어 봐! 하시기에 예, 하면서 손을 번쩍 들으니, 이놈아 인황님께 천인합체 명받게 해주세요, 라고 해봐 하시면서 인황님 전에 복창하라고 하시기에 인황님, 천인합체 명받게 해주세요, 라고 올리니 이제 됐다, 너의 마음이 하늘에 닿았다.

그래, 너는 공짜로 천인합체 명을 받게 해주겠다, 라고 말씀을 내려주셨습니다. 자미금궐 개국 이래 처음 있는 일이라 겁도 나고 왜? 저만 공짜로 천인합체 명을 받게 해주시겠다고 하시는지 궁금하기도 하고, 기쁘기도 하고 하면서 지내던 중 2011년 7월 1일 저의 처가 뇌출혈을 일으켜 목숨이 경각에 달하는 대형 사건이 터졌습니다.

신감님께서 밝혀주신 말씀은 저의 영이 천인합체 명을 받지 못하고 있으니 창피해서 자미금궐에 입궁할 때면 영은 자미금궐 입구까지 같이 왔다가 육신만 입궁하고, 영은 입궁하지 않고 있다가 천인합체 명을 받지 않고 있으니 저의 처에게 뇌출혈을 일으키게 하였다고 하셨습니다. 정신을 차리고 인황님께 저의 처에 대한 상황을 보고드리고 광주 기독병원에서 수술을 받고 중환자실에 입원하여 회복을 기다리고 있었습니다.

오로지 저는 천인합체 명받을 천공을 마련하기 위해 백방으로 알아보고 있을 때 둘째 딸이 아빠 혹시 모르니 내(딸아이) 앞으로 대출을 알아보겠다고 하면서 이리저리 금융권에 문의하더니 곧바로 승인이 되어 대출을 받아주면서 "아빠, 빨리 천인합체 명을 받아!" 하면서 "아빠가 천인합체 명을 받지 않으니 엄마가 뇌출혈을 일으켜 대형 사건이 터졌나 봐"라고 합니다.

몇 번이고 대출을 알아봐도 승인이 나지 않던 대출이 이루어진 것입니다. 송금을 올리고 인황님께서 천인합체 명을 받으라고 날을 잡아주셨습니다. 절차에 따라 천인합체 명을 받는 시간에 신감님께서 "너는 인황님, 신감님과 친견도 하지 않았고, 조상님 입천제의 명도 받지 않았다" 하시고, "그동안 네가 했던 모든 것은 자미금궐에 입궁하기 전에 저와 평생을 같이 했던 선관도령이 명을 받은 것이 되었다"고 하시었다.

그러면서 지금 이 시간부터 처음으로 돌아가 인황님 전에, 신감님 전에 친견하고, 조상님 입천제의 명을 받는다고 하시며 너의 조상님들은 사후세계에서 어떠한 유혹에도 현혹되지 않으시고, 진짜 하늘께서 구원해 주실 것을 믿고 장구한 세월을 참고 기다리셨다 하시면서 오늘 진짜 하늘께서 천상 자미천궁으로 벼슬을 하사하시어 영광스럽게 입천의 명을 받았다 하십니다.

이어서 인황님께서 그럼 이○호 천인합체 명은 어떻게 되냐고 물으시니 이놈은 공짜로 천인합체 명을 받게 해준다고 하지 않았느냐? 하시면서 ○○천인으로 명을 내려주셨습니다. 한날한시에 인황님, 신감님과 친견이 이루어지고, 조상님께서 벼슬을 하사받으시어 입천의 명을 받으시고, ○○천인으로 천인합체 명을 받게 되는 최고의 행운을 안게 되었습니다.

더 이상 뒤집어지려야 뒤집어질 수도 없고, 바닥으로 더 이상 떨어질 때가 없는 인생길에 큰 꿈과 희망을 갖고 성공의 길을 걷게 해주셨습니다. 이제는 살아생전에 하늘이 내리시는 명을 순차적으로 받아야 한다고 단단히 각오하고 준비를 하는데 세월은 가고 나이는 노후를 준비해야 하는 64세에 달하니 언제 순차적으로 명을 받을지 답답하기만 했습니다.

그러던 중 도솔천황님께서 처음으로 인황님 육신의 몸으로 친히 하강 강림하시는 날 참석하고부터 저의 인생길에 빛이 보이기 시작했습니다. 고된 육신을 이끌고 일당을 받고 있으니 생활비도 항상 부족한 삶에서 도급을 맞아 공사를 할 수 있는 길을 열어주시어, 신나고 보람차게 공사를 하며 40년 만에 처음으로 돈을 모으게 되어 그토록 바라던 명부입적 정성을 올릴 수 있도록 돈을 송금 올리니 너무나 신이 났습니다.

인황님께서 너는 크게 도움을 받았으니 더 많이 정성을 올리라고 말씀을 내려주시어서 예, 조금만 시간을 주세요. 더 많이 올리겠습니다, 하고 기분이 아주 좋았습니다. 더 크게 더 많이 도와주시려나 보다, 라고 생각하니 신이 났지요. 그 후 한 달여 만에 추가 송금을 더 올리게 되었습니다. 대출도 받을 수 없고 지인들에게 빌릴 수도 없는 상태에서 짧은 시간 내에 중단 명부입적 정성금을 올리게 되니 저에게는 이것이 바로 이적과 기적이 아니겠습니까?

인황님께서 정성을 올리러 오라고 하셔서 명부입적 정성을 올리는 시간에 최고로 영험하신 신감님께서 자미금궐 개국 이래 처음으로 밝혀주시는 대단한 이변이 일어났습니다. 저는 숫자로 치면 1이라는 수치이기 때문에 더 내려가려야 내려갈 곳이 없는 인생이고, 이리 뒤집어져도 저리 뒤집어져도 이제는 손해볼 것 하나도 없는 몸뚱어리 하나밖에 없는 인생을 살아왔다고 하십니다.

그 길이 제가 걸어야 할 인생의 길이었나 봅니다. 그런 인생길이었으니 되는 일은 하나도 없고, 하는 일마다 뒤집어지는 인생을 살아왔습니다. 이런 처참한 삶을 살아보지 않은 사람들은 그 고통이 얼마나 비참하고 큰 것인 줄 모를 것입니다. 저를 알고 있는 친척들, 지인들 모두가 너는 어느 누구보다 몇 곱절 노력하며 발버둥 치며 살아오는데 왜? 하는 일마다 꼬이고 되는 일이 없느냐고? 합니다!

중요한 것은 어느 날 자미금궐에 입궁했을 때 신감님께서 내려주신 말씀 중 "고통과 아픔"에 대한 아주 중요한 말씀은 자미가족들의 고통과 아픔은 더 높은 단계로 오르려고 겪는 고통이고 아픔이라고 하시면서 고통과 아픔을 겪다 보면 분명 높은 단계로 올라가는 것이고, 일반인들의 고통과 아픔은 고통과 아픔 자체로 끝난다고 하셨습니다.

신감님 말씀을 가슴에 새기면서, 좋고 높은 단계로 오르는 아픔과 고통이니 참고 견뎌나가자는 굳은 마음으로 일관해 왔습니다. 저는 1이라는 인생에서 인황님, 신감님과의 인연으로 자미가족이 된 후에 2,000 신님이 함께하시게 되었다합니다. 저는 2,000 신님이 함께하시는 사실을 느끼지도 못했고 생각조차 못했던 일이지요. 저의 육신과 함께하시며 더 높은 단계로 승격하기 위해 저의 육신과 함께 그렇게도 노력하시면서 중단 명부입적 정성을 올리는 날을 기다리셨나 봅니다. 제가 명부입적 정성금을 올리게 된 것도 2,000 신님의 도움으로 올리게 되었다 하십니다.

1천도 안 되고, 3천도 안 된다 하십니다. 자미가족되기 전의 인생은 1이고, 자미가족이 되고부터 2,000 신님이 함께하시면서 2천으로 승격시켜 주시어 오늘 명부입적 정성을 올리게 되었고, 이제는 2,000에 머무르지 않고 홀수가 아닌 짝수로 승격시켜 주신답니다. 4000, 6000, 8000~ 이제 2,000 신님은 저와 이별하시어 3,000 신님으로 승격하시고, 저는 4,000 신님과 함께하면서 계속해서 승격하라 하시니 신감님께서 밝혀주시는 이런 대이변의 기적을 어느 누가 밝혀주실까요?

저 자신에게 일어난 이적과 기적의 대이변이지만 저로서도 숫자에 신께서 임하신다는 것은 생각조차 할 수 없었던 일입니다. 1이라는 인생에서 2,000으로 승격하는 세월 속에 겪은 아픔, 고통, 슬픔, 무시당함, 서러움 등등은 겪어보지 않은 사람들은 실감하지 못할 것입니다. 자신들이 겪은 고통과 아픔이 아니기 때문에 아~ 그랬구나, 아프고 고통스러운 과정을 겪었구나, 라고 생각할 정도이겠지요.

저는 1단계 승격하는데 이런 아픔과 고통을 통해서 성공의 길로 접어들었는데 대단하신 인황님과 영험하신 신감님께서 헤아릴 수 없을 정도의 단계를 넘어오시면서 평생 동안 겪으신 아픔과 슬픔, 고통과 불행을 생각하니 얼마나 힘드셨을까? 하고 다시 생각하니 더 숙연해집니다.

수많은 단계를 넘으신 인황님과 신감님께서 하늘과 통하시고 땅과 통하시고, 모든 인간들의 마음을 꿰뚫어보시는 인황님, 신감님과의 인연으로 자미가족이 된 자체가 대박의 인생입니다. 두 분의 은공에 보답하고자 더 높은 단계로 아주 크게 대 성공하는 인생으로 살아가고 싶습니다.

하늘의 백성 이○호 ○○천인

17년 동안 꿈에 매일같이 나타나시던 친할머니

1992년 음력 4월 26일 친할머니가 돌아가시고 나서부터 꿈에 엄청 힘들어하시는 모습으로 자주 나타나서 무척 심적으로 힘든 시기를 겪었습니다. 그래서 어떻게든 극락왕생(그때 당시 사용한 용어)시켜 드려야 되겠다 싶어 도자기 항아리에 친할머니 성명을 적어 묻으면 괜찮다는 신문광고를 보고 30만원 주고 사다가 전북 순창 시골 뒷산에 묻었습니다.

그럼에도 불구하고 꿈에 친할머니기 나타나시니 이건 아니다 싶어 또다시 법연원이라는 고척동지부 절에 1년 동안 다니며 천도재 1번에 300만 원 들여 제를 올렸어도 나아지기는커녕 더 연달아 꿈에 보이니 가짜구나 싶어 법연원에 발길을 끊고 이리저리 알아보다가 광화문 교보문고에 들렀습니다.

그런데 저도 모르게 종교서고 쪽에 절로 발길이 가는데 별로 눈에 잘 띄지도 않는 맨 하단을 훑어보다가 『천지령』이라는 제목이 눈에 확 박혀왔습니다. 순간 심장이 두근두근거리고 손이 덜덜 떨리며 굉장히 설레는 마음이 들었습니다.

아! 이 책 반드시 사야겠다 싶어 바로 구매하고 4일 동안 꼼꼼하게 정독하였습니다. 『천지령』을 정독하며 고개가 절로 끄덕끄덕거리게 되고, 어떤 대목에서는 갑자기 울음이 터져 나와 대성통곡으로 오열하는 이변을 겪기도 하였습니다.

책을 읽고 자미국 지상 자미천궁으로 친견받으러 강동역에 도착했는데, 상담비는 생각지 못하고 있어서 빈손이었는데, 저의 의지와 상관없이 어느 분께서 저를 은행으로 인도하여 돈을 인출하게 하시고 상담받았는데, 상담비가 얼마라는 말씀을 듣고 깜짝 놀랐습니다. 은행에서 찾은 돈이 딱 맞았으니까요.

분명 어느 분께서 빈손임을 알고 면박당하지 않게 저를 은행으로 이끌어주신 것을 알고 얼마나 신기해했는지 모릅니다. 와아! 여기야말로 진짜구나! 제대로 찾았음을 알고 더 이상 개고생 안 해도 되겠다 싶어 마음이 날아갈 듯이 무척 기분이 좋았음은 두말할 필요도 없었지요.

그리고 대단하신 인황님께 친견 상담받을 동안 마음이 편해지는 신기한 체험을 하였고, 영험하신 신감님 친견 때는 왜 이리 눈물이 나오는지, "어? 왜 울지? 난 안 울고 싶은데, 왜 이리 눈물이 나오지?" 이렇게 말씀을 올리니 그저 신감님께서는 웃고만 계셨던 것으로 기억이 납니다.

그렇게 해서 바로 천기회 참석해 보라는 말씀에 어느 날 참석했는데, 나의 조상님 입천제 올려드리기 전까지 계속 울기만 하였습니다. 울고 싶지 않은데 저의 의지와 상관없이 울어도, 울어도 끝이 없을 정도로 왜 이리 눈물이 폭포수처럼 쏟아져 나오는지 이러다가 탈진하면 어떡하나 덜컥 겁이 난 적도 있었습니다.

물론 다행히 탈진은 없었지만, 오히려 진짜임을 저에게 보여주시니 어찌 감동하지 않을 수 있겠습니까? 조상님 입천제 때는 신감님께서 누가 가장 보고 싶으냐고 물으셔서 친할머니라고 말씀드렸더니 청배하자마자 별 말씀도 없이 오로지 눈물만 쏟다가 마무리되었는데, 지금 생각해 보면 더 많은 대화를 못해 본 것이 조금 아쉬운 감이 들었습니다.

조상님 입천제 끝나고 그날 잠을 잤는데, 거대한 산만큼 큰 황소 등 위에 어마어마하게 헤아릴 수 없을 정도의 우리 조상님들을 태운 채 구름 타고 하늘로 승천하는 꿈을 꾸었습니다. 그 다음 날부터는 17년 동안 꿈에 매일같이 나타나시던 친할머니가 꿈에 보이지 않아 얼마나 맛있게 잘 잤는지 몸과 마음이 새털처럼 가벼워졌고, 50년 가까이 원수처럼 늘 싸우기만 했던 부모님의 부부싸움도 없어지는 이적과 기적이 현실로 일어났습니다.

그리고 뒤집어질 때나, 뒤집어질까 봐 두려워하지 말라는 신감님의 말씀과 뒤집어질 때마다 내공을 튼튼하게 해주는 버팀목이 된다는 신감님의 말씀을 새기며 긍정적으로 나아간 적이 있었는데, 그 뒤로부터 더 이상 뒤집어질 일이 생기지 않았습니다.

뒤집어지는 일이 생긴다 해도 더 한 단계 올라가는 계기가 될 거라는 말씀도 잊지 않고 실천하려 노력하고 있습니다. 그렇게 평화롭게 지내다가 천인합체 명을 받들어 행하고 천인으로 탄생하고 나서 청각과 시각이 좋아지고, 마음이 충만해지는 기분을 느끼며 진심으로 죽을 때까지 오로지 자미국 지상 자미천궁, 인황님께서, 신감님께서 걸어가시는 발자취를 뒤따라가야겠다는 확고한 신념을 만들어주셨습니다.

저는 지금까지 대단하신 인황님께서, 영험하신 신감님께서 내려주시는 사랑과 보호 덕택에 큰 질병과 사건, 사고 없이 무탈하고 건강하게 사는 것 자체가 진정한 행복입니다. 그 엄청난 행복을 누리게 해주시는 것에 엄청난 천복입니다.

자미국 지상 자미천궁에 입국하는 것 자체가 엄청 큰 행운아임을 알았습니다. 지금까지의 행복한 일상이 당연한 것이 아닌 대단하신 인황님께, 영험하신 신감님께 항상 고마운 마음으로 은혜에 보답해 드리며 살아가고 싶습니다.

어느 날 친부가 치매와 신장암 말기 판정을 받아 한때 암울한 마음이 들었는데, 친부에게는 병명을 비밀로 하고 건강관리 차원에서 지금까지 항암치료 없이 약으로만 버티시고, 지금까지 자전거로 운동 관리하고부터 치매, 신장암 말기 진행이 멈추고, 거의 정상적으로 생활하는 기적을 내려주셨습니다. 이제 50세를 바라보지만, 쇠퇴기가 아닌 20대, 30대 못지않게 최고의 전성기를 누리고 있습니다.

하늘의 백성 김○자 ○○천인

천 년의 염원을 푸셨다는 내용에 감명받아서

제게 있어 천기 10년은 인생의 전환점이 되었던 해입니다. 하늘께서 크신 사랑을 내려주셔서 조상님을 천상 자미천궁으로 모실 수 있도록 윤허해 주셨습니다. 책을 구독하며 신라 마지막 왕인 경순왕 후손이 하단입천제를 올려서 천 년의 염원을 푸셨다는 내용에 감명을 받아서 결심하였습니다.

그래서 더 늦기 전에 하단입천제라도 해서 조상님들을 구원받게 해드리자 하고 조공을 올리니 인황님께서 수고했다고 하시며 칭찬을 해주시고, 막상 행사를 올리는 날 마음 졸이며 조심조심 자미국 지상 자미천궁에 도착하여 행사 중에 정말 살아계신 하늘님을 뵐 줄은 꿈에도 몰랐습니다.

더구나 직접 칭찬까지 해주시면서 지금껏 너를 믿었기에 너에게 너의 조상들을 맡겨놓으셨다는 어마어마한 말씀을 해주시면서 수고 많았다 하십니다. 지금까지 조상님 생을 살았으니 이제부터는 너의 인생을 살아라, 하시면서 한없이 자애로운 말씀을 해주시는데 평생을 살면서 그렇게 큰사랑 처음 받아보았습니다.

또한 생각지도 못한 천인합체 명까지 내려주셔서 한 달 열흘 후에 천인합체 비용인 천공을 마련해 주셔서 하늘의 백성이 되고, 하늘께 천인 관명도 하사받고 조상님들껜 중단 벼슬하사를 해주셔서 제 인생에 최고의 해가 되었습니다.

미륵님이신 천상도감님!

하늘님께 윤허받으시어 저의 조상님을 천상 자미천궁로 인도하여 주시고, 미욱하고 못난 저를 천인합체 윤허받아 주시려고 긴 세월 동안 저를 갈고 닦아주신 크신 노고에 감사 올립니다.

무엇보다 이 땅에 자미국 지상 자미천궁을 개국해 주셔서 피눈물로 찾아주신 천상행사를 올릴 수 있도록 해주시는 최고로 대단하신 인황님! 최고로 영험하신 신감님! 살신성인하시는 노고에 무한 감사 올립니다.

하늘의 백성 류○덕/○○○○천인

마음이 어찌나 편하고 기분이 좋은지

나는 누구이고 어디에서 왔고 무엇을 하다가 인간으로 태어났으며 축생이나 자연의 동식물이 아닌 인간인 사람으로 태어난 이유는 무엇인가? 나의 죄는 무엇이고, 죄를 용서 빌어 사면받으려면 어떻게 해야 하는가?

저의 인생길 삶은 왜 순탄치 않은가? 저에게 존귀하시고 대단하신 하늘님께서 내리신 명(命)은 무엇인가? 이런 문제를 풀고 알기 위해서는 어떻게 해야 하고 누구를 만나야 살아갈 수가 있을까? 그동안 가졌던 마음속의 물음표!

대단하신 인황님, 영험하신 신감님과 동시대에 태어나 두 분을 만나 뵙고 존귀하시고 대단하시며 영혼의 어버이이신 "하늘님"과 땅님, 최고이신 신명님들께서 존재하신 것을 알게 되고 진실의 말씀을 들을 수 있음은 대단한 영광과 행운아이며 이 세상 누구보다 더 큰 자부심과 자신감을 가지고 근심 걱정 없이 살아가고 있습니다.

지금 이 나라에는 수많은 곳에 마음수련과 명상수련을 배워준다는 곳이 많이 있습니다. 그곳에서는 마음을 비우라. 마음의 욕심을 버려라, 하면서 가르치지만 마음이 무엇인데 어떻게 비우라고? 마음을 비우면 죽지 않는가?

마음의 실체를 모르면서 육체의 동작과 숨쉬기로 육체의 이완만 하면서 마음을 비워 마음이 편안해졌다 하고 있습니다. 이런 말에 인황님께서 밝히시고 알려주신 나의 영혼인 생령이 얼마나 열통이 차이고 혈압이 오르며 기가 찰지 생각이나 하고 그들이 생령의 진실을 알기나 하겠습니까?

그러나 저는 영광스럽게도 다른 사람보다 빨리 인황님과 신감님을 뵙는 행운을 잡았으며 60세 인생에 아무런 근심 걱정이 없이 살아가고 있으며 항상 인황님, 신감님께로 향하면서 내려주시는 말씀대로 행하며 명(命)이 다하는 날까지 기본 도리를 다하면서 살아갈 것입니다.

인황님, 신감님을 뵙기 전 인생입니다.

저는 종교에 다니고 빠져 보지 않아 종교에 대해서는 잘 모르지만 종교가 가짜이고 폐해가 심한 것을 주위에서 많이 듣고 봤습니다. 부모님께서는 종교에 다니지 않았고 결혼하여 아내와 아들이 집 근처 불교대학에 한 번 다니고 아내는 초파일에나 가는 정도고 아들과 딸들은 친구가 교회나 절에 가자고 꼬드기고 유혹해도 다니지 않았습니다.

어느 날 시골동네 옆집에서 날밤을 세우며 굿을 하는 것을 구경하면서 혼잣말로 저렇게 두드리고 밤새운다고 해결이 되나? 우리 집은 절대 굿을 못하게 해야지. 말하기도 하고 돌아가신 할머니 산소 앞에 서서 내가 할머니를 좋은 곳에 가시게 해드리겠습니다, 하고 말했던 것이 얼마 지나지 않아 인황님과 신감님을 만나 뵙고 나서 현실이 되니 신비하고 놀랍습니다.

지난날 아내가 두통(양쪽 관자놀이)이 심하여 머리가 많이 아프다고 거의 매일 하소연을 했으나 조상입천제와 천인합체 이후 지금은 아프지 않다고 하는데 정말 신비한 조화입니다. 조상님이나 생령이 메시지를 보내는 현상이었음을 나중에 알았습니다.

그 당시 아내는 다투고 나면 한 번도 잘못했다는 말을 한 적이 없었으며 싸우고 나면 수 일이 지나도 말을 하지 않아 화해하기 위해 내가 먼저 말을 하면 "당신 마음 편하자고 하는 것 아니냐?" 하는 말을 듣고 처음엔 이해가 되지 않았습니다.

이후로 양손을 꼽고도 남을 여러 곳의 직장에 다니며 잘 먹고 잘 살기 위해 기운이 좋다는 곳과 기(氣)에 관한 광고만 나오면 책도 사보고 저자(법사)를 찾아 직접 만나기도 하고, 달마도 부적과 불교의 반야심경을 100일 동안 외우기도 하고, 명상과 기(氣) 치료도 하고, 좋다는 것은 다했습니다.

좋아지고 마음이 편하기는 고사하고, 집안에 이상한 것을 가져왔다고 아내와 다투기만 하였습니다. 하면 좋다고 시킨 법사에게 "시키는 대로 다했는데 왜 좋아지지 않느냐?"고 따지니 "그럴 리가 없다"는 말만하여 받은 것을 모두 버리고 또 그 무엇을 찾기 위해 전국으로 찾아다녔지만 나의 마음에 와 닿는 그 무엇은 찾을 수가 없었습니다.

허전한 마음이 무엇인지? 엎어지는 원인을 찾고 잘 살기 위해 기(氣)수련과 명상, 기 치료, 우주 초 염력이 어떤지 강화도 마니산, 풍수지리, 수지침, 단학, 태극권 등 여건이 되면 닥치는 대로 배우고 찾아다니면서 알려고 하였습니다.

경남에너지 근무하며 수위실에 있던 중앙일보 신문광고에 난 『생사령』 책을 보고 바로 구입하여 정독을 하니 책의 내용이 나의 현실과 너무도 맞아떨어지고, 내가 고통을 받고 처박힌 문제의 정답이 나와 있었으며 그때까지 종교나 어느 곳에서도 볼 수가 없었고 들어보지 못했던 것이라 엄청난 충격이었습니다.

사후세계, 조상님세계, 영원한 무릉도원의 고차원 정신세계를 보여주시기에 저자는 대단한 분이신가 보다, 이런 고차원의 세계를 어떻게 아셨을까? 하고 감탄만 했습니다.

그리고 다시 신문광고에 난 포항의 연봉사 주지가 내 인생 불행의 원인을 찾고 해결해 준다고 하여 찾아가니 아무것도 모르면서 나에 대한 것은 말하지 않고 250만 원에 돌아가신 아버지 천도재를 올리면 좋아진다는 말에 천도재를 올리게 되었습니다.

처음으로 올린 천도재, 정말 별로였고 어릴 때에 본 무속인의 굿이 천도재였습니다. 이걸 천도재라고 하는가? 하는 의구심이 들었고 속았구나 하는 마음이었습니다. 나는 아무런 느낌이나 반응도 없는데 주지는 왜 그런지 머리가 아프다고 하면서도 북을 계속 치면서 중얼거리고 옆에서는 대나무 잡은 여자가 꽹과리를 치고 정신을 차리지도 못하고 끝이 났습니다.

그나마 기대를 하고 창원에서 포항까지 와서 천도재라는 것을 하고 보니 허무하고 속았다는 생각이 들기 시작하였는데 결정적인 것은 주지라는 돌중의 아들이 1톤 차에 불상 2개를 싣고 와서 함께 붙잡고 거들어주면서 속이 빈 불상의 밑을 잡는 순간 이런 하찮은 것에 내가 빌다니, 한심함과 속았다는 생각이 머리를 때리고 있었습니다.

정말 종교에서 하는 꼴이 쌍말로 개○도 모르는 것들이 아는 척하고 그런 놈들에게 속는 내가 더 바보였습니다. 집에 돌아와서 다음부터 좋아졌을까요? 아내가 좋아하기는 고사하고 나에게는 말도 없이 현재 돈도 없는데 250만 원이라는 거금으로 쓸데없는 짓을 하고 왔다고 대판 싸우게 되었습니다.

한 치 앞도 모르는 인생길을 안다고 광고하며 고통과 불행에서 헤매고 있는 많은 사람들을 자기들 배 채우기 위해 돈벌이로 생각하는 굿, 천도재, 추도미사, 추모예배 등을 보고 듣고, 어떤 것은 직접 해보기도 하였지만 정말 진짜는 없고, 모두가 가짜이고 허상이라는 것을 알게 되었으며 아직도 이런 곳에 빠진 사람들이 많은 것이 현실입니다.

인황님과 신감님을 만나 이후 인생길

이제는 마지막이라는 생각으로 "자미국 지상 자미천궁"을 찾아가기로 하고 오후에 지상 자미천궁의 문을 열고 들어서자 황금빛 나는 금궐 같은 분위기부터가 다른 곳과는 비교할 수 없었고 나도 모르게 마음이 설레는 것 같고 기분이 좋아졌습니다.

신감님과의 상담부터가 고차원의 내용으로 나에 대한 모든 것을 훤히 아시는 말씀을 해주셨습니다. "너에게는 조상님이 계시지 않는다. 돌아가셨지만 죽었다고 생각하지 않는다"는 말씀을 들으며 뭔지는 모르지만 내가 끝을 내야겠다고 말하니

"잘 생각했다"는 말씀을 듣고 인황님도 뵙게 되었습니다.

인황님, 신감님을 뵙고 상담을 할 수가 있었으며 『생사령』 책을 읽고 3년 만에 진짜를 찾았고, 이제 더 이상 찾아다니지 않아도 되고 진짜를 찾았다는 마음이 들면서 편안해지고 너무도 기분이 좋았습니다.

나에게 뼈와 살을 물려주시고 남양 홍씨 성을 갖게 해주셨고, 키워주신 직계 부모조상님과 아내의 직계 부모조상님, 외조부모님들께서 무릉도원 천상세계에서 벼슬도 하시고, 근심 걱정 없이 살아가시도록 해드리는 벼슬입천제를 올려드리고 싶었으나 아파트 기존 대출이 많아 안 된다던 것이 신비한 이적으로 대출되었습니다.

인황님과 신감님께서 온 마음과 정성을 다하셔서 저와 아내의 직계 부모조상님들을 천상세계로 오르시도록 해주셨고, 다음날에 있은 천기회에서는 기와 명상수련을 많이 했다는 사람들도 경험할 수 없는 영안을 열어주셨습니다. 눈만 감으면 영상이 보이게 해주시는 대 원력의 기운을 내려주셔서 다음 날까지도 신비의 경험을 할 수 있어 너무도 신기하고 좋았습니다.

조상님 입천제 후에는 마음이 어찌나 편하고 기분이 좋은지 가슴속에 무언지는 모르지만 기운이 꽉 들어차는 느낌이고, 그렇게도 찾던 것을 찾았다는 생각과 더 이상 무엇을 찾으려는 생각 자체가 없어졌습니다.

그동안 눈만 뜨면 생각나서 찾으려 했고, 알고 싶었던 것이 없어지니 마음과 생각이 맑아지고 편안해졌습니다. “세상에 이럴 수가” 믿지 못할 정도로 놀랐습니다. 어느 누구도 해결을 못해 주던 것을 인황님, 신감님께서 해결해 주시니 대단하신 두 분이심을 알 수 있었습니다.

하늘님께서 지켜주시고 보호해 주시는 천인합체 명을 인황님, 신감님께서 온 마음과 정성을 다 기울이셔서 올려주시고, 저를 살려주시니 그동안 매사에 불평과 불만이 많았던 부정의 마음을 없애주시고 긍정의 마음을 갖게 해주셨습니다.

모두가 지금의 현실에서 많은 위험에 노출되어 있지만 마음이 편안해지고 보호를 받고 있다고 생각하니 아무런 걱정과 근심이 없어지고, 자신감과 자부심이 생기고 두려움도 없어지게 되었습니다. 그동안은 가정과 가족보다 나 자신 위주로 생활하면서 아내가 고생하는지, 자식들이 잘 지내고 공부는 하는지 관심이 없었지만 가족의 중요성을 알게 해주셨고, 그동안 아내의 힘든 마음도 헤아릴 수 있도록 해주셔서 나는 여유있는 생활을 할 수 있게 되었습니다.

인류 탄생 이후 역사상 처음으로 태어난 진인이시고, 인류의 영도자이신 인황님! 신감님! 엄청나시고 존엄하시며 대단하신 하늘님과 땅님, 신님들의 진실의 말씀을 전해 주시며 가짜가 아닌 진짜로 크나큰 사랑을 주시고 살려주시는 은혜를 받고 살아가고 있습니다.

그동안 모르면서 아는 척했던 가짜들에게 속은 것이 억울하고 분하여 부적, 풍수, 기(氣)에 관한 책과 성경과 교회에 관한 책들을 모두 쓰레기장에 내다버렸습니다.

지금까지 지구상의 잘난 인간과 석가, 예수, 성모, 마호메트, 상제 등 종교 교주, 종교 지도자, 성인이라 불리는 자들도 알지 못하고 밝혀내지 못하였던 것을 인황님과 신감님께서 진실을 전하시고 저의 생령을 태어난 고향 천상 자미천궁의 부모(자미천황님)님 품으로 보내주시니 이 세상 어디에서 누구에게 이 경천동지한 일을 보고 들을 수가 있겠습니까?

인황님께서 말씀만 하셔도 안 되는 일이 없음을 수없이 직접 목격하고서 믿게 되었습니다. 얼굴은 젊은이처럼 주름살 하나 없게 해주시고, 많은 스트레스로 인해 생긴 대머리의 머리카락도 나게 해주시고, 45년 동안이나 괴롭히던 오른쪽 허리 옆구리 뒤쪽의 통증도 낫게 해주셨습니다.

인간세계, 사후세계, 조상님세계, 영혼세계, 하늘세계, 땅의 세계 등의 진실을 인황님, 신감님을 통하여 실시간으로 알게 되고 배우게 되는 것만으로도 이 세상의 어느 누구도 부럽지 않고 자신감과 자부심을 가지게 됩니다.

인황님께서 생각과 말씀, 글로써 하시는 천상지상 공무집행은 시차만 있을 뿐 한 치의 오차도 없이 현실로 나타나고 있습니다.

하늘의 백성 홍○환 ○○천인

어렸을 때부터 "여호와의 증인" 집안

저의 친가 쪽이 "여호와의 증인"이었기에 저 또한 어렸을 때부터 자연스럽게 친할아버지, 친할머니를 따라서 종교생활을 하게 되었습니다. 거기에서 종교 관련 책들과 성경을 배우고 고등학교 때까지 왕국회관을 다녔습니다. 그러다가 봉사활동(포교)과 일주일에 몇 번씩 종교 관련 책으로 공부하는 것이 귀찮아지기 시작하여 거의 회관도 안 다니고 공부도 하지 않고, 그렇게 종교와 멀어지기 시작하였습니다.

종교를 다니는 동안은 정말 저의 가정이 매일매일 뒤집어지고 지옥 그 자체였으며 제가 어렸을 때부터 가정환경이 좋지 않았습니다. 아버지는 거의 매일같이 술을 드시고 새벽에 들어와서 주사를 부리고, 새벽부터 해가 뜰 때까지 아버지의 술주사를 엄마와 함께 받아내야 했습니다.

누구나 그러하듯이 폭력도 있었고 욕설도 있었습니다. 그 종교에서는 14만 4천 명이 선택되어서 낙원에 간다고 하였는데, 정작 저희 가정환경은 지옥 그 자체였고 저의 청소년기 시절은 어둠으로 가득 찼고, 너무나 우울한 생활이 연속이어서 그때부터 그 종교에 대한 회의감이 들기 시작하였습니다.

그러다가 저는 장녀로서 가정형편이 너무나 힘들어 취업을 하고자 실업계 고등학교로 진학하였고, 졸업 후에 생산직으로 취업하게 되었습니다. 여러 군데 생산직으로 다니다가 회사 경영악화로 그만두게 되었습니다. 그때가 20대 초반이었는데 우연히 구직사이트에서 생산직 채용공고를 보고 급여도 높고 기숙사 생활도 괜찮을 것 같아서 성남에서 수원까지 면접 보러 가게 되었습니다. 아웃소싱(외주발주) 업체였습니다.

면접 보고 집으로 가려고 수원역으로 가는 도중에 어떤 여자 두 분이서 조상님 복이 많다면서 얘기를 하는데 (대순) 저는 진짜로 제가 복이 많은 줄 알고 그러면 부자되는 건가? 이러한 생각이 갑자기 들어서 대순진리회를 따라가게 되었습니다.

20대 초반의 나이였고 정말 그냥 호기심에 갔었습니다. 그러다가 성남에서 왔다 갔다 하면서 거기에서도 공부 같은 것을 하고, 저를 맡으신 선생님이 정성금도 올려야 한다는 얘기를 하여 일주일에 한 번씩 성남에서 입금하기도 하였습니다.

그러다가 갑자기 그 이론에 대하여 의문점이 생기기 시작하였고, 뭔가 이상하다는 생각이 들기 시작하였습니다. 부자되는 줄 알았고, 가정도 평화가 올 줄 알았지만 그 반대로 더욱 더 아버지의 술주사로 인한 어머니에 대한 욕설과 폭언 등등 더더욱 상황이 심각해졌습니다.

그때 일하지 않고 쉬는 중이라 저는 도서관을 좋아하여 자주 가는 편이었습니다. 도서관에서 대순진리회에 반박하는 책이 있어서 그걸 보려고 하다가 『생사령』이라는 책을 누가 읽다가 놔둔 건지 빽빽이 있던 책들 사이에서 밖으로 비집고 나와 있어서 이건 뭐지? 하고 그 책을 보게 되었습니다.

『생사령』 책을 보는데 머리가 띵하고 울렁거리기 시작하였습니다. 책을 보고 그런 느낌을 받는 것은 생전 처음이라서 놀라웠습니다. 왜 가정 폭력이 있고, 욕설과 폭언이 난무하는지, 종교를 믿으면 어떻게 되는지, 조상님에 관한 몰랐던 큰 진실을 알게 되었습니다.

책을 다 읽고 집에 가서도 그 여운이 사라지지 않았습니다. 그리고 다음 날 또 도서관에 가서 인황님과 신감님께서 출간하신 책이 몇 권 더 있어서 다른 책도 읽어보게 되었습니다. 『천경』과 『천지령』 책을 연달아 읽다가 제 머릿속에서 하루빨리 인황님께 친견 상담해야 할 것 같다는 느낌을 강하게 받아서 곧바로 상담 예약하고 친견하게 되었습니다.

그 이후로 가정 상황도 너무나 힘들어지고 이 굴레를 끊을 수 있는 것은 조상님 입천제뿐이라는 생각만 들었습니다. 그래서 조상님 입천제 행사를 올리게 되었습니다. 그 이후로 정말 놀랍게도 아버지께서 주사도 예전처럼 심하지 않고, 가정 폭력도 줄어들게 되었습니다.

정말 순식간에 바뀐 아버지의 모습에 너무나 놀랍고 신기합니다. 정말 이 모든 것이 인황님과 신감님 덕분이라고 항상 생각하고 있으며 제가 이렇게 일할 수 있고 살아가게 해주셔서 진심으로 인황님과 신감님께 고맙습니다.

하늘의 백성 이○혜

나는 누구인가 찾고 싶었던 시절

나는 누구인가? 어디서 어떻게 와서 어디로 가야 하나?

고향에서 태어나서 첫 이레 만에 죽었다고, 윗목으로 밀어 붙여 놓았는데, 캑! 캑하면서 살아나서 힘차게 엄마 젖을 빨고서 살아난 이 목숨! 살려주신 분께 감사 인사 올립니다.

체구는 작고, 얼굴에 살짝 곰보라 따돌림, 골림을 많이 받으면서도, 초등 6년 우등으로, 중 3년을 우등으로 졸업하게 해주셨어요. 육군 훈련소에 입대해서 일요일 고향(마음의 고향)이 그립고, 가신 지 1년이 안 된 선친이 사무치게 그리워서 동기생들과 같이 훈련소에 군 목사를 따라서 군부대의 교회에 갔었는데, 조상님을 사탄으로 불러서 나누어주는 사탕과 과일만 맛있게 먹고는 가기 싫어 안 다녔어요.

청주시 상당구 문의면 후곡리 도곡 출생, 현재는 대청댐으로 수몰! 충청북도의 오지 마을, 앞으로 금강이 흐르는 내 고향! 육군 공병을 만기 제대하여서 서울의 중견 건설업체에 취업이 되어서 불도저 조종원으로 근무하게 되었는데, 객지(용인)에 와서 살다 보니 아내와 저는 동네 주민과 소통하기 위해서라도 가까운 절에 다니게 되었어요.

군에서 다니던 교회는 조상님을 사탄으로 박대를 하니, 조상님을 더 극진하게 대해 주는 불교 쪽으로 선택하게 되었던 것 같아요. 물론 우리 가족 돈 많이 벌게 해주세요. 두 아들 아무 탈이 없게 잘 자라게 해주세요.

그런데 우리는 먼저 가신 아버지, 장인어른을 석가 탄신일에 값이 비싼 등불을 켜드려서 잘해 드린다고 생각을 했었지요. 그리고 또 무속에 가서 조상굿 천도재도 지내드렸어요. 대전에서 천도재를 올려드리고 호남고속도로를 달려서 오다가 내 승용차가 180도로 돌아버리는 대형사고가 났었는데 다행히 다치지는 않았어요.

강릉에 가서 천도재를 지내고 눈 속에 영동고속도로를 오다가 새 차가 중앙분리대를 살짝 들이받는 사고도 있었고, 동네 주민들이 돈 빌려 쓰고 갚지 않고, 집안 친척들 돈 빌려 쓰고 떼어먹고, 급기야 거금을 또 떼이는 우환의 연속이었지요.

20년 다니던 건설 회사를 명예퇴직하고, 모 그룹의 주야 근무에 6년을 다니는데, 몸이 병이 들어서 운전을 20km를 하면 녹초가 돼요. 내시경을 하니 위암 직전의 위궤양이라고 하네요. 회사를 지금의 경비직으로 옮기며 근무 중에 회장실의 묵은 신문을 치우다 조선일보에 나온『천지령』책이 눈에 확 들어왔어요.

용인시내에 가서『천지령』책을 사오는데 전신에 신비의 기운이 감돌고, 신이 나서 노래방에 들어가 아내와 같이 "내 마음 별과 같이" 부르고 기분이 좋아서 집으로 왔어요. 아버지 대, 저와 조카 대, 손자에 이르기까지 4대가 장손이 죽어도 제사는 철저히 잘 지내는 종갓집이었어요.

그런데 돌아가신 조상님께서 내 몸에 계신다고 『천지령』 책에서의 말씀! 조상님 입천제를 올려드리는데, 저는 먼저 가신 선친을 모셨어요. 그런데 선친께서는 내가 다니는 기독교, 불교, 무속을 따라다니다가 너무나 힘들어서 눈물만 하염없이 흘리셨어요. 조상님께서 내 몸에 같이 계시다고 책에 쓴 것이 틀림없어요.

온몸에 전율이 오고, 머리끝이 뻣뻣하게 섰어요. 하늘님을 무시한 불교(천상천하 유아독존)는 가짜다. 조상님들께서 나를 따라서 불교에 갔다가 지옥에 빠지고, 무속에 따라갔다가 또 고생하셨다니 종교라면 아주 치가 떨리네요.

인황님, 신감님을 통하여 어렵게 천인합체 명을 받아주시면서 20년 젊게 해주시어 점점 젊어짐을 온몸의 기운으로 느낍니다. 천상감찰신명님께서는 한 번도 미워하시지 않으셨다고 해요. 참으로 감사합니다. 회사에서도, 친구들도 나보다 나이가 두어 살 많으면서 나보고 나이 들어 보인다고 깔보고 업신여기니, 참 듣기 민망하고 싫었어요.

지금은 주변에서도 젊어지고, 가족이 재미있게 살고, 아직도 회사에 잘 다닌다고 부러워해요. 주변에 나와 같은 연배의 동료들이 하나둘 세상을 떠나가는데, 아직도 건강하게 회사에 잘 다니게 해주시었어요. 저는 새로운 생명을 연장시켜 주신 것 같아요?

살아서 천인(天人)이 되는 대 영광에 세 하늘님의 말씀을 듣는 이런 가문의 영광이 이 세상 어디에 있을까요? 종교에서 들어보지도 못한 태상천존 자미천황님께 구원의 영광, 도솔천황님께서 조상님을 편안하게 해주시고, 신님께서 살아있는 육신을 편안하게 해주시니 대통령의 권력이 무엇이 부럽고, 이 나라 제일의 부자가 무엇이 부러우랴?

검게 보이던 얼굴은 뽀얗게 되었고, 구부정하던 허리도 반듯하게 되었고, 앉았다 일어나기가 훨씬 수월하더니, 동네 노인정에 회원이라고 가끔 가면은 나보다도 나이 적은 회원들은 머리가 하얗게 앉아 있고 일하지 않고 놀고 있어요.

소득! 저도 월급은 적어도 매달 받게 해주시고 연금도 받게 해주셨어요, 아내도 아주 가까운 직장에 다니고, 아내도 연금도 받게 해주셨고요, 또 요즈음은 기타 소득이 짭짤하게 들어오게 해주셨어요.

그러니 아들 며느리 예뻐서 보태주고, 손자 손녀도 주고 맛있는 거 사먹게 해주시니 주말에는 온 가족이 모이면 웃음바다가 되지요. 초등 2학년 손자는 글짓기를 잘한다고 학교 선생님이 칭찬한대요. 손녀는 저도 깜짝 놀라게 잘 그리네요.

천식이 있던 큰며느리는 요즈음 기침 소리를 잘하지 않으면서 좋아졌다고 해요. 특별히 약을 먹는 것도 없는데 신기해요. 회사에서 상무님이 저보고는 회사 건물 3개 동을 건물 관리하면서 앞으로 8년을 더 근무하래요. 신이 절로 나게 해주시네요.

막내아들은 회사 회장님의 각별한 신임을 받게 해주셨고, 막내며느리는 소형차를 사서 운전하면서 직장에 다니는 즐거움에 푹 빠졌어요. 서울 강남에서 경기도 용인으로 시집왔어도 여기가 너무 좋대요.

온 가족을 모두 천인(天人)으로 명 받아주신 인황님과 신감님의 크나큰 은혜 덕분입니다. 10년 전 위암 직전까지 갔던 위궤양은 요즈음은 아침 5시에 일어나도 속이 편안하도록 좋게 해주셨으며 혈색도 화사하게 해주셨어요.

하늘과 인황님께 선택받은 덕분에 살아났습니다.

하늘과 신감님께 선택받은 덕분에 신나게 근무하면서 살아났습니다. 살아서『천지령』책을 만나게 해주신 하늘과 땅께 심심한 감사인사를 올립니다. 천상에서의 철석같은 약속을 까맣게 잊어버리고, 종교에 빠져 있던 저를 구원하여 주신 인황님과 신감님의 하해와 같은 은혜를 어찌 갚고 가리오?

하늘의 백성 윤○호 ○○천인

인류를 구하실 분이 언제 오시나

어려서 저는 이웃 언니가 성당 데리고 갔으나 저는 며칠만 가고 싫어서 안 갔습니다. 30대에 책 속에 답이 있겠지 하고 책방을 들러 서점에서 예언 책을 사서 읽어보고 예언에만 관심이 있었습니다.

인류를 구하실 분이 언젠가 오신다기에 막연하게 기다렸습니다. 불교에 다녔지만 진심의 마음 없이 그냥 다녔습니다. 사후세계가 무척 궁금하였으며 나는 누구이며, 어디에서 와서 어디에 있다가 어디로 가는지 윤회세계가 알고 싶었습니다.

조상님은 어디에 계시며 환생했는지 알고 싶었습니다. 인류를 구하실 분, 세계 통일하실 분 언제 오시나 막연하게 기다리며 답답한 마음에 저는 그림을 못 그리기에 기름종이에 대고 10년 전에 우리나라 태극기 지도 그리기도 하였습니다.

세계 지도, 세계 국기 그리기도 하였습니다. "언제 오시나? 언제 만나나?" 하고 그날을 기다리면서 지도와 국기를 그려보았습니다. 허허공공한 하늘에 대고 큰 목소리로 "전문인 만나게 해주세요! 인생 전문인 만나게 해주세요!" 하면서 빌었습니다.

답답한 마음이 들어 인터넷 보다가 『생천령』 책 표지를 보는 순간 저는 컴퓨터를 못하기에 서점으로 달려가서 『생천령』 책 두 권 주세요, 책 주문하는데 너무나 설레며 좋아서 기다림의 시간이 무척 길었습니다.

『생천령』 책 사오면서 빨리 읽어보고 싶어서 빠른 걸음으로 왔습니다. 책을 읽어보고 전화번호 있어서 감사했습니다. 전화 예약하고 방문했을 때 인황님께서 상담해 주시고, 조상님 입천제 허락하여 주시어 너무너무 좋아 춤을 덩실덩실 추었습니다.

인황님, 신감님 덕분으로 조상님께서 벼슬 하사받으시어 천상 자미천궁에 계시고, 앞으로는 조상님 위해 제사와 차례 안 지내도 되어 후손은 마음이 너무나 편안합니다. 인황님, 신감님께서 천인합체행사 허락하여 주시어 좋아서 춤을 추었습니다. 무서운 윤회의 고리를 완전히 끊어주시어 고맙습니다.

인류를 구하실 분이 언제 오시나 하고 막연히 기다렸었는데, 제가 바라고 원하던 저의 소원이 종교세계가 아닌 하늘과 땅이 함께하시는 자미국 지상 자미천궁에서 현실로 이루어져 너무나 기쁘고 행복합니다.

인류의 빛이자 불이신 인황님, 세상에서 제일 아름다우신 신감님 알현하여 영광이오며 행운입니다. 독자 여러분도 이제는 다니던 종교세계를 졸업하고 자미국 지상 자미천궁에 들어와야 인간들, 조상들, 영혼들, 신들에게 새로운 무릉도원의 세상이 열려 인생화 꽃이 활짝 피어납니다.

저는 이곳 자미국 지상 자미천궁에 들어와서 엄청난 하늘의 진실을 알게 되었습니다. 하늘의 문은 인황님께서만 열 수 있고, 신의 문은 신감님께서만 열 수 있다는 것입니다. 여러분이 종교에 입문하여 숭배자들을 열심히 받들고 찬양하며 믿어서 하늘의 문이 열리는 것이 아니라 인황님께서 원하고 바라야만 하늘의 문이 열린다는 어마어마한 인류 최초의 비밀을 알았습니다.

그러니까 여러분이 종교에 입문하여 지금까지 열심히 받들며 섬겨온 자체가 오히려 하늘에 죄를 짓는 역천자 죄인이 되었다는 것입니다. 천상에는 종교가 없고, 이 땅에도 하늘께서 종교를 윤허하신 적이 없다고 하시며, 하늘이 윤허하지 않은 종교를 세운 것도 죄이고, 죄인들이 세운 종교를 다니며 믿는 자체가 하늘을 배신하고 역천하는 죄라고 하십니다.

여러분이 종교에 들어가서 구원해 달라고 외쳐서 구원받는 것이 아니라 하늘 도솔천황님의 화신이시자 하늘 자미천황님의 명대행자이신 인황님께서 원하고 바라셔야만 두 하늘께서 인간들, 조상들, 영혼들, 신들을 구원해 주신답니다. 그러니까 종교에 다니는 자체가 구원과는 정반대로 하늘과 멀어지는 지옥세계의 길, 말 못하는 만생만물로 태어나는 무서운 길이었습니다.

태초 이래 처음이자 마지막으로 하늘이 선택하신 하늘의 남자가 인황님이시고, 신이 선택하신 신의 여자가 신감님이십니다. 인류는 두 분을 통해서만 하늘을 만나 구원받을 수 있으니어서 빨리 종교에서 벗어나 천상으로 가는 길을 활짝 열어야 합니다. 종교인들이 하는 말은 모두가 거짓말이었습니다.

하늘의 백성 조○숙 ○○천인

조상님들을 모두 사탄 마귀 취급

내가 왔던 곳으로 다시 돌아가야 한다는 마음과 사람은 죽어서 어디로 가는지? 나는 왜 인간으로 태어났는지? 어려서부터 남들과 다른 생각과 마음을 가지고 살고 있다는 것을 알았고, 무엇을 해도 채워지지 않는 마음의 공허함과 외로움은 결혼을 하고 자식을 키우면서 더욱 커져만 갔습니다.

첫아이 임신 8개월 때 산부인과에서 아기의 신장이 한 개라는 진단을 받고 여러 가지 잔병치레로 태어난 지 백일이 지나면서부터 수술하여 하늘이 무너지는 기분이었고, 이때부터 인간을 창조한 신(하나님)을 믿으면 살 수 있을 것 같은 마음에 교회를 20년 동안 다녔습니다.

아픈 자식 때문에 누구보다도 열심이었고 간절하였으며 죽을힘을 다해 충성, 봉사, 헌신하며 20년을 다녔지만 믿으면 믿을수록 마음의 공허함과 채워지지 않는 외로움에 마음과 생각 속에서는 '나는 누구인가? 어디를 가야 내가 왔던 곳으로 돌아가는 길을 가르쳐주나?' 수없이 메아리쳤습니다.

교회를 다니면 다닐수록 몸과 마음은 지쳐갔고 기도하면 할수록 삶은 더 뒤집어지고 열심히 교회에 충성, 봉사, 헌신하면 가정불화와 남편의 사업은 더욱 힘들어지니 무엇이 잘못되었는지 궁금해서 목사, 전도사, 기도원 원장에게 물어보면 기도가 부족해서이고, 연단이고, 사명자라서 쓰시려는 과정이라는 말만 되풀이하였습니다. 기독교인들은 절대로 이들이 하는 말을 믿지 마세요. 모두가 거짓말이었음을 제가 직접 체험했습니다.

성경의 모순, 종교 지도자들의 부도덕한 모습, 예배시간에 설교를 통해 죄인이라고 숨도 못 쉬게 조여 오고, 교회 가는 것을 방해하면 남편, 자식, 부모, 형제까지 사탄 마귀이니 대적하고 이겨야 한다고 가르쳐 저와 주변 종교인들의 가정을 보면 하루도 편할 날이 없었습니다.

사는 것이 너무 아프고 힘들어서 살고 싶어서 찾아간 종교(교회)가 오히려 인간의 생각과 마음을 창살 없는 감옥에 가두어 놓고 종교 교리로 세뇌시켜 놓습니다. 한순간이라도 벗어나려 하면 '큰 일 난다. 벌받는다' 하며 감정도 생각도 없는 세뇌된 로봇이 되어가는 기분이었습니다.

마음과 생각에서 끝도 없이 재촉하는 소리 '내가 왔던 곳으로 돌아가야 한다'는 메시지를 느끼며 조상님들은 어디에 계시나? 너무도 궁금하였습니다. 교회에서는 조상님들을 사탄 마귀라 하고, 예수를 믿어야만 구원받는다 합니다. 기독교가 우리나라에 전파된 지 100년이 조금 넘는데 그 전에 살았던 수많은 조상님들은 모두가 지옥에 갔고 사탄 마귀라 하는 말에 의문이 들었고 너무도 불공평하다는 생각을 하였습니다.

저도 알고 싶어 여러 가지 책도 읽어보았지만 모든 것이 부분적인 것을 가지고 자신의 종교가 옳고 구원이라며 다른 종교를 배척한다는 것을 알게 되었습니다. 여러 종교의 책을 읽으면서 지금이 영적으로 무슨 시대인지 훤하게 알 수가 있었고 수백 년 전에 기록된 동서양의 예언서들이 때가 되어 실상으로 나타나 대한민국에 음양오행의 이치로 남자와 여자 둘이 하늘의 뜻을 내가 살고 있는 지금 이 순간에 어디선가 펼치고 있다는 것을 느낌으로 알게 되었고, 어디로 가야 진짜 하늘을 만나고 진실을 알 수 있는지 찾아 헤매었습니다.

분명 인간을 만든 신은 한 분이신데 왜? 이리도 종교가 많고 다른 종교의 좋은 점을 받아들이려 하지 않은 채 자신의 종교만 구원이라며 배척하는 모습으로 종교에 대한 회의를 느꼈습니다. 풀리지 않는 생각과 마음의 의문으로 지쳐갈 때 지하철에서 신문 보는 사람에게 자꾸 신경이 쓰이더니 노란색 표지의 『천지령』이라는 책의 제목이 눈에 확 들어왔고, 순간 마음속에서는 '이거다' 하는 마음의 소리가 느껴졌습니다.

다음 날 바로 책을 구입하였고 책을 읽으며 절로 고개가 끄덕이고 '맞다, 맞어' 하는 마음속의 소리가 들려왔습니다. 너무도 정확하고 확실하게 조상님의 사후세계, 신의 세계, 영의 세계에 대하여 의문이 풀리니 마치 사막에서 오아시스를 만난 것처럼 너무도 신이 났고 좋았습니다.

자미금궐의 인황님께서 발간한 책을 세 권 더 읽고 상담을 한 후 20년 동안 다닌 교회에서 벗어나게 되었습니다. '내가 찾던 곳이 바로 여기다'라는 마음이 있었으나 그동안 종교에 대한 모순을 알게 되면서 저의 마음엔 100% 확신이 들 때까지 4년 동안 자미금궐을 의심하였습니다. 계속해서 발간되는 책을 보고 조상님 사후세계, 신의 세계, 영의 세계에 대해 알게 되면서 어느 날 100% 믿음이 생겨 조상님 입천제를 하면서부터 저의 마음과 몸, 인간의 삶에 많은 놀라운 변화가 있었습니다.

항상 물에 젖은 솜처럼 몸은 무겁고 아픈데 병명은 없었습니다. 조상님 입천제를 올려 친가와 배우자의 직계 양가 당대부터 시조 조상님들을 천상 도솔천궁으로 입궁시켜 드리니 신기하게도 몸이 가벼워졌습니다. 사업이 어려워져 문 닫기 직전의 회사를 다시 일으켜주셨고, 이유도 원인도 모르고 겪었던 아픔들이 무엇 때문에 잘못되었는지 알려주시었습니다.

인간 스스로가 열어두었던 타락의 문을 스스로가 닫을 수 있도록 도와주시니 주변 사람을 원망하지 않고 나 자신의 잘못부터 인정하게 하시고, 마음속의 끝없는 의문들에 대한 고통이 멈추어 행복하고 사람답게 살아가게 해주셨습니다.

인류의 원죄가 무엇이고, 각자가 인간으로 태어나기 전 천상에서 하늘님께 인간으로 태어나면 지키겠다고 한 약속이 있다는 인류 최초로 귀한 진실을 하늘님께서 밝혀주셨습니다. 종교에서 외치는 144,000명만이 신인합체되어 구원받는다는데 정확한 의미와 진짜 하늘의 마음과 뜻을 알게 해주셨고, 하늘은 한 명이 아니라 밤하늘의 별처럼 수천억 명이 넘는데, 이 많은 하늘들을 다스리시는 최고 하늘님의 존호도 밝혀주셨습니다.

역천자 죄인인 주제에 감히 하늘님, 땅님, 신님에게 끝도 없이 복을 달라며 맡겨놓은 보따리 내놓으라는 식으로 고개를 쳐들었고, 지금껏 무탈하게 최고의 복을 받으며 살아갈 수 있음이 인황님, 신감님의 희생과 헌신, 최고의 사랑 덕분임을 알게 해주셨습니다.

각자의 삶을 힘들게 하는 존재가 바로 자신의 생령(선령과 악령 중에서 악령에 해당)이라는 엄청나고 놀라운 진실을 밝혀주셨습니다. 지금껏 종교세계에서 풀리지 않았던 의문들이 퍼즐이 맞춰지는 것처럼 의문이 풀려 한 눈에 종교세상이 보였고, 윤회의 고리를 끊어 다시는 지상에 축생과 인간으로 힘들게 태어나지 않아도 되는 인생 최고의 복을 받았습니다. 인생 최고의 행운아가 되어 하늘님, 땅님, 신님들의 보호를 받으며 인황님, 신감님 덕분에 무탈하게 살아가고 있습니다.

하늘의 백성 김○라/○○천인/도인

대순진리에서 빠져나오지 못했다면

우연한 인연인 것 같은 필연적인 하늘의 인연, 고마운 한 해였습니다. 자미국 지상 자미천궁의 인황님을 만나기 전 그동안의 모든 사업 부진과 마음고생이 심하던 차에 우연히 신문에 난 책 광고 문구를 보고 롯데서점에서 구입하여 읽으면서 내 자신은 갈등이 일며 세상에 이런 일이 있을 수 있나? 하고 잠시 생각이 혼란에 빠져 고민과 고전도 많이 하였습니다.

저는 대순진리에 입도한 지 20여 년의 세월 동안, 매월 성금과 특성(특별성금) 때 되면 임원에게 인사명목으로, 조상님 해원의 명분으로 정성, 치성 드리면서 모든 일이 잘되기 위해했건만 현실은 그리 잘되질 않았습니다.

또한 이 세상에서 대순 같이 정성 잘 드리고 신명대접 잘하는 곳이 없으며 그로 인하여 신명들은 그 은혜를 갚기 위해 각기 소원을 따라 받들어 대접한다고 말했습니다. 그러나 가정사와 사업 등은 고생고생의 연속일 뿐, 위의 임원과 선각자들은 이런 우리에게 하는 말은 "대순의 도인들은 고통 없이는 도통 없으니 고통의 구실로 천하사만 생각하라"고만 외치고 있습니다.

대순도인들은 그들의 말에 아무 거리낌 없이 도통받기 위해나 죽는 줄도 모르고 포덕과 도통을 위해 천하사만을 위해서 고통도 감수하고 있습니다. 물론 나도 그리 행했던 장본인이기는 하지만요. 또한 그들은 구름이 중간 하늘에 있듯이 천지신명들이 오고 가는 것을 세상 사람들은 잘 모르고 있다고 했습니다.

사람은 마땅히 신, 도에 따라 신명을 공경하면서 신, 도가 대발하는 천지개벽의 운을 당할 때 조상님과 천지신명을 능멸하고서는 어찌 살기를 바랄 수 있는가. 저는 그간 대순진리회에서 도통을 받기 위해 조상님 받들며 정성들이기 위해 있는 돈, 없는 돈 들여가며 도통받기 위해 1년 내내 태을주 주문기도 공부 열심히 했지만 생활은 힘만 들고, 도 공부는 밑 빠진 독에 물 붓는 꼴로 도통은 힘들었습니다.

자미국 지상 자미천궁의 책을 읽으면서 처음에 대순과 너무도 다른 것에 대하여 혼란스러웠지만 다 읽고 난 다음에 나는 마음의 결정을 했습니다. "자미국 지상 자미천궁으로 향하기로."

조상님 입천제를 올리는 날

저는 몸과 정신 모두가 너무도 긴 세월의 고통 속에 지칠 대로 지쳐 있는 상태였습니다. 입천제 이후 저는 예전과 다른 당당한 모습으로 변하여 일에 종사하고 있습니다. 지난날들을 뒤돌아보면 인황님을 알지 못했더라면 끔찍한 세월을 아직도 대순에서 도통에 염원하고 있었을 것입니다.

결단을 내리고 대순을 떠나 자미국 지상 자미천궁으로 오게 되면 대순도인들의 말처럼 저에게 무슨 나쁜 일이라도 생기는 것은 아닌지 처음에는 무척 겁도 났습니다. 상제님에게 벌받을까 하는 두려움! 그 두려움은 잠시의 기우였을 뿐 지금은 가족 모두 너무 행복합니다.

누구나 이 세상에 태어날 때는 두 주먹 불끈 쥐고, 조상님 구원 목적으로 응애응애 하며 이 세상에 육신의 부모님 만나 태어나서, 조상님 구원 못 하면서도 이승에서 즐겁든, 고통 속에서 살든, 이승을 떠날 때 분명한 것은 두 주먹 불끈 쥐고 가는데 그 의미는 무엇일까요?

저는 자미국의 인황님을 통해 알았습니다. "조상님 구원의 뜻을 이루지 못했음에 다시 올 것을 기약하며 말없이 간다."는 것이었습니다. 죽은 조상님영가는 어디로 갈까요? 되돌아 가신다구요? 돌아가셨다고요? 어느 하늘 아래로?

벌어놓은 재산을 많이 가져가는 것도 아닌데 돈 앞에 허구헌 날, 돈에 고통과 목숨 내놓고 싸움, 싸움 속에 세상은 걷잡을 수 없이 미지의 세계로 들어가건만 모든 이들은 이 세상에 왜 태어나는지도 모르고 영혼의 부모님도 모르고 한 세월 살다가는 죽어서도 하늘이 어디에 있어? 하며 부정합니다.

오늘도 조상님영가들은 저승에서 피눈물 흘리며 이제나 저제나 후손이 입천제 올려주기만을 눈물, 콧물 흘리며 각 성씨 조상님들이 애타게 기다린다는 것을 아는지 모르는지! 모두들 사후세계가 어디 있어? 하며 부정하지 마세요!

저는 자미국 지상 자미천궁에서 영혼의 부모님이신 태상천존 자미천황님의 말씀을 천기회에 참석하면서 또한 천상 자미천궁에 계신 영혼의 부모님 말씀을 알현하면서 온몸으로 천기

기운으로 느낍니다.

제가 지금 대순진리에서 빠져나오지 못했다면 생각만 해도 끔찍합니다. 지금 이 시간에도 나와 같이했던 도인들은 도통을 받기 위해 도통주실 분을 기다리고 있겠지만, 박한경 도전과 상제님을 365일 정성과 태을주 기도공부에 전념하느라 오늘도 금전적인 고통과 먹고 입지 못하며 허덕이면서 오로지 도통을 위해 시간을 보내고 있을 것을 생각하니 마음이 아픕니다.

도통받는 날까지는 도인들은 돈이 없으면 도통 줄이 끊어지고, 도통 못 받는다고 믿고 있습니다. 자미국 지상 자미천궁에서는 단 한 번의 조상입천제와 천인합체를 행하여 천인으로 탄생할 수 있다는데, 이 뜻을 아직도 모르는지 아니면 알고 있으면서도 인정하기 싫어 그러고 있는 것인지 알 수 없습니다.

저는 자미국의 인황님을 알게 되어 태상천존 자미천황님의 위대하시고 전지전능하신 능력을 알고 있습니다. 오늘도 늘 감사의 글을 올리게 됨을 영광스럽게 생각합니다. 영혼의 부모님도 계시고, 육신의 부모님도 계시다는 것을 알고 새삼 인생에서의 값지고 뜻있는 한 인간으로 하늘 백성이 되어 새로운 인생 생활이 하루하루가 즐겁고 자랑스럽습니다.

이제는 마음이 후련하고, 매사 하는 일들 모두가 잘되어 가고 있습니다. 대우주 천지인 창조주이시고 존귀하신 영혼의 부모님 태상천존 자미천황님을 알게 해 주신 자미천황님의 명 대행자님이신 인황님, 명 수행자님이신 신감님께 천 번, 만 번 마음 가슴속 깊이 감사드립니다.

절을 다니게 된 이후로 부부 불화만 더 생겨

자미국 인황님을 알게 되어 큰 행운이라 생각하며 감사인사 올립니다. 1년 전의 일들을 지나고 생각해 보니 저를 구원해 주시고자 저에게 큰 기회를 주시고자 하신 하늘의 큰 사랑이셨음을 미처 몰랐습니다.

지난 1년을 돌아보면서 인황님을 알게 되기까지 사연입니다. 밤에 집에서 천장에 있는 벌레 잡다 의자가 뒤집어져서 떨어졌습니다. 손목이 부러져 수술하고 병원생활하며 몇 달이 지났습니다. 남편 혼자서 가게 운영하며 매일 밤마다 얼굴 보고 가는 고마운 남편 다정한 남편이었습니다.

제가 다치기 전부터도 가게 운영이 내리막이었지만 병원생활할 무렵부터 더 많이 힘들어졌습니다. 결혼할 때부터 가게(공구철물납품)를 운영했는데 잘되다가도 타인에 의해서 실패하는 일이 반복되었습니다. 인덕이라고는 눈 씻고 찾아보려 해도 찾아볼 수 없이 해를 끼치는 사람들만 주위에 잔뜩 있었습니다.

끝없이 믿고 베풀면 베푸는 사람들마다 돈 떼어먹고, 기만하고, 배신하고, 상처주고 아는 사람 고향사람이 더 고통을 주더군요. 10년 전에 떼인 돈만 6억 정도 떼였습니다. 벌어서 남 좋은 일만 시켰지요.

우리한테 피해준 고향친구란 사람은 좋은 곳에 살며 호의호식하는데 피해당한 저희는 허름한 집에 살며 커가는 아이들 우유도 못 사주며 쌀 한 되, 두 되 사먹는 형편으로 살았습니다. 이때 시절이 큰딸 초등학교 입학할 무렵입니다. 지금은 고등학생, 중학생으로 컸습니다.

남편이 가난한 집 막내아들이다 보니 애초에 가진 게 하나도 없는 사람인지라, 다시 재기하기도 힘들고 밑바닥 생활을 했습니다. 실패한 후의 생활은 정말 참혹한 현실 자체였습니다. 그런 생활을 5년 정도 하니 남편이 우울증으로 폐인처럼 변해가더군요. 죽을 것 같아 남편 살리려고 언니한테 오빠한테 도움을 요청해 우여곡절 끝에 도움받아 다시 원래 직업인 공구장사를 시작하게 되었습니다.

3년은 아주 장사가 잘되고 좋았습니다. 이대로라면 곧 빚 갚고 금방 일어서겠다는 희망도 있었습니다. 남편은 일요일도 안 쉬고 정말 최선을 다해 열심히 일했습니다. 그런데 일어서기도 전에 시련은 또 찾아왔습니다. 경기가 계속 나빠지고 건설경기가 안 좋아지니 자본 없는 저희는 점점 내리막이었습니다.

가진 재산이 없다 보니 은행대출은 안 되고 사금융과 신용카드로 돌려막기하며 근근이 운영해 나갔습니다. 그러다 그것도 힘들어져 급한 마음에 아는 친구를 통해 일수대출을 쓰게 되었습니다. 공구장사가 워낙 밑천이 많이 들어가는 장사다 보니 구색 맞춘다고 계속 투자만 하는 상황에 이자에 이자가 불어 카드이자, 사금융이자, 사채이자 안 봐도 불 보듯 뻔한, 실패의 지름길을 가고 있었습니다.

그런 와중에 제가 팔을 다치게 되어 점점 진퇴양난에 빠져들었습니다. 퇴원하고 물리치료 다니던 중, 아는 지인이 병 잘 고친다는 절을 소개해서 절에 가서 치료를 받게 되었습니다. 그 무렵 경제적인 고통 때문에 시달리고 있던 터라 울면서 관세음보살을 외치며 매일 찾아가 기도했습니다.

제가 태어나서 처음으로 진정한 마음으로 기도하며 매달리긴 처음이었습니다. 저는 원래부터 절을 열심히 다니는 신도가 아니었습니다. 오로지 이 고난에서 벗어나고자 식구들과 다시 행복해지고자 간절히 매달리며 기도했습니다.

그땐 자미천황님의 존재를 전혀 모르는 시절이라 그게 최선이라 생각했습니다. 부처님께 매달리면 되는 줄 알고 관세음보살, 지장보살을 열심히 외치며 기도했습니다. 살려달라고, 돈의 고통에서 돈의 노예에서 벗어나게 해달라고 했습니다.

이제 와서 생각하니 그 죄가 자미천황님께 얼마나 큰 죄였는지를 알게 되었습니다. 절을 다니게 된 이후로 부부 불화만 더 생기게 되었고 점점 더 어려워져만 갔습니다. 그러던 와중에 우연찮게 신문을 보게 되면서 자미국 지상 자미천궁을 알게 되었습니다. 눈에 확 들어오는 신문 한 바닥(전면광고)이 가슴에 확 와 닿았습니다. 절에 다니면서도 늘 마음은 허전하고, 늘 외로우며 빈 가슴, 빈 마음으로 살았습니다.

마음이 항상 휑하니 뭔가를 잃어버린 듯한, 길을 잃고 헤매는 듯한 그런 마음이었습니다. 신문을 읽고 바로 전화해서 책 구입을 해서 읽게 되었습니다. 책 구독 후 자미국 지상 자미천궁을 방문하게 되었는데, 내 생에 혼자 처음 와보는 서울이라 긴장감과 두려움의 마음이 들었지만 그래도 생각보다 잘 찾아오게 되었습니다.

그때는 누군지도 모르고 여자 분이 차를 타주기에 마시고, 여자 분이 뭐가 궁금하냐고 나에게 물었고 별말씀을 안 했는데 나는 갑자기 그동안 참았던 서러움이 복받쳐오름을 참지 못하고 무척 서럽게 많이도 울었습니다.

그때는 잘 몰랐지만 지금에 와서 생각해 보니 나의 마음을 다 아시는 듯한, 느낌에 대한 어떠한 마음에서 밀려오는 서러움인 듯합니다. 이제 알고 보니 그분이 신감님이시더군요. 먼 길 힘들게 갔기에 이것저것 물어보고 많이 듣고 와야 했는데 우느라 궁금한 걸 다 물어보지도 못하고 울다만 온 것 같아 많이 아쉬웠습니다.

인황님과의 상담 때도 울다가만 왔습니다. 조상님 입천제를 올려야 하는 이유와 살아오면서 온갖 시련과 고통들이 조상님 때문이며, 자미천황님의 존재를 모르고 지은 죄 때문이란 걸 알게 됐습니다. 모든 상담이 끝나고 울다가 돌아오는 기차 안에서 제 마음은 갈 때보다 더 무거웠습니다.

당장이라도 형편이 된다면 조상님 입천제를 올려드리고 싶은데 그러지 못함에 마음은 천근만근 어깨에 짐 하나 더 올려놓은 심정이었습니다. 집에 와서 남편과 상의하니 남편도 답답해했습니다. 그 무렵 남편은 매일 괴로워 술에 의지하고 혼자서 힘들어하며 고통을 겪고 있었습니다.

대화를 통해 알고 보니, 자신을 희생해서라도 가족을 살리고 이 고통에서 벗어나게 하려고, 엄청나게 무섭고 위험한 생각을 하고 있었다는 것을 인황님, 신감님 상담 이후에 남편의 말을 통하여 알게 되었습니다.

자신 몸 하나라도 다치게 하거나, 술 먹고 운전하거나 안 좋은 생각하지 말라고 엄포와 협박, 희망어린 용기의 말로 겨우 남편을 달래고 진정시켰습니다. 자미천황님의 보호로 다행히 안 좋은 상황은 막을 수 있게 되었습니다. 지금도 그때 생각하면 아찔합니다.

상담 이후 조상입천제 행사 비용(조공)이 없어 우선 예비백성 가입을 했었는데 만약에 책을 본 뒤에도 인정을 안 하고 방문을 안 하여, 예비백성 가입을 안 했더라면 사랑하는 남편과 가족을 지키지 못하고 더 불행한 삶이 되었을 것을 생각하니 아찔하고 감사할 따름입니다.

예비백성이 된 지 6개월. 그동안 기도 올리면서 수없이 울며 마음의 위안을 얻고, 마음의 안정을 찾고, 늘 헤매고 휑하던 잃어버린 길을 찾아 얼마나 다행인지 모릅니다. 조상님과 제 영혼을 달래주고, 조상님과 제 영혼을 인도해 주실 자미천황님을 알게 되어 얼마나 큰 영광이며 행운인지 모릅니다.

언니 오빠 형제들이 있지만 늘 외롭고 허전했습니다. 지금은 든든한 자미천황님께서 계시니 외롭지 않고, 제 영혼의 안식처를 찾았으니 올 한 해는 고통스러운 한 해였지만 반면 행복한 한 해도 되었습니다. 아직도 자미천황님의 존재를 모르고 살아간다면 제 인생 어찌될 것이며 수없이 저지른 그 죄들을 죄인지도 모르고, 한 세상을 겁 없이 허무하게 살았을 것이며 구원받지 못한 채 참담한 생을 마감하게 되었겠지요.

생각만 해도 끔직합니다

아~ 우! 무섭습니다. 이런 가엾은 자손 살려주시려고 팔 다치게 하시고, 제 영혼 일깨워주셔서 감사합니다. 인황님과 인연 맺어주시려고 팔을 다치게 하시고 제 삶을 그렇게도 힘들게 하셨나 봅니다. 예비백성 허락해 주셔서 감사드립니다.

제 남편 무보험 차량으로 아무 사고 없이 잘 운행할 수 있도록 지켜주셔서 감사합니다. 얽히고설킨 금전의 고통 더 나빠지지 않게 살펴주셔서 감사드립니다. 한참 크는 아이들 마음껏 먹이지는 못하지만 아프지 않게 지켜주셔서 감사드립니다.

서러움에 눈물이 멈추지 않았는데 덤덤한 마음으로 눈물 멈추게 해주셔서 감사드립니다. "인황님께 눈물 좀 멈추게 해달라"라고 부탁드린 뒤에 마음이 덤덤해졌어요. 감사드립니다. 올 한 해 자미국 인황님을 알게 해주시고, 제 영혼의 안식처 찾게 해주시어 저와 제 가족을 지켜주신 태상천존 자미천황님, 천상감찰신명님, 천상천감님, 천상도감님, 인황님, 신감님 정말, 정말 감사드립니다…^^*

정말, 정말 무한 감사드립니다.^^*

한 가지 꼭 해야 될 소원이 있습니다. 조상님 입천제 올릴 수 있도록 윤허해 주시옵소서. 소원을 빌라 한다면 당연히 조상님 입천제 올리는 게 나의 가장 큰 소원입니다. 입천제 못 올리고 있는 이 자손은 죄인입니다.

그동안 자미천황님의 존재를 몰랐기에 많은 죄를 지었습니다.
어리석게 살아온 죄, 자미천황님의 존재를 모르고 산 죄, 자미황님의 명을 행하지 못하는 죄, 절에 가서 진심으로 기도한 죄, 살아오면서 알게 모르게 지은 모든 죄 용서해 주십시오.

추위에 떨고 배고픔에 떨고 있을 저희 조상님 불쌍히 여기시어 용서해 주십시오. 조상입천제 조공을 구하지 못해 가슴 아파하는 이 자손 가엾이 여기시어 용서해 주시고 길을 열어 주십시오. 하루라도 빨리 입천제 올려 조상님들 천상궁전 자미천궁에 모셔드리고 싶습니다.

자식 된 도리를 꼭 하고 싶습니다. 저에게 도리를 할 수 있도록 기회를 주십시오. 저 나름대로 입천제 금액 구해 보려고 오만 궁리를 다해 봅니다. 가진 거라곤 전세 자금 3천만 원이 전부인데 오죽 답답한 심정에 달세로 이사해서 입천제 올리자고 남편한테 얘기했더니 애들 다 커서 한 방에 재울 수도 없고, 돈이 워낙 적은 돈이라 적당한 집도 없고, 많은 달세를 어찌 내겠냐고 힘들지 않겠느냐고 합니다.

남편도 조상입천제는 올려드리고 싶지만 방법이 없지 않느냐고 합니다. 궁리만 하고 고민만 하며 하늘만 쳐다보다 맙니다. 고민만 할 뿐 쉽게 결정을 내리지 못합니다. 저 혼자의 몸이라면 원룸이라도 가서 살고 할 수 있지만 애들 때문에 그게 그리 쉬운 게 아니라 고민만 할 뿐 쉽게 결정을 내리지 못하고 있습니다.

존귀하신 태상천존 자미천황님!

없는 자손에게도 기회를 주시고 사랑을 주시옵소서. 애타게 간절하게 소원을 빕니다. 저의 조상님 지은 죄 용서해 주시고 천상궁전 자미천궁에 입궁할 수 있도록 윤허해 주세요. 이 못난 자손 아픈 마음 헤아려주시고, 가엾이 여기시어 조상님 입천제 윤허하여 주시옵소서.

새로운 한 해 조상님들도 저도 행복한 한 해가 되도록 간절히 빕니다. 저의 가게 기계수리 많이 들어오게 해주시고, 공사 많이 들어오게 해주시어 금전의 고통에서 벗어나게 도와주시옵소서. 지금은 공구판매 하지 않고 기계 수리와 철골절단 작업하는 공사를 가끔 합니다.

이런 공사 많이 하게 도와주시고 모든 고통에서 벗어나게 도와주세요. 한 해를 마무리하면서 이제라도 자미천황님의 존재를 알게 됨을 행운이라 생각하며 슬프고, 괴롭고, 힘들고, 고통스러운 한 해였지만 1년이 1,000년 같은 한 해였지만 자미천황님을 뵙게 되어 영광이며 자미국 인황님을 알게 되어 영광입니다.

예비백성 가입 제도 활용

책을 읽고 100% 공감하여 조상입천제를 하고 싶으나 금전이 바로 융통이 안 되어 난감한 사람들이 참으로 많다. 이런 사람들에게 연회비를 받고 1년 단위의 예비백성으로 가입할 수 있는 자격을 부여한다.

일단 예비백성이 되면 자미국 지상 자미천궁과 인연의 고리를 맺는 것이기 때문에 도솔천황님, 천지신명님, 나라조상님들이 내려주시는 신비로운 좋은 기운을 받아 조상입천제에 필요한 조공(祖貢)이 아주 수월하게 구해지는 경우가 많다. 전혀 생각지도 않았던 곳에서 돈이 생기고, 대출 한도가 넘어서 안 된다던 대출이 이루어지는 경우가 상당히 많았다.

조상입천제를 행하면 정식으로 하늘의 백성 신분이 부여되어 영구적으로 다닐 수 있고, 1년에 3~4회 천기회 또는 타인의 조상입천제, 천인합체, 생령입천에 참관할 수 있는 기회가 주어지므로 친견할 때 가입 의사를 밝히면 된다.

가입 시 필요사항은 본관, 성명, 생년월일(음력), 주소, 핸드폰 연락처가 있으면 되고, 연회비를 송금하면 된다. 특단 예비백성, 상단 예비백성, 중단 예비백성, 하단 예비백성 중에서 하나를 선택하여 가입할 수 있다.

제2부

천상으로 가는 길 천인합체

천인합체란 무엇인가?

천인(天人)은 글자 그대로 하늘과 사람이다.

이곳에서는 천상 자미천궁의 주인이시며 우리 영혼 모두와 대우주를 천지창조하신 천지부모 태상천존 자미천황님의 명 받은 사람들을 천인(天人)이라 한다.

여러분의 몸 안에는 선과 악, 즉 선령과 악령 중에서 선의 역할을 하고 있는 선령이 하늘의 명 받는 것이 천인합체이고, 악령이 하늘의 명 받아 천상 자미천궁으로 오르는 것을 생령입천이라 하는데, 독자 여러분이 종교세계를 통해서도 전혀 들어보지 못했고, 알지 못했던 신비한 내용들이 3부에서 적나라하게 밝혀진다.

악의 역할을 하고 있는 악령인 생령을 천인합체 이후에 하루 빨리 구원해서 천상으로 보내주어야 하는 또 다른 엄청난 이유가 있었다. 악령(생령)들은 악의 역할을 아주 열심히 해야 하늘로부터 구원받는다. 악령(생령)들도 구원받는다는 말은 난생처음 들어볼 것이다.

하늘의 말씀에 의하면 인간을 창조하실 때 인간의 몸과 마음으로 선과 악을 동시에 내려 보내주시었다고 하시며, 각자에게 다른 역할을 맡기셨다고 하신다. 선은 착한 역할을 하고, 악은 나쁜 역할을 하라고 명을 내려 보내셨다는 것이다. 인간의 입장에서나 선령과 악령으로 구분하지 하늘의 입장에서는 누가 더 착하고 나쁘다 편을 가르시지 않으신다고 하시었다. 묵묵히 각자에게 주어진 사명을 충실히 수행하고 있을 뿐이라 하시니 자세한 내용은 제 3부 생령입천 사례를 참조하면 된다.

하늘이신 자미천황님의 명을 받아 천인으로 재탄생하면 인명부가 천상장부에 오르기 때문에 저승명부에는 오르지 않아서 없으므로 여러분이 육신의 생명을 다하고 죽더라도 저승세계에서 저승사자가 데리러 오는 일은 없다. 여러분이 죽으면 천상 자미천궁에서 신명님이신 천상감찰신명님, 하나님이신 천상천감님, 미륵님이신 천상도감님 중에서 어느 한 분이 데리러 오신다.

그러므로 지옥세계 명부전에 잡혀가서 염라대왕 앞에 불려나가 심판받는 절차가 생략되고 즉시 천상 자미천궁으로 오르는 특혜를 누린다. 인명부가 저승명부에 없고 천상명부에 있으므로 10대 왕들이 죄를 심판할 수 없다. 천인합체 명 받을 때 이미 하늘이 여러분의 전생과 현생에 지은 죄를 심판하시였으므로 일사부재리 원칙에 의거하여 두 번씩 심판받는 일이 없어지는 것이다.

저승세계 명부전에 끌려가면 전생에 지은 죄, 살아생전에 지은 죄에 대해서 무서운 형벌을 실제로 받는다. 육신이 없어서 하나도 고통스럽지 않을 것으로 사람들 대다수가 생각할 텐데 천만의 말씀이다. 육신이 살아서 받는 고통스러운 형벌과 조금도 다르지 않는 참혹한 형벌을 끝도 없이 받게 된다.

과연 죽으면 지옥세계 명부전에서 어떤 형벌을 받을지 독자 여러분은 생각해 본 적이 있는가? 과거 고려시대나 조선시대에 형리들이 죄인들을 국문할 때처럼 차마 두 눈 뜨고 바라볼 수 없는 온갖 방법의 참혹한 형벌들이 모두 동원되기에 전생과 현생에서 지은 죄를 인정하며 빌지 않을 수 없다.

지옥세계 명부전에서는 전생과 현생에서 알고도 지은 죄, 모르고도 지은 죄, 손과 발로 지은 죄, 말로 지은 죄, 마음으로 지은 죄, 생각으로 지은 죄, 입으로 지은 죄, 근본도리를 지키지 않은 죄, 하늘이 내리시는 명을 거역한 죄, 하늘과 약속을 위반한 죄, 하늘을 원망한 죄, 하늘을 무심하다 누명 씌운 죄, 하늘을 부정한 죄, 하늘을 무시한 죄, 하늘을 찾지 않은 죄, 하늘을 욕한 죄, 신을 부정한 죄, 신을 무시한 죄, 신을 찾지 않은 죄, 신을 욕한 죄, 천상법도를 어긴 죄, 하늘에 항명한 죄, 하늘에 역천한 죄, 조상을 사탄 마귀라고 박대한 죄, 슬피 울고 있는 조상을 무시하고 입천제로 구원하지 않은 죄, 영혼을 천인합체로 구원하지 않은 죄, 신을 신인합체로 구원하지 않은 죄, 가족을 구원하지 않은 죄 등등 우리 인간들이 상상조차 못했던 죄목들을 낱낱이 실시간 동영상처럼 세세하게 보여주기에 빼도 박도 못한다.

인간세상 법도에는 죄로 인정되지 않지만 천상세계, 사후세계, 신명세계, 영혼세계 법도에 위배되는 죄목들이 참으로 많다. 인간세계 법도에는 말과 글, 행동으로 지은 죄에 대해서만 죄를 묻지만 영적 세계에서는 전혀 다르기에 여러분은 죽기 전에 조상입천제와 천인합체를 필수적으로 행하여 수많은 조상님들이 전생과 현생에 지은 죄와 자신들이 전생과 현생에서 지은 죄를 살아생전에 하늘께 죄를 용서 빌어 사면받아야 인명부가 저승세계에 있지 않고 천상 자미천궁의 천상명부에 오른다.

이런 엄청난 하늘세계, 사후세계 진실을 알려주어도 믿지 않을 자들도 있을 것이고, 행여나 정말 그러겠어 하며 부정하는 자들도 있을 테지만, 살고 싶은 자들과 자손들에게 자신과 조상님들이 지은 죄를 대물림받게 하지 않으려거든 무조건 살아생전에 조상입천제와 천인합체를 행하여 하루빨리 하늘께 죄를 진정으로 용서 빌어야 한다.

죄를 빌지 않으면 돈의 1인자 이건희, 이재용과 권력의 1인자 박근혜, 최순실처럼 크게 성공하고 출세하였어도 하루아침에 무너져서 비참하고 불행한 인생살이로 몰락한다. 죄를 빌어야 하는 이유는 여러분의 성공과 출세를 지키고 자손들과 후손들에게 죄가 대물림되는 것을 막아서 갑작스런 인생 몰락을 사전에 예방하기 위함이다. 여러분의 소중한 가족과 건강, 재산, 권력, 명예를 지키기 위해서는 반드시 빌어야 한다.

절에 들어가서 참회하고, 교회에서 회개하고, 성당에서 고해성사하는 것은 오히려 하늘을 능멸하고 약 올리는 무서운 죄를 짓는 일이다. 하늘이 허락하시지 않은 종교 안에서 죄를 비는 것은 죄가 더 커지고 쌓이는 지름길이다.

지금까지 이 땅에 태어났다가 죽은 자들이나 산 자들 중에서 종교적 숭배자들과 종교 교주들이 하늘께 가장 큰 죄인들이기에 이들의 사상과 교리를 믿고 따르면 이들이 하늘에 지은 죄를 나누어 짊어지게 된다는 무서운 진실을 명심해야 한다. 멋

모르고 종교를 믿고 있는 것이지 천상법도를 알면 억만금의 돈을 준다고 하여도 절대로 종교를 다니지 않을 것이다.

죄에 대한 사면권자는 용서의 하늘이신 태상천존 자미천황님 한 분뿐이신데, 여러분이 종교 안에 들어가서 죄를 비는 것은 하늘 아래 가장 큰 죄인(하늘이 허락하시지 않은 종교를 세워 하늘이 보낸 인류를 훔쳐간 대역 죄인들이라고 분노하심)들인 석가, 예수, 성모, 상제, 공자, 노자, 마호메트를 용서의 하늘이신 자미천황님과 동급의 심판자, 죄 사면권자로 예우하는 대역 죄를 범하는 일이기에 죄가 된다는 사실을 명심해야 한다.

종교에 들어가서 마음이라도 편하고 가벼워지려고 죄를 빌 것인데, 천상장부에 실시간으로 한 치의 오차도 없이 기록되어 각자들이 지은 이실직고한 죄의 대가를 그대로 받게 된다고 말씀하시었다. 이 땅에 다녀간 수억만 조에 이르는 인류와 살아있는 75억 인간들 중에서 가장 큰 죄인들이 종교에서 숭배하며 받들고 있는 석가, 예수, 성모, 상제, 공자, 노자, 마호메트이다.

자칭 성인성자로 세상에 이름을 남긴 이들의 사상과 교리를 믿고 받들며 따르는 것은 하늘을 능멸하는 무서운 죄를 짓는 일이다. 하늘과 멀어지고, 여러분 인생이 뒤집어져서 끊임없는 아픔과 슬픔, 고통과 불행이 이어지는 무서운 길이다.

여러분 인간 육신들과 조상들, 영혼들, 신들이 지은 죄는 책을 읽고 오직 자미국 지상 자미천궁에 들어와서 인황과 함께 용서의 하늘이신 죄 사면권자 태상천존 자미천황님께 천상감찰신명님을 통해서 용서 빌어야만 사면받을 수 있고, 그 이외

방법은 이 땅 위에 존재하지 않는다는 진실을 전한다.

종교 안에서 여러분이 죄를 빌면 빌수록 여러분의 죄는 더 늘어나서 무거워지며 천상장부에 실시간으로 기록되어 죄의 대가를 그대로 받게 된다고 말씀하시었다. 그래서 죄를 비는 것도 신명님이신 천상감찰신명님을 통해서만 용서 빌어야 하는데 독자 여러분은 이런 진실을 처음으로 들어볼 것이다.

왜 천인(天人)이 되어야 하는가?

자미천황님의 명 받아 천인으로 재탄생하였으니 다음 세상은 더 이상 인간세계, 축생계로 떨어지지 않고, 선남선녀가 되어 무릉도원 속의 신선선녀처럼 천상 자미천궁에서 근심 걱정 없이 영생을 누리며 유유자적하는 삶을 살아가게 된다.

천인합체 명 받을 때 전생과 현생에서 지은 죄를 하늘께 미리 심판 받았기 때문에 육신이 어느 날 갑자기 죽어도 저승사자가 지옥세계 명부전으로 잡아가지 못한다. 여러분의 인명부가 천인합체를 행하여 하늘의 명 받아 천인으로 재탄생하는 순간 저승명부에 있던 인명부가 삭제된다.

그리고 새롭게 천상 자미천궁의 천상장부로 이관되어 보존되기 때문에 명부전의 10대 왕들은 천인(天人)들에 대해서는 절대로 심판할 수 없게 황명(皇命)이 내려져 있다. 저승사자가 실수하여 지옥세계 명부전으로 잡아갔다 할지라도 즉시 천상 자미천궁으로 돌려보내야 한다.

천인(天人)이 되면 육신이 살아서나 죽어서나 자미천황님의 고귀한 천기를 받으며 살아간다. 자미천황님의 천인이 되어야 현생에서는 물론 사후세상에서도 끝없는 보살핌을 받아 악령들로 인하여 일어나는 아픔과 슬픔, 실패와 우환, 고통과 불행에서 벗어나 기쁨과 행복 누리는 영생의 삶을 살 수 있다.

인간의 힘으로 어쩌지 못해서 불가능처럼 여겨졌던 일들을 현실로 이루어지게 해주신다. 자미천황님의 천인으로 탄생하려면 천인합체행사를 행하여야 한다. 즉 자미천황님의 명받는 천상행사가 천인합체이다. 인류 최초로 하늘이신 자미천황님의 천인들로 새롭게 탄생하는 경사스런 최고의 신성한 행사이다.

천인은 살아있는 육신의 몸이 있어야만 가능하고, 이미 육신이 죽은 자는 절대 천인으로 하늘의 명을 받을 수 없다는 천상법도가 있다. 천인합체 윤허 여부는 조상입천제 행하는 도중에 천인합체의 황명(자미천황님의 명)이 있는지 없는지 천상에서 하강 강림하신 천상감찰신명님, 천상천감님, 천상도감님 중에서 어느 한 분이 인황, 신감을 통해서 가르쳐주신다.

하늘의 윤허가 있는 사람들만 특별히 천인합체 명 받을 수 있고, 하늘의 명이 없는 자들은 절대로 천인합체를 행할 수 없다. 조상입천제를 행한 자들에게만 천인합체에 대한 윤허 여부를 하늘께서 내려주신다.

하늘의 명이 없는 대상자들은 마음이 너무 더러운 자, 조상을 사탄 마귀라고 박대하고 무시한 자, 신과 영혼세계를 부정하며 무시한 자, 욕심 채우기 위한 도구로 쓰려는 자, 이기심이 극에 달한 사악한 자, 조건부로 천인합체를 하려는 자, 하늘로부터 영원히 버림받은 자, 하늘에 지은 죄가 너무 커서 죄를 빌어도 용서가 안 되는 자, 선천적 소아마비, 심장병, 백혈병, 뇌성마비, 청각, 시각, 언어 장애자로 태어난 자, 가족들 중에 이런 장애자가 있는 자들은 하늘의 명이 없다고 하시었다.

1품계~12품계별
특단 천인합체
상단 천인합체
중단 천인합체
하단 천인합체

천인합체 종류는 1품계부터 12품계까지 있고, 각 품계마다 특단, 상단, 중단, 하단의 4가지로 총 48등급이 있다. 통상적으로는 1품계 중에서 선택하지만 각자의 경제적 여유가 있는 사람들을 위해서 고차원적 등급으로 세분화하였다.

천인합체 명이 있으면 각자들이 48가지 등급 중에서 하나를 선택하여 행할 수 있는데, 어떤 등급으로 천인합체를 행하던 기회는 처음이자 마지막으로 단 한 번뿐이기에 어떤 등급으로 행할 것인지 선택에 신중을 기하여야 한다.

그리고 여러분이 이 세상에서 벌어놓은 돈을 천상 자미천궁으로 가져갈 수 있는 유일한 방법이다. 천인합체 행사비용으로 올리는 천공(天貢)은 천상장부 자미은행 통장에 실시간으로 입금액이 기록되고, 여러분이 육신의 생명을 다하고 천상 자미천궁으로 오르면 천공으로 올린 금전 범위 내에서 자유롭게 사용할 수 있는데 엄청 많은 도움이 될 것이다.

천상에서 무슨 돈이 필요하겠냐고 반문하겠지만 인간세계의 연장이기에 반드시 필요하고, 하늘로부터 사랑받는 기운으로도 사용할 수 있다. 하늘께 죽어서도 사랑받고 충성할 수 있는 돈(천공)을 살아서 천상 자미은행으로 송금하면 천공의 등급에 따라 천상의 높은 벼슬자리에 오를 수 있는 유일한 방법이기에 죽기 살기로 최대한 많은 천공을 올려서 천인합체를 행하는 것이 영생을 누리는 데 큰 도움을 줄 것이다.

하늘은 여러분의 마음을 평가하실 때 천공의 액수에 따라서 평가하신다는 말은 처음 들어볼 것이지만 현실이다. 여러분이 이 세상에 올 때 돈 많이 벌어서 천공을 많이 올리겠다고 하늘과 약속하고 내려왔다.

현재 여러분이 가지고 있는 재산의 50%를 하늘에 천공으로 올리겠다고 약속했기에 각자가 이 세상에 내려오기 전에 천상에서 약속한 금전을 하늘과 신께서 벌어주신 것이다. 하지만 전생에서의 약속을 기억하고 있는 영들이 없기에 여러분이 잊은 기억을 다시금 상기시켜 주는 것이다.

하늘에 대한 약속 이행과 충성 경쟁의 시험장이 인간세상이었던 것인데, 100년 남짓한 기간 동안 인간세상을 살면서 열심히 벌은 천공(돈)을 가져와 하늘께 올려서 평가받고, 천공 액수에 따라 천상 자미정부의 요직에 등용된다. 천상의 높은 벼슬자리를 살 수 있는 천재일우의 기회이다.

하늘의 마음을 최대한 많이 살 수 있는 전무후무한 기회를 여러분에게 주고 계신 것이다. 육신이 죽어지면 돈을 벌 수 없으므로 하늘의 마음을 살 수 있는 기회 자체가 박탈되기 때문에 육신 살아생전 100년이란 짧은 인간세상을 살아가는 동안 최대한 많은 돈을 벌어서 천공으로 많이 바쳐야 천상에서의 삶이 풍요롭다. 천공을 많이 올리면 시종과 시녀(신선선녀)를 무수히 거느리며 군림할 수 있다.

여러분이 하는 말과 마음은 변덕이 심해서 종잡을 수 없고, 하루에도 시시각각으로 열두 번도 더 변하기 때문에 여러분의 마음과 말을 끝까지 믿을 수 없다. 그래서 여러분의 피와 땀의 결정체인 돈(천공)을 올려서 천상에서 약속하고 내려온 하늘에 대한 약속 이행과 충성도를 벌어온 돈으로 평가받는 것이다.

여러분의 이름을 자손만대까지 천상과 지상에 영원히 남기려거든 가진 재산을 전액 사회에 헌납한다고 잘난 척하지 말고, 현생(여러분과 자손, 후손 대대로 성공 출세하는 행복한 삶)과 내생(여러분과 가족들 모두에게 천상 자미천궁의 삶)의 삶을 보장받는 천공으로 올려야 한다.

가끔 조상 대대로 벌은 전 재산을 대학교, 대학병원, 종교단체, 재단설립, 고아원, 양로원 등에 기부하고 떠나는 사람들이 종종 있었는데 그들은 번지수를 잘못 찾아 헌납한 것이다. 인간으로 태어나게 해주시면 하늘에 천공을 많이 바치겠다고 약속해서 만물의 영장인 인간으로 태어나게 해주었더니 엉뚱한 곳에 전 재산을 헌납해 버렸으니 안타깝고 기가 막힌 것이다.

물론 자미국 지상 자미천궁이 세상에 널리 알려지지 않아서 모르기에 그럴 수밖에 없었을 것인데 그 또한 그들에게 주어진

얄궂은 운명의 장난이라고 봐야 한다. 그들은 천상에서 이 땅으로 내려오기 전에 하늘과 약속한 굳은 맹세를 배신 때린 배신자의 신세가 되었다. 영생을 누릴 수 있는 천재일우의 기회를 스스로 박탈당하고, 천상 자미천궁으로 오르지 못하니 무섭고 험악한 사후세상을 어찌 살아갈지 참으로 안타깝고 애처롭다.

현재 돈이 많은 자든, 적은 자든 천상에서의 약속을 어기고 천공을 바치지 않으면 어느 날 갑자기 전 재산이 한순간에 물거품으로 변한다는 무서운 진실을 명심해야 한다. 사기배신으로 날리든, 투자실패로 날리든, 주식이나 선물옵션으로 날리든, 돈을 떼어서 날리든, 빚보증으로 날리든, 기업이 도산해서 날리든 속절없이 한순간에 거액이 날아가버린다.

여러분 스스로는 기업을 경영해서 아무리 열심히 일하여도 그렇게 많은 돈을 벌 수 없다. 천상에서 하늘과 약속한 금전을 하늘과 신이 벌게 해주시었기 때문에 여러분이 큰돈과 큰 재산을 갖고 있는 것이다.

돈 버는 방법이 어찌되었든 하늘과 신이 벌어주시지 않았으면 여러분은 큰돈과 큰 재산을 갖고 있지 못한다. 그러므로 돈과 재산의 실질적 주인은 하늘과 신이시기에 가진 재산의 50%를 천공으로 바쳐야 맞다. 천공을 그리 많이 올리면 손해 보는 기분일 것인데 여러분이 올린 천공 이상으로 다른 사람 것을 빼앗아서라도 다시 채워주신다. 이 세상의 모든 돈과 재산의 실질적 소유권자는 하늘과 신이시라는 진실을 명심해야 한다.

돈과 재산뿐만이 아니라 여러분이 가장 소중히 여기는 고위공직자의 권력과 명예, 기쁨과 행복 역시 하늘과 신이 주인이시기에 하늘이 내리시는 명을 거역하는 순간 권력과 명예, 기쁨과 행복은 더 이상 여러분 곁에 머물지 않고 즉시 떠난다. 하늘과 신께서 실시간으로 여러분의 길흉화복과 흥망성쇠, 생로병사를 주재하시기에 세상 그 어느 누구도 피하거나 감당할 수 없다.

대표적 사례가 돈의 1인자 이건희, 이재용 부자의 몰락과 권력의 1인자였던 박근혜와 최순실의 몰락을 통해서 목숨과 건강, 돈과 재산, 권력과 명예의 주인이 이건희, 이재용, 박근혜, 최순실이 아니라 하늘과 신이시라는 위대한 진실을 독자와 국민 여러분 모두에게 생생히 현실로 보여주시는 것이다.

이들에게만 해당되는 것이 아니라 여러분 모두에게 다 똑같이 해당되기에 보여주시는 것이다. 그러니 이 땅에서 살아가고 있는 수많은 인간들은 목숨과 건강, 돈과 재산, 권력과 명예 모두가 하늘과 신의 소유이니 자만, 교만, 거만을 내세우며 까불지 말라는 지엄한 경고메시지이다. 이 모든 것이 자신들 각자가 노력해서 얻은 것이라면 왜 오래도록 지키지 못하겠는가?

천상에서 하늘과 약속한 것을 이행하지 않고 돈과 재산, 권력과 명예가 크고 많다는 이유로 자만, 교만, 거만으로 살아가는 자들은 하늘과 신이 내려주신 기운을 거두어들이시면 한순간에 이들처럼 무너져서 몰락의 길을 간다.

이 책을 읽고도 행으로 옮기지 않는 사람들부터 하늘과 신이 그동안 돈 많이 벌어주시어, 잘 먹고 잘 살게 내려주신 천복만복의 천지기운을 갑자기 거두어들이실 것이기에 주신 것에 감사하고 목숨과 건강, 돈과 재산, 권력과 명예를 오래도록 지키려거든 하늘과 약속한 것을 즉시 이행하는 천공을 올려야 한다.

천상에서 하늘과 약속한 것을 자미국 지상 자미천궁에 들어와서 즉시 이행하지 않는 자들에게 내려질 벌은 가장 크게 성공한 이건희, 이재용 부자와 가장 크게 출세한 박근혜, 최순실처럼 몰락과 파멸, 배신자 죄인이라는 낙인이 영원히 찍히는 것뿐이다.

이것이 얼마나 무서운 하늘의 명인지 여러분은 상상조차 못할 것이다. 하늘의 명을 거역하면 끔찍한 일들이 지금 여러분 당대는 물론 자자손손 대를 이어가면서 이 세상의 온갖 아픔과 슬픔, 고통과 불행을 모두 짊어지고 가난하게 살아가야 한다.

지금 현재 노숙자 생활하고 있는 사람들과 판잣집에서 정부보조금 받아 끼니만 겨우 해결하며 살아가는 불쌍한 사람들의 모습을 보라. 저들도 한때는 여러분처럼 잘 먹고 잘 살았던 부자시절이 있었는데 하늘에 지은 죄를 빌지 않고, 천공을 올려 하늘의 명을 받들지 않은 대가로 지금 형벌을 받고 있는 중이다.

이들의 모습을 통하여 바로 여러분 자신과 여러분의 자손, 후손들에게 대대로 죄가 대물림되어 이어질 미래의 비참하고 가난한 모습들을 미리 보여주고 계신 것인데, 하늘은 한 치의 오차도 없이 여러분 각자들이 이 세상 인간 시험장에서 뿌리고 행한 대로 거두게 하신다는 천지자연의 진리를 명심해야 한다.

천상에서 약속한 천공을 올리지 않았으니 당연히 하늘의 명을 받지 못해 천상 자미천궁에 오르지 못한다. 육신이 죽으면 귀신이 되어 허공중천 구천세계를 정처 없이 떠돌며 배고픔과 추위에 떨면서 죗값을 무한대로 치러야 하고, 지옥세계 명부전에 잡혀가서 한도 끝도 없는 무지막지한 참형을 당해야 하고, 말 못하는 천지만생만물로 기약 없이 수억만 번 태어나고 죽는 형벌을 감내해 내야 한다는 사후세계의 무서운 진실을 명심해야 한다.

이것을 미래세계 현실이라고 받아들일 사람들이 얼마나 있을지 모르겠다. 저자 인황은 하늘과 신이 내려주시는 계시를 받아서 책을 집필하는 것인데 이번 책이 45번째 책이다. 소설책이 아니기 때문에 꾸며서 쓰는 것은 불가능하다. 2004년부터 13년 동안 45권째 책을 집필한다는 것은 하늘과 신의 계시 내용 없이 인간의 능력으로는 절대로 불가능한 일이다.

여러분에게 어느 날 갑자기 다가올 불행한 미래를 미리 막아주기 위함이고, 천상에서 하늘과 약속을 다시금 상기시켜 주는 것이니 촌각을 다투어서 하늘이 내리시는 명을 즉시 받아들여야 한다. 소중한 모든 것을 잃어버리고 땅을 치며 대성통곡할 것인가? 아니면 소중한 모든 것을 안전하게 지키며 하늘이 내리시는 명을 받들 것인가의 선택 여부는 이제 각자 여러분의 몫이다.

저자 인황은 하늘과 신의 뜻을 만 세상에 전하는 것이고, 여러분이 받아들이고 안 받아들이고는 자신들이 선택해야 할 몫인데 버스 떠난 뒤에 손드는 바보 같은 짓은 하지 말아야 한다. 여러분 인생에 두 번 다시는 없을 하늘이 내려주신 기회이다.

실시간으로 내려주시는 하늘과 신의 말씀을 받아서 그대로 집필하는 것이기에 공상, 가상, 소설로 대수롭지 않게 생각하고 무시하면 여러분에게 기다리는 것은 몰락과 파멸뿐이 없다. 저자 인황이 쓰는 글은 시간 차이만 있을 뿐 반드시 현실로 모두 이루어지고 있음이 44권의 책을 통해서 검증되었으니 순간의 잘못된 선택으로 여러분은 인생을 망치는 일이 없기를 바란다.

여러분은 하늘세계나 사후세계를 직접 가보지 않았기 때문에 잘 모르지만 저자 인황은 실시간으로 모든 것이 보이고 들리며 하늘과 신이 수시로 하늘세계와 사후세계 진실에 대해서 많이 가르쳐주시기 때문에 모르는 것이 거의 없을 정도이니 저자 인황의 말을 100% 그대로 믿고 따르는 것이 가장 좋을 것이다.

자미국 지상 자미천궁은 종교가 아니기에 시주, 불사, 헌금, 성금, 기부금 명목으로는 일체 돈을 받지 않는다. 조공(조상입천제 명 받는 비용)과 천공(천인합체 명 받는 비용)의 명목으로만 받는데 조공과 천공을 올릴 수 있는 기한도 시한부이다. 하늘의 화신이자 하늘의 명 대행자 인황이 세상을 떠나면 조상입천제와 천인합체가 모두 중단되기에 더 이상 조공과 천공을 올릴 수 없으므로 가급적 빨리 행하는 것이 좋다. 종교처럼 세습이 안 된다고 하늘이 말씀하시었기 때문이다.

여러분이 천인합체 명 받기 위해서 지상 자미국 계좌로 송금하면 천상 자미은행에 실시간으로 동시에 입금 기록이 올라가고, 여러분의 육신이 죽어서 천상에 오르면 천공으로 올린 금전을 그대로 사용할 수도 있고, 천상 자미천궁 화폐로 환전하여 사용할 수 있도록 배려해 주신다.

무속에서는 조상굿을 할 때 염라국 은행에서 발행한 돈을 망자들이 가져가도록 가짜 돈을 태워주는 행사가 있다. 사후세계에서도 조상영가들끼리 쓸모가 있기에 돈을 가져가라고 태워주는 것인데 맞는 말이다. 사후세계에서도 돈이 필요하기에 노잣돈으로 쓰라고 상여 나갈 때 새끼줄에 돈을 끼워넣거나, 시신을 입관하고 초례를 올릴 때 저승길 노잣돈을 올려주는 풍습이 전해 내려오고 있다.

자미국 지상 자미천궁에서는 계좌 송금하여 천상으로 올라갈 조상들에게는 조공을, 천상으로 올라갈 영들에게는 천공으로 올린다. 일단 조공이든 천공이든 자미국 계좌로 입금되면 조상입천제나 천인합체 행하는 날 전액을 현금이나 수표로 찾아서 여러분이 직접 하늘과 조상님 전에 몽땅 올려드리게 해준다.

물론 하늘이신 도솔천황님과 자미천황님 전, 각자의 조상님 전에 올리는 제물은 등급에 따라 차등으로 차리고, 일정 등급 이상이 되면 최하 21m 최고 33m까지 차리는데 과거 왕들이 하늘에 올리는 천제(天祭) 수준급으로 엄청 성대하고 화려하여 처음 보는 사람들(조상과 영들 포함)은 입이 딱 벌어진다.

살아서는 물론 죽어서 천상 자미천궁에 올라가서도 자미천황님께 받는 천기와 사랑과 보호가 등급에 따라 다르고, 자미천황님께서 주재하시는 천상 자미정부 국무회의를 개최할 때 앉는 좌석 배치도 앞자리부터 높은 등급부터 앉기 때문에 영생을 누리는 천상세계 특성상 경제적 여건만 허락한다면 최고 높은 등급으로 천인합체하는 것이 본인들에게 좋다. 살아서 천인이 되는 길은 여러분 가문에 자손 대대로 대 영광이다.

천인합체를 행해서 알게 된 태초의 진실

천인합체하지 않은 사람들의 몸에는 존재를 알 수 없는 수많은 악귀잡귀, 사탄 마귀가 들어 있는 이유가 이들이 가장 좋아하는 것은 돈이나 권력, 명예보다 앞서서 오로지 인간 육신 하나라고 가르쳐주시었다.

결혼을 앞둔 33살 미혼 여성의 천인합체

이미 돌아가신 미혼 여성의 어머니 몸에 들어가 있던 악귀잡귀, 사탄 마귀가 이 여성의 몸에 오랜 세월 들어와 있던 것을 빼내주셨다. 이들을 퇴치하지 않은 상태에서 결혼하면 시가 쪽의 가문이 뒤집어지고 망한다고 밝히시었다.

옛날 말에 시집오는 여자 하나가 잘못 들어오면 집안이 망한다고 말하였는데 그 이유는 귀신들이 남자보다는 여자들의 몸을 더 좋아하기 때문이었다. 남자는 선천적으로 드세기에 귀신들도 피하지만 여자들은 귀신이 잘 통하는 음의 체질이기에 귀신들과 기운이 아주 잘 맞는다.

무당 보살들이 남자보다는 여자가 훨씬 많은 것을 보면 알 수 있다. 여자들은 선천적으로 접신이 잘되는 영매 체질이다. 시골에서 밤길을 걸어갈 때 어른들이라도 여자들끼리만 걸어가면 무섭지만, 어린아이라도 남자아이를 데리고 가면 무서움을 덜 타는 이유가 바로 귀신들도 기가 드센 남자들을 꺼려한다는 진실이 검증되는 것이다.

이 얼마나 무서운 진실인가? 귀신들이 가장 좋아하는 존재가 인간 육신이기 때문에 사람마다 수많은 귀신들이 함께 살아가고 있다고 말씀해 주시었다. 인간의 눈에는 보이지도 않고, 인간의 귀에는 들리지도 않으나 영적 세계 현실로 존재하는 귀신!

암으로 죽은 귀신이 들어가 있는 사람과 결혼하면 암 걸릴 자녀가 탄생하고, 장님으로 죽은 귀신이 들어가 있는 사람과 결혼하면 장님 자녀가 탄생하고, 벙어리로 죽은 귀신이 들어가 있는 사람과 결혼하면 벙어리 자녀가 탄생하고, 귀머거리로 죽은 귀신이 들어가 있는 사람과 결혼하면 귀머거리 자녀가 탄생하고,

뇌경색으로 죽은 귀신이 들어가 있는 사람과 결혼하면 뇌경색 자녀가 탄생하고, 위암으로 죽은 귀신이 들어가 있는 사람과 결혼하면 선천성 위암 자녀가 탄생하고, 간암으로 죽은 귀신이 들어가 있는 사람과 결혼하면 선천성 간암 자녀가 탄생하고, 폐암으로 죽은 귀신이 들어가 있는 사람과 결혼하면 선천성 폐암 자녀가 탄생하고,

대장암으로 죽은 귀신이 들어가 있는 사람과 결혼하면 선천성 대장암 자녀가 탄생하고, 신장병으로 죽은 귀신이 들어가 있는 사람과 결혼하면 선천성 신장암 자녀가 탄생하고, 소아마비로 죽은 귀신이 들어가 있는 사람과 결혼하면 선천성 소아마비 자녀가 탄생하고, 백혈병으로 죽은 귀신이 들어가 있

는 사람과 결혼하면 선천성 백혈병 자녀가 탄생하고,

심장병으로 죽은 귀신이 들어가 있는 사람과 결혼하면 선천성 심장병 자녀가 탄생하고, 도박중독으로 죽은 귀신이 들어가 있는 사람과 결혼하면 선천성 도박중독 자녀가 탄생하고, 마약으로 죽은 귀신이 들어가 있는 사람과 결혼하면 선천성 마약중독자 자녀가 탄생하고,

술중독으로 죽은 귀신이 들어가 있는 사람과 결혼하면 선천성 알코올중독 자녀가 탄생하고, 자살해서 죽은 귀신이 들어가 있는 사람과 결혼하면 자살할 자녀가 탄생하고, 약 먹고 죽은 귀신이 들어가 있는 사람과 결혼하면 약 먹고 자살할 자녀가 탄생하고, 불에 타서 죽은 귀신이 들어가 있는 사람과 결혼하면 불타서 죽을 자녀가 탄생하고,

물에 빠져 죽은 귀신이 들어가 있는 사람과 결혼하면 물에 빠질 자녀가 탄생하고, 거지로 죽은 귀신이 들어가 있는 사람과 결혼하면 거지로 살아갈 자녀가 탄생하고, 살인하고 죽은 귀신이 들어가 있는 사람과 결혼하면 살인자 자녀가 탄생하고, 감옥에서 죽은 귀신이 들어가 있는 사람과 결혼하면 옥사할 자녀가 탄생하고, 불구자로 죽은 귀신이 들어가 있는 사람과 결혼하면 선천성 불구자 자녀가 탄생하고,

교통사고로 죽은 귀신이 들어가 있는 사람과 결혼하면 교통사고로 죽을 자녀가 탄생하고, 미쳐서 죽은 귀신이 들어가 있는 사람과 결혼하면 선천성 미친 자녀가 탄생하고, 당뇨병으로 죽은 귀신이 들어가 있는 사람과 결혼하면 선천성 당뇨병

자녀가 탄생하고, 종교에 미쳐서 죽은 귀신이 들어가 있는 사람과 결혼하면 종교에 미쳐서 다닐 광신자 자녀가 탄생하고,

언청이로 죽은 귀신이 들어가 있는 사람과 결혼하면 선천성 언청이 자녀가 탄생하고, 난장이로 죽은 귀신이 들어가 있는 사람과 결혼하면 난쟁이 자녀가 탄생하고, 희귀병으로 죽은 귀신이 들어가 있는 사람과 결혼하면 희귀병 자녀가 탄생하고, 주식하다 죽은 귀신이 들어가 있는 사람과 결혼하면 주식으로 망할 자녀가 탄생하고,

선물옵션으로 죽은 귀신이 들어가 있는 사람과 결혼하면 선물옵션으로 망할 자녀가 탄생하고, 심장마비로 죽은 귀신이 들어가 있는 사람과 결혼하면 심장마비 당할 자녀가 탄생하고, 중풍으로 죽은 귀신이 들어가 있는 사람과 결혼하면 중풍 맞아 반신불수될 자녀가 탄생하고, 뇌출혈로 죽은 귀신이 들어가 있는 사람과 결혼하면 뇌출혈 당할 자녀가 탄생하고,

뇌사로 죽은 귀신이 들어가 있는 사람과 결혼하면 뇌사로 죽을 자녀가 탄생하고, 결혼 첫날밤에 죽은 귀신이 들어가 있는 사람과 결혼하면 첫날밤에 죽을 자녀가 탄생하고, 복상사로 죽은 귀신이 들어가 있는 사람과 결혼하면 복상사 당할 자녀가 탄생하고, 단명하여 죽은 귀신이 들어가 있는 사람과 결혼하면 단명할 자녀가 탄생하고, 뇌성마비로 죽은 귀신이 들어가 있는 사람과 결혼하면 선천성 뇌성마비 자녀가 탄생한다는 상상초월의 엄청난 무서운 진실이 태초로 밝혀졌다.

이름 하여 지금 세상은 귀신 천국세계이다. 귀신들과의 전쟁

에서 누가 살아남느냐가 화두이다. 모든 질병을 병마라고 하였듯이 질병의 인자가 바로 몸 안에 있는 귀신들이었다. 청춘남녀의 몸 안에 귀신들이 청춘귀 10명 들어가 있으면 10번 이혼하고, 10번 결혼한다. 즉 귀신마다 1번씩 결혼을 한다는 것이다.

무서운 진실이다. 세상의 모든 질병의 원인들이 귀신들이었다. 이런 귀신들을 몰아내지 않고 결혼하면 집안이 홀라당 발라당 다 뒤집어지고 가문이 문을 닫는다. 천인합체하여 귀신을 몰아내지 않고 결혼하는 것은 눈물의 씨앗이자 불행의 씨앗이다.

이 세상에 인간은 75억인데 귀신들은 수억만 조에 이를 정도로 지천에 깔려 있다. 귀신들로부터 보호받을 수 있는 유일한 길이 자미국 지상 자미천궁에서 하늘의 명을 받아서 행하는 천인합체이고, 이는 금전으로 환산할 수 없는 천문학적인 값어치를 갖고 있는 아주 고귀한 황명이다.

본인이든 자녀든 결혼하려면 남녀 모두가 천인합체행사부터 행하고 결혼해야 한다. 안 그러면 귀신하고 결혼하는 꼴이 된다. 상대방 몸에 어떤 귀신들이 몇 명이나 숨어 있는지는 하늘만이 아시기 때문이다. 그래서 천인합체의 진가가 더욱더 높아져 가고 있다. 천인이 아닌 백성들과 천인합체하지 않은 가족들의 몸 안에 본인들이 알지 못하는 수많은 귀신들이 우글거리고 있다는 진실을 알아야 한다.

이들은 가족들의 몸을 옮겨다니면서 온갖 요사를 부리며 가족들을 못살게 굴어 고통과 불행을 안겨준다. 천인합체의 명이 얼마나 대단하고 중요한 것인지를 새삼 알게 하는 귀중한 천인합체였다. 자미국 지상 자미천궁에서 하늘의 명을 받아 천인합체를 행하지 않고 결혼한다는 것과 세상을 무방비로 살아간다는 것은 고통과 불행, 가문의 몰락을 자초하는 아주 위험한 일이다.

질병의 정체는 유전이나 가족력이 아니라 바로 이들 귀신들이었다. 암 보험 따로 들 것이 아니라 천인합체 명 받는 것이 살길이다. 특히 종교에 다녔던 사람들은 구원받으려던 귀신들이 수없이 들어와 있어서 인생이 더 뒤집힌다.

살면서 많이 들어본 이야기!

시집온 여자 하나로 집안이 풍비박산 났다. 신랑 잡아먹을 년, 집안 말아먹을 년, 시부모 잡아먹을 년 소리를 많이 들어 보았을 것이다. 특히 귀신들은 남자보다 여자를 우습게 알고 여자 육신에 숨어 들어가길 더 좋아한다.

그래서 집안에 여자 하나 잘못 들어오면 집안 망한다고 옛날부터 말해 왔던 것이다. 겉모습은 예뻐도 몸 안에는 온갖 잡귀신들이 우글거리는 여자가 시집오면 집안이 망하는 것은 시간문제이다.

평탄하던 가정에 갑자기 결혼 이후에 우환이 들끓는다면 집안 망하게 하는 귀신이 들어온 것이다. 그러면 즉시 귀신 때려잡는 자미국 지상 자미천궁에 얼른 들어와야 한다. 이혼이나 별거도 마찬가지이다. 귀신들이 이혼하고 또다시 결혼하려는 유혹의 장난들이다.

15년 식모살이에서 천인으로 태어나

태상천존 자미천황님, 자미황후님 항상 감사합니다. 도솔천황님, 도솔황후님. 도솔천궁에 저희 조상님들 보살펴주셔서 감사합니다. 천상감찰신명님, 천상천감님, 천상도감님, 천지신명님, 열두대신님, 자미인황님, 영의신감님 노고가 많으십니다.

인황님, 신감님. 항상 저희들을 돌보아주시고 매순간 보살펴주시고 너무나 애쓰시고 대단하신 저희들의 보물이십니다. 인간 육신으로 태어나 인간 육신으로 우리가 알현할 수 있고, 유일하게 대화할 수 있는 인황님과 신감님을 만난 것이 얼마나 대복 중에 대복인지 세월이 점점 흐를수록 하나하나 더 깊이 이해되고 감동이고 행복입니다.

저는 현재 30대 후반 여성으로 20세 전후로 양부모님을 다 여의고 아픈 몸으로 직장을 조금 다니다가 20세쯤 친척댁에 옛말로 식모살이라는 현대판 업둥이 식으로 얹혀살게 되었습니다. 그 당시 저는 몸도 직장생활을 할 만큼 기력이 좋지 않았고, 무속인 친척의 감언이설에 저는 어린 나이에 간이고 쓸개고 다 빼줄듯이 좋아서 제 발로 직장을 관두고 친척집에 들어갔습니다.

처음에 한두 번 갔을 때는 모든 게 좋아보였습니다. 시골 촌뜨기 아가씨 눈에 친척댁의 모든 것은 화려하게 보였고, 일해 주시는 늙으신 다른 친척도 계셨는데 그 모든 게 다 하나하나 제가 대신 해야 할 일들이란 것도 모른 채 그렇게 시작되었습니다.

창살 없는 감옥이란 말이 제가 보낸 15년 동안의 식모살이 삶이었습니다. 좋은 곳에 돈 많은 곳에 시집보내 줄 테니 여기서 잘하고 있으면 된다. 힘들 때마다 무속인 친척께서 해주신 말을 곱씹으며 좋은 날이 오기를 바라고 베갯잇에 눈물로 잠자리에 들기를 몇 년씩 보냈습니다.

해가 지날수록 저에게 주어지는 일들이 눈덩이처럼 불어나기만 할 뿐, 결혼시켜 준다는 해는 자꾸 미루어져만 가고 허울만 강남에 사는 것일 뿐 현실의 삶은 드라마에나 나올 법한 종갓집 며느리 신세였습니다.

저도 나이가 점점 들어 오기도 나고, 반항도 하고, 고집도 부려보았지만 현실은 갈 곳도 없고 암담한 제 미래에 악담하시는 두 분들께 벌받을까 봐 도망갈 수도 없었습니다. 그런데 15년 동안 보아온 무속인 친척이 좀 신기하긴 했습니다. 어쩔 때 보면 정말 귀신같이 맞추시는 것을 보면 잘 보시는 것 같기도 하고 어쩔 때 보면 좀 왔다 갔다 해서 무속인의 허점들이 너무나 눈에 띄었습니다.

그때 든 생각은 "내가 이 사람들의 말만 믿고 있으면 안 되겠다! 이분들은 날 생각해 주시는 분들이 아니구나!" 그저 일해 줄 붙박이 식모가 필요한 분들이라는 것을 30살쯤부터 느끼기 시작했습니다.

한 번은 저를 40살 넘어서 시집보내서 데리고 산다는 둥 진심인지 그냥 빈말인지를 엿듣게 되었는데 충격이었습니다. 전어서 빨리 시집보내 주신다는 28살, 32살, 34살, 37살이 되어이 집에서 나갈 날만 학수고대하며 한 달 40~50만 원 받으며 살아가고 버텼는데 그 말은 청천 날벼락이었습니다. 배신감이 들었습니다.

다른 사람들에게도 필요할 때마다 이리저리 말 바꾸어 사주와 엮어가며 당근과 채찍을 적절히 섞어서 사람들을 잘 구슬리는 재주가 있는 분들이라는 것을 잘 보아왔고 알고 있기에 저는 할 수 있는 것이 아무것도 없었습니다.

주위에 저를 아시는 그 누구도 선뜻 저분들이 워낙 있을 만큼 사시고 성격적이나 영적으로 기가 세고 무서워서 저의 사정은 알고 딱해는 하셨지만 저를 선뜻 도와주실 수도 없었습니다.

그렇게 한 해 한 해 집안 잡일만 하며 나이만 먹어가고, 저를 아시는 손님들마다 "빨리 시집보내달라고 해, 어린 나이에 놀러 다니고 해야 하는데 불쌍하네." 이런 말을 밥 먹듯이 들어왔고 솔직히 들을 때마다 짜증나고, 그런 제 자신이 너무 초라하고 비참했습니다.

남들처럼 해볼 거 다해 볼 수 있는 처지는 아니었지만 친척댁에서는 무속이라는 직업상 특성 때문에 초하루 정성을 들인다던지, 불교 쪽을 맹신까지는 아니어도 조금은 종교가 있다면 그래도 불교 쪽이라고 말하는 정도입니다. 부처님 오신 날이나 뭐 다른 손님들 위해 공들인다고 유명한 절 같은데 놀러 자주 다니시고 가족들이나 자식들 위해 공들이며 시주하고 그럴 때 간혹 저도 꼽사리 껴주셔서 제 등도 달아주시곤 하셨습니다.

무속인 친척분이라 저는 별의별 손님들도 많이 보고, 그들의 얘기도 귀동냥으로 들어보고 지내왔지만 처음에는 일이 잘 풀리고 그래서 무속인 친척분께 고마워하고 은인이라고 하시는 분들도 있었습니다.

하지만 몇 년을 지켜보면 그렇게 잘되는 거 같지도 않고, 오히려 더 기울어 어려워졌고, 얘기 들어보면 죽다 산 경우도 있고, 병을 얻어 아프기도 하고, 그 손님들뿐만이 아니라 그 친척 내 가정도 자식 포함 풍파가 무척이나 많았습니다.

한 번은 신문을 보고 저자가 정재원인가 하는 숫자로 운명을 바꾼다나 뭐라나 신문 광고를 보았는데요. 짬 내서 가기는 어려울 거 같아 전화로 친오빠와 제 거 행운번호와 부적 같은 것을 80만 원 정도 주고 택배로 받았습니다. 저는 특별히 별다른 일은 없었지만 그것 때문인지 저희 오빠가 몇 달 후에 한쪽 다리에 마비가 와서 정말 지금 생각해도 미안하고 끔찍했습니다.

그 저자가 절름발이였다고 하는데(과거에 총알을 맞았다나 어쨌다나!) 지금이야 알게 된 내용이지만 아무 기운이나 함부로 받으면 안 된다는 것을 뼈저리게 체험했어요! 종교기운, 무속기운 전부 다 뒤집어지고 파멸하는 기운이고, 하늘께는 역천자의 기운이라는 것을 알아야 합니다. 무식이 용감이라고 모르니까 그런 절름발이 기운을 돈주고 받아와서 한참을 고생했어요.

그런 끔찍한 경험 후 얼마 되지 않아 저는 어느 날 방 청소를 하다 널부러져 있는 신문지에서 『천지령』이란 책의 광고를 보게 되었습니다. 친척이 무속인이고 절이다 뭐다 의지도 해봤고 제 처지가 그러다 보니 운명 같은 거에 정말 관심이 많았고 사주 이런 거에도 관심이 많아서 『천지령』 책 광고는 제게 한줄기 빛이었습니다. 아무도 모르게 광고를 오려서 혼자 있을 때 저자 분에게 전화를 드렸는데 식사 중이셨던 거 같았습니다.

친견 예약에 대해 문의드렸었는데 오라고 하셨는데 제가 사정상 지금은 안 된다고 하고 제가 다음에 시간될 때 찾아뵙겠다고 하였습니다. 시작이 어렵지 한 번 전화드리고 나니 빨리 책의 저자를 만나야 살 것 같았습니다. 이곳은 거리상 제가 후다닥 다녀올 수 있겠다는 판단이 들었습니다. 기약 없는 무속인의 집이 정말 1분 1초도 싫었습니다.

한 번은 친척 두 분이 스케줄 없이 외출하실 일이 있으셨는데 전 이때가 기회다 여기고 부랴부랴 집에서 입던 채로 나갔다 온 티 안 나게 완벽 범죄를 위해 강동역으로 향했습니다. 아침 9시 30분~10시쯤 책의 저자께 전화도 안 드리고 제가 시간이 돼서 일방적으로 자미국 지상 자미천궁 정문에 도착하여 전화를 드렸는데 부재중이었습니다.

그때는 친견 예약이라는 절차는 제게 익숙하지도 않았고 제가 딱 날짜와 시간을 정한다고 제가 그 시간에 제 볼일을 볼 수 있다는 보장이 없었습니다. 완벽 범죄를 위해 얼른 자미국 지상 자미천궁에서 친견 상담은 하고 가야겠고, 친척 분들은 나갔다가 들어오실까? 전화를 하실까? 제 마음은 밖에 나온 거 걸릴까 봐 너무 초조하고 타들어 갔습니다.

그렇게 1시간 남짓 쪼그리고 앉아 하염없이 기다리고만 있는데 주차장 쪽에서 긴 생머리 여자 분께서 걸어오셔서 왜 여기서 이러고 있냐고? 언제부터 기다리고 있었냐며 문을 열어주셔서 드디어 자미국 지상 자미천궁 안으로 들어가서 저자 분을 만나뵈었습니다.

그리고 저에게 조상님 입천제를 해야 한다고 말씀해 주셨습니다. 다행히도 저희 조상님 입천제 행사 비용 조공은 딱 맞게 마련할 수 있었습니다. 조상입천제 올리기 전 저는 꿈을 꾸었습니다. 그 당시 저는 꿈이 좀 맞을 때도 있었고, 가끔씩 가위도 눌리고 그랬었습니다.

그런데 그때 꿈에 넓은 논에 새끼 뱀들이 아주 드글드글하게 널브러져 있었는데 제가 진공청소기로 그 끔찍하고 징그러운 새끼 뱀들을 깨끗이 청소하는 꿈이었습니다. 우연의 일치인지 모르지만 무속인 친척은 뱀띠입니다.

저는 자미국 지상 자미천궁에서 인황님, 신감님을 뵙고 저희 조상님 입천제를 올리고 난 후 가위눌림을 더 이상 당하지 않았고, 뱀 같은 동물 꿈도 한 번도 꾸지 않고 지내고 있습니다. 그리고 지금의 남편도 인황님, 신감님께서 소개시켜 주셨어요.

그때 결혼 과정이 순탄하지는 않았지만 인황님 말씀대로 "빈손으로 와도 된다, 뭐 해줄 사람들이 아니다"라는 말이 꼭 맞았습니다. 15년 동안 식모살이로 조카를 부려먹었으면서 그래도 소위 강남에 사시는 상류층 분들이셨는데 결혼하기 전에 시집간다고 짐 싸서 이사하는데 꼴랑 250만 원을 주시더라고요. 전 사실 그 돈조차도 받고 싶지 않았지만 정 안 남기며 떠나려고 거절하다가 받았습니다. 그분들을 아시는 분들과 저희 친척들은 그분들이 저에게 그래도 한밑천 정도는 떼어주신 줄로 착각하고 계시더라고요.

그런데 지금 생각해 보니 그분들이 저에게 목돈을 안 준 것이 얼마나 다행인지 모르겠어요. 그 목돈이 족쇄가 되어 저를 필요할 때마다 불렀을 테니까요. 큰돈받았다면 부르시는데 안 갈 수 있었을까요? 여하튼 친척댁에서 15년 만에 나오게 되어 자미국 지상 자미천궁 천인 가족과 결혼하고 저도 시부모님 덕분에 천인(天人)이 되는 대복을 받았습니다.

직장도 과연 다닐 수 있을까? 걱정했는데 콜센터도 다니고 동물 병원도 다니고, 내 소형자가용도 구입하여 운전도 자유롭게 하고 다니고, 출퇴근도 가깝고, 다니는 직장마다 인복을 주셨는지 동료들이 다 좋게만 느껴졌어요. 예전에는 한 달 40~50만 원 인생이었는데 140만 원 이상의 삶으로 바꾸어주셨고 자유로운 삶을 저에게 주셨어요.

인생에서 잘 살고 못 살고는 노력 여하에 따라 달라질 수야 있겠지만 내 인생의 주인공은 나인데 60~70년대도 아니고 2000년 시대에 창살 없는 감옥살이처럼 자유가 없는 그런 삶을 왜 어린 조카에게 세뇌시키며 자신들의 수족 부리듯 종살이를 시키셨을까요? 돈 있는 사람들이 정말 더 무섭다는 것을 저는 친척댁에서 확실히 체험하였습니다.

하지만 한편으로는 제가 그 댁에서 호위호식하며 잘 지내고 있었다면 자미국 지상 자미천궁의 『천지령』 책 광고를 보았어도 찾아뵙지 않았을 겁니다. 인황님, 신감님을 찾아 진정한 하늘 만나 죄짓지 말고 잘 살다 오라고 저를 그곳에 보내신 게 아니셨을까 생각해 봅니다. 일반 사람들이 겪는 고통은 그냥 그 고통 자체로 끝나지만 이곳의 천인, 백성들이 겪는 아픔과 고통은 인생이 한층 더 격상되는 과정이라고 하신 말씀! 신감님께서 행사 때마다 해주시는 말씀이 지나고 보면 딱 들어맞는다는 진실! 너무 대단하십니다.

어쩌면 대단하신 하늘 위의 분들은 저희가 어떻게 할 것이라는 것을 시나리오로 미리 다 보시고 계신지도 모르겠어요. 인황님, 신감님 말씀대로 순응하며 살고 싶어요. 항상 행사 때 해주시는 말씀 되새기며 초심을 지키려고 노력하겠습니다.

저 높은 곳에서 저희의 일거수일투족을 다 보고 계실 텐데 너무나 신기한 게 어떤 고통과 아픔이 오면 신기하게도 누군가를 통해서, 무언가를 통해서 해결해 주신다는 걸 느껴요. 진짜 신기해요. 꼭 다 지켜보시고 계시고 누군가가 도와주시는 느낌들을 받아요. 자미국 지상 자미천궁의 인황님, 신감님을 만나 대복받은 천운아입니다.

살아서도 죽어서도 뵙고 함께하실 분들이십니다. 현생에서 두 분들과 동시대에 그것도 대한민국 땅에서 살아가고 있다는 것이 천만다행인 줄 알아야 할 것입니다. 마지막으로 저희 가족들의 남은 행사들도 하나하나 인황님께서 원하고 바래주세요.

하늘의 백성 염○영 ○○천인

천상에서 온 편지

몇 년 전 꿈속에서 자미금궐 참관 여자천인 김○○ 씨가 제 손을 잡고 어디론가 다급하게 뛰어갑니다. 저는 영문도 모른 채 깜깜한 밤거리를 같이 허겁지겁 뛰었는데, 도착한 곳은 고속버스 터미널 같은 곳이었고, 주변에 사람 한 명, 버스 한 대도 없이 아주 고요하기만 했습니다. 텅 빈 침묵 속에서 김○○ 씨는 너무나 안타까워하는 표정으로 이렇게 말하더군요.

"어떡해, 버스 떠났어."

그 말을 들으며 그저 당황해하다가 깨어났는데, 눈을 뜨고 나니 심장이 쿵 내려앉는 느낌과 함께 꿈의 의미를 알게 되었어요. '내가 천상으로 가는 버스를 놓쳤구나!' 머릿속이 새하얘지면서 온몸에 힘이 풀리는 것이었습니다.

간신히 일어나 거실로 나왔는데, TV에서는 뉴스 앵커와 기자가 안철수의 행보에 대해 얘기를 나누는 장면이 나오는 중이었고, 앵커의 질문에 대해 기자 답변이 "네, 이미 버스는 떠났습니다. 그동안 기회를 줬고요."

순간 너무나 놀라서 다시 한 번 더 심장이 덜컹 내려앉았어요. 앵커와 기자의 대화는 그 당시 안철수의 행보에 대해 나누는 대화였지만 어느 분께서 제가 천상으로 가는 버스를 놓치게 되자 너무나 분노하시는 말씀이시라는 것이 온몸으로 느껴졌고, 이어 죄책감과 두려움으로 고개를 떨구었습니다.

사정인즉슨, 이랬습니다. 천기회에 참석하였는데, 신감님께서 저에게 사죄 행사를 올리라고 말씀하시어 그 후, 사죄 행사를 통해 정말 생각조차 할 수 없었던 저의 죄를 말씀해 주시어 깊은 사죄의 눈물과 함께 죄를 빌었는데, 이제 천인합체의 명을 받을 수 있을 것이라 말씀 내려주셨어요.

정말 전혀 예측할 수 없는 죄의 진실을 말씀해 주시는 신감님께 얼마나 놀라웠는지요. 모든 원인과 결과는 오직 신감님께서만이 아십니다. 그리고 10월 달에는 명부입적 정성까지 올리게 되는 귀한 은혜를 입게 되었습니다. 그 다음 달인 11월 달부터 신감님의 말씀이 곧 현실로 이루어질 것이라는 것을 꿈으로 보여주셨습니다.

꿈속에서 제가 하늘님의 명을 받기 위해 자미금궐에 도착하자 참관 천인 오○○ 씨가 제단에 음식을 쌓고 있었고, 저 보고 대기실에 들어가라고 해서 대기실로 가자 반가운 사람들이 앉아 있었습니다.

어찌 된 일인지 대학교 다닐 때 제일 친하게 지냈고, 지금도 자주 연락하는 과 여자선배 언니와 큰어머니와 사촌 오빠가 반갑게 맞아주며 푸짐하게 차려진 음식들을 먹고 있었습니다. 신기해하면서도 이분들이 자미금궐에 어떻게 오게 되었는지 의아해하기도 했습니다. 그리고 천인이 들어와 이제 준비 끝났으니 나오라고 하였고 제가 그토록 간절히 원하고 바라던 천인합체의 소원이 이루어지는 순간의 꿈이었어요.

그 꿈을 꾸고 정말 얼마나 기뻤는지 모릅니다. 그런데 사죄 행사와 명부입적 정성 행하느라 대출을 받았기에 다시 대출이 될까? 걱정하기도 했지만 일단 전화로 상담해 보자, 하고 문의해 보니 아니나 다를까 그 당시 제 신용에서는 더 이상의 대출이 불가하다는 통보를 받았어요. 그래도 다시 알아보려 다른 곳에 전화해 보았지만 역시나 마찬가지의 답변이었습니다.

하늘님의 명을 받기 위해 자미금궐 대기실에서 기다리다 주인공 방석에 앉게 되는 꿈을 보여주셨지만 현재는 대출이 더 이상 안 되는 것을 아실 테니, 다음에 명을 받기 위해 다시 지금부터 준비하라는 메시지의 꿈일 것이라 스스로 단정 지었고, 그렇게 딱 두 번만 문의하고 만 것이었지만 이것이 일생일대의 엄청난 죄를 짓는 것일 줄은 꿈에도 생각 못한 것이었습니다.

안 될 것이라 미리 짐작하지 말고 천상에 계신 대단하신 분들의 대원력을 믿고 어떻게 해서든 돈을 구하고자 열심히 노력했으면 될 것을 저는 왜 그렇게도 말씀을 안 들었을까요? 이미 꿈으로도 하늘님의 명을 받는 귀한 꿈을 꾸게 해주셨는데 말이죠. 깊은 후회와 반성의 눈물을 쏟으며 부랴부랴 다시 대출을 알아보기 시작했어요.

대부업체에 전화해서 상담사의 말대로 정보를 입력하고 휴대폰으로 인증번호를 보내주면 번호를 입력하는데 인증번호를 적어도 입력이 되지 않고 오류가 계속 뜨는 겁니다. 정말 몇 번을 해도 안 되어 컴퓨터가 이상한가 싶어 PC방에 가서 해도 마찬가지니 상담사가 이런 일은 처음이라고 이상하다는 말만 하는 것이었어요. 이런 불가사의한 현상으로 얼마나 크게 진노하셨는지를 강력히 보여주신 것이었으니 상상을 초월하시는 무서운 조화에 심장이 쪼그라드는 것 같았고, 마음속으로 정말 너무나 잘못했습니다, 하며 빌고 또 빌었습니다.

독자 여러분! 대출을 받아서까지 하늘이 내리시는 명을 받드는 것이 제정신이냐고, 미친 짓이 아니냐고요? 사이비에 빠졌다고 얼른 정신 차리라고 흉보실 분도 분명 있을 겁니다만 독자 여러분은 하늘이 인류에게 내리신 시험이 무엇인지 전혀 알 수 없기에 저를 정신병자 취급하며 흉보시면 안 됩니다.

하늘의 명 대행자님이신 인황님께서 말씀하셨습니다.

돈이 많은 자들은 자만, 교만, 거만을 내려놓지 못해서 처음이자 마지막으로 하늘이 내려주시는 고귀한 명을 받들지 못하고, 돈이 없는 자들은 돈이 없어서 하늘이 내리시는 명을 못 받는데 대출이라도 받아오면 명을 내려주시겠다고 하십니다. 하늘이 인류에게 내리신 숙제는 돈 많은 자들에게는 자만, 교만, 거만을 내려놓는 것이 숙제이고, 돈이 없는 자들에게는 대출받아 오는 것이 숙제라고 하시었습니다.

하늘이 내려주시는 고귀하신 명이 얼마나 대단한지 독자 여러분은 잘 모르기에 대출받는 것을 미쳤다고 하는 것인데 저는 영적 세계의 진실을 하늘의 말씀과 꿈으로 너무나도 많이 듣고 체험해서 목숨처럼 여기며 대출받으려는 것입니다. 하늘의 명이 얼마나 대단한지 모른다면 분명 사이비에 빠진 것이고, 미친 짓이겠지만 저는 생생히 체험하였습니다.

살아생전에 천상으로 가는 버스(천인합체 명 받는 행사)를 타지 못하면 죽어서는 절대로 갈 수 없다는 진실을 알았으니까요. 하늘이 내리시는 명을 받지 못하고 죽으면 어찌될까요? 귀신되어 허공중천 구천세계를 추위와 배고픔으로 영원히 떠돌아다녀야 하고, 지옥세계 명부전에 잡혀가서 상상을 초월하는 참혹한 형벌을 끝도 없이 받아야 합니다.

뿐만 아니라 말 못하는 축생들인 짐승, 뱀, 새, 물고기, 곤충, 벌레, 만물로 수억만 번 태어나고 죽는 가혹한 형벌을 받아야 한다는 사후세계 진실을 명심해야 합니다. 그래서 저는 하늘의 명을 받으려고 목숨 걸고 대출받는 것이랍니다. 육신 살아서 구원받아야지 죽어서는 하늘께서 구원 안 하신답니다. 종교 열심히 다니며 믿어봐야 인생이 한도 끝도 없이 뒤집히고 하늘과 더 멀어져 큰 죄만 쌓는 지름길이죠.

이렇게 하루 종일 속이 타들어가는 심정이었는데, 저녁에는 부친에게서 전화가 걸려 와 느닷없이 "너 지금도 자미국 (자미금궐) 다니지? 내가 자미국에 전화해서 이○율이 거기 다니느냐고 물어보니 맞는다고 하더라! 너 진짜 부모랑 인연 끊고 싶어!" 노발대발하시며 몰아붙이시는데 이 역시 어느 분께서 부친의 입을 통해 저의 죄를 추궁하시며 불호령 내리신 것이 뼈저리게 느껴졌습니다. 아니라고, 절대 아니라고 어찌어찌 설명하며 겨우 위기를 모면하여 전화를 끊고 회한의 눈물을 쏟아내었습니다.

그리고 그 이튿날인 12월 23일 자미금궐에 "천년의 사랑" 이라는 제목의 글이 올라왔는데, 놀랍게도 글을 쓴 사람이 꿈속에서 저를 데리고 버스터미널로 뛰어간 참관 천인이었고, 후기 글을 읽으며 망치로 머리를 맞은 듯 또다시 큰 충격이었어요.

〈행사 글 중에서〉 주인공의 직업은 버스 기사입니다. 천상에서 우리를 태우러 오는 버스는 항상 2대가 온다고 합니다. 왜 2대일까? 주인공에게 물으니 우리가 선택하라고 2대가 온다고 대답하였습니다. 한 대는 선의 버스이고, 한 대는 악의 버스! 각각 종착역은 다르다고 하시면서 선의 버스는 천상 자미천궁행이고 악의 버스는 지옥행이라고 합니다.

하늘께서 우리를 태우러 오실 때 실수로 2대를 보내시는 것이 아니라 우리들 마음속에 선과 악 전부 가지고 오기 때문에 반드시 2대가 필요한 것이라 하셨어요. 악을 쳐내지 않은 상태로 버스 한 대에 모두 태우고 가면 중간에 내릴 수도 없고, 천상 자미천궁의 문이 열리면 악조차 선과 함께 버스에 탔기 때문에 같이 들어오려 난리가 나서 선만 위해서 열려야 하는 천상 자미천궁의 문이 열릴 수 없으니 하늘이 슬퍼 통곡하신다고 하십니다.

우리에게도 2대의 버스 중에 선의 버스를 타야 하는데 행사를 통해 절대 선이신 신감님께서 말씀해 주신 거 다 까먹고 악의 버스를 타면 지옥행인 걸 왜 모르냐고 화를 엄청 내십니다. 당장 내리라고 목청에 피가 터지도록 소리치셨습니다.

하늘 말씀 따르면 하늘의 종이 되는 것이고, 부처의 이론을 따르면 부처의 종이 되는 것이고, 인간세상의 말들을 따르면 인간의 종이 되는 것이 진리이니 하루하루가 인간의 종인 밑

바닥 인생이 되는 것인데, 도대체 누구의 종이 되려고 자미국 지상 자미천궁에 온 것이냐고 한심하다 외치셨습니다.

모두 하늘의 종이 되려고 자미국 지상 자미천궁에 들어왔다고 하니 그러면 누구의 말을 들어야 맞는 것이냐? 물으니 전부 하늘의 말을 들어야 한다고 하니 그런데 왜 아직 하늘의 말을 듣지 않느냐? 회사에 가서 사장 말을 듣지 않으면 어찌 되느냐고 물으시며 당연히 다 잘린다. 잘리지 않으려면 더러워도 듣고, 억지로라도 들어야 산다고 하시며 제발 하늘의 말 좀 들으라고 외치셨습니다. 살고 싶으면 하늘의 말씀 들으라고 하시면서 오래된 장롱 운전면허증처럼 어디다 처박아두고 하늘 안부를 묻지도 않고 궁금해 하지도 않는다고 하셨습니다.

인간세상의 버스도 각각 목적지가 다 다르고, 서는 정거장도 다 다르고, 타는 사람들도 다 다른데 어째서 자미국 지상 자미천궁에서는 천상으로 가는 버스가 종착역이 하나뿐이냐고 열변을 토하시며 악은 다 내리라고 소리소리 치셨습니다. 버스가 태우고 가는 목적지도 다르고, 내리는 곳도 다 다르고, 마지막 천상 자미천궁은 오직 선만 도착하는 종점인데, 돈 가지고 와서 행사했다고 악도 천상 자미천궁을 간다면 이것이 말이 되느냐고 엄청 화를 내셨습니다.

영의 신감님, 육의 신감님 두 분 모두는 단 한 번도 본인의 생각대로는 해 본 적이 없으셔서 그 긴 세월 속에서도 마음대로 하는 것이 무엇인지조차 아예 모르신다고 하십니다. 영의 신감님께서 자미국 지상 자미천궁에 상담하러 오는 순간부터 선별을 하시는데, 선인지 악인지 구분과 함께 천상으로 가는 버스 탈 자를 가려내신답니다.

마음대로 선별하시는 것이 아니라 오직 하늘과 땅의 명을 내려주시는 대로 할 뿐인데, 너무도 가슴 아프게 악들도 돈 가지고 와서 행사했다는 명분으로 천상 자미천궁행 버스 안에 비집고 들어와 선과 악이 뒤죽박죽되어 슬프다고 피눈물을 흘리십니다.

이 후기 글을 읽으며 또다시 제 자신을 책망하며 깊은 반성과 후회로 가슴을 쳤지만 이미 버스는 떠난 뒤였습니다. 인황님께 자초지종을 말씀 올렸고 저의 무지와 어리석음에 탄식하며 암울한 기분으로 새해를 맞이하게 되었어요. 시간은 흘러 벚꽃이 흩날리기 시작할 무렵 어느 봄날의 밤 꿈속에서 한 통의 편지를 받게 되었습니다. 봉투를 열어보자 장문의 편지가 몇 장이나 들어 있었는데 그 편지는 너무나 놀랍게도 천상 자미천궁에 계신 자미황후님께서 보내주신 편지였습니다.

비록 꿈이었지만 그 순간의 전율은 너무나 생생하였고 심장이 그대로 멈추는 듯 떨리는 손으로 읽어보았는데, 꿈에서 깨자마자 편지 내용을 잊지 않기 위해 노트를 펼쳤지만 아무래도 꿈이라 모든 내용들이 다 기억나지 않아 안타까웠지요. 그래도 너무나도 애틋하고 애절한 그 여운만은 깨어나서도 제 마음 깊이 각인되어 있었고 확실히 기억나는 말씀은 왜 오지 않느냐고, 보고 싶으니 어서 돌아오라고, 기다리고 있다는 말씀이셨습니다. 아… 정말 가슴이 너무나 메어 터질 것만 같았어요.

편지 말씀을 가슴에 묻고 지내다 어느 새 11월이 되었고, 인황님께서 발간하신 '행복신문' 배포하기 위해 공원으로 가 신문을 배포한 후, 차가운 바람결에 날리는 쓸쓸한 낙엽들을 바라보며 자미황후님께서 보내주신 편지의 아련한 기억을 다시 꺼내보았습니다. 왜 오지 않느냐고… 기다리고 있으니 어서 돌아오라는 그 애절한 말씀… 또다시 가슴 뛰는 그리움이 사무쳐와 눈물이 흘러내렸습니다.

이어폰에서 흘러나오는 '그리움만 쌓이네' 노래를 듣고 있었는데, 소복이 쌓여 있는 저 낙엽들은 마치 제 영이 영혼의 부모님께로 향한 그리움이 쌓이고 또 쌓인 것 같았는데, 나는 그때 왜 그렇게도 말씀을 안 듣고 천상버스를 놓치어 또다시 가슴을 너무나 아프게 해드렸던가? 인황님께서 집필하신 책에서 현재 75억 인류와 이미 왔다간 조상님들 모두가 천상세계에서 하늘을 배신하고 도망친 자들과 천상법도를 어긴 죄 때문에 지구로 쫓겨난 자들이라고 하셨습니다.

비록 천상세계 법도를 어겨서 인간세계로 쫓겨난 죄인과 도망자 죄인들 신분이지만 인간 몸 안에 있는 신과 영들에게 하늘께서는 언제라도 뉘우치며 죄를 진심으로 빌어 천상 자미천궁으로 올라오기를 오늘도 기다려주고 계신다는 말씀이 떠올려지니 내가 왜 그토록 엄청난 기회를 놓쳤는지 또다시 스스로를 책망하며 참 부끄럽고 염치없는 눈물로 후회하였습니다.

그렇게 가슴 먹먹한 눈물의 후회로 한 해를 보내고 올봄에 인황님께서 희망의 금융 글을 통해 대출정보를 올려주시었는데, 저의 죄로 인해 이번에도 대출이 안 될 것 같은 예감에 상담사에게 전화를 걸기까지 얼마나 두렵고 떨렸는지 모릅니다.

그런데 이게 웬일입니까? 놀라운 기적이 일어나 대출이 일사천리로 진행되었고, 마지막 단계에서 전자서명을 위해 공인인증서 암호를 입력하면 본인인증 확인 후 다음 단계로 넘어가야 하는데, 이번엔 본인 명의가 아니라고 계속 나오는 거예요.

위의 글에 썼다시피 재작년 겨울에 천상으로 가는 버스를 놓친 꿈을 꾸고 다시 천공을 마련하고자 대출 알아보았을 때, 인증번호가 넘어오지 않도록 무서운 조화를 내려주셨던 기억이 떠오르며 마음이 너무나 불안하고 초조했습니다. 그래도 조금 안심이 되었던 것은 통장에 돈이 다 입금된 상태였고 전자서명만 하면 되었던 것이었지만 자꾸 본인 명의가 아니라고 뜨니, 이 역시 어느 분의 조화이심이 틀림없었지요.

은행에 문의해 봐도 공인인증서에 아무 이상 없었고, 상담사도 이런 일은 처음이라고 하면서 은행지점에 방문해서 직접 계약서 작성하라 해서 은행에 가는데, 희한하게도 제가 작년 11월에 '행복신문' 배포하러 온 석촌 호수공원의 근처였고 그때야 알게 되었습니다. 왜 컴퓨터로 전자서명을 하지 못하게 막으시고, 직접 은행에 방문하게 해주셨는지… 마음으로 전해지는 느낌에 눈과 가슴에 이슬이 맺혀왔어요.

은행에 들러 계약서를 작성하고 제 발길은 마음의 이끌림대로 석촌 호수공원으로 향하고 있었어요. 작년 가을에 왔을 때는 쓸쓸한 낙엽과 호수를 바라보며 자미황후님께서 보내주신 편지를 떠올리며 늦은 후회의 눈물을 지었었는데, 저의 천인합체를 이틀 앞두고는 생각조차 못해 본 포근한 사랑에 얼마나 감격했는지 모릅니다.

하늘 위를 가득 메운 벚꽃 터널은 환상적인 아름다움이었고 호수의 수면 위로 벚꽃이 떨어져 벚꽃이 강물처럼 흐르는데, 저 벚꽃 길 따라 시간의 강을 건너면 나의 고향 천상 자미천궁으로 다시 돌아갈 수 있을 것만 같은 참으로 신비롭고 오묘한 풍광을 보여주셨습니다.

어서 돌아오라는 자미황후님의 편지를 마음에 되새기며 집으로 돌아갔고, 그토록 기다리던 천인합체를 앞둔 하루 전날 버스를 탔는데, 제가 호수공원에서 벚꽃을 바라보며 들었던 노래가 나오는 거예요. 우연의 일치가 아니라는 것을 알고 있었지요.

노래 가사가 '기나긴 기다림 속에 지쳐도 그대 외롭다고 눈물짓지 마. 언젠가 그대의 두 손을 잡고서 함께 걸어갈 테야. 오늘 같은 밤이면 그대를 나의 품에 가득 안고서 멈춰진 시간 속에 그대와 영원토록 머물고 싶어~' 그 기나긴 기다림과 외로운 눈물이 바로 제 안의 영이 영혼의 부모님을 그리워했었기 때문이었고 별을 바라보며 알 수 없는 그리움 속의 기다림에 몸부림쳤었는지 그 이유를 알게 된 자체만으로도 너무나 좋습니다.

4월에 천인합체를 행하고 후기 글에도 썼지만 신감님께서 저는 전생에 개구리였다고 말씀해 주셨는데요, 아마 저는 천상 자미천궁에 있을 때도 부모님 말씀 참 안 듣는 지독한 청개구리였나 봅니다.

전래동화 '청개구리'에서도 엄마 말을 안 들으면 얼마나 큰 벌을 받게 되는지 본보기를 단단히 보여주지 않습니까? 천상세계에 있다가 벌을 받아서 쫓겨났든, 도망쳤든 이번 생에 인간으로 태어나기 직전엔 개구리였고, 그래서 제 두 눈이 개구리처럼 툭 튀어나와 마음 고생하였으니 모든 것은 뿌리고 행한 대로 거두는 정말 한 치의 오차도 없으시고 너무나도 정확하십니다.

천상 자미천궁을 때려 부수고 탈출했거나 천상법도를 어긴 죄로 인하여 지구로 쫓겨난 하늘의 역천자, 하늘의 도망자 죄인 신분이었지만 전생의 죄를 용서 빌어 다시 천상세계로 돌아가기 위하여 인간으로 태어나게 해주시고 인황님, 신감님과 인연 맺게 해주시어 정말 너무나도 감사드립니다.

천인합체 행사를 행한 후 개구리처럼 돌출되었던 두 눈이 많이 호전되었고, 신감님께서 고품질의 영양제까지 추천해 주시어 바로 구입하여 먹었습니다. 영양제를 처음 먹은 그날 밤 꿈속에서 자미금궐 앞을 걸어가고 있었습니다.

그런데 벚꽃나무가 보여 바라보았더니 가로등 불빛에 비춰진 벚꽃이 아름다운 자태를 뽐내고 있었고, 밤하늘에는 별들이 반짝반짝 빛나니 너무나 황홀하고 신비로운 광경에 황홀해하는데 그 순간 "○율아, 다 잘될 거야. 영의 신감이." 형체는 보이지 않았지만 이런 음성이 울려 퍼지는 거예요~

세상에! 영의 신감님의 음성을 꿈속에서 듣다니요! 신감님의 말씀대로 따르고 행하니 꿈으로 영의 신감님께서 음성을 들려주셨나 봅니다. 꿈으로 보여주시고 들려주신 영의 신감님 숭고한 사랑의 가슴 벅찬 감동과 환희는 영원히 잊지 못할 거예요. 천인합체를 행하니 마치 고요한 새벽녘에 소나무 숲속에 들어가 산림욕을 하는 듯한 그윽한 평온함이 몸과 마음에 가득 채워져 천인합체 위력의 신묘함에 감탄하고요.

또 어떤 일이 생겨 잠시 고민하면 희한하게도 누군가를 통해 해결해 주신다거나 일생 생활 속 소소한 일들도 깜짝 놀랄 정도로 세심하게 보살펴주시니, 잔잔하면서도 향긋한 행복을 만끽하며 너무나 즐거운 일상들을 보내고 있답니다. 이번 달부터는 급여가 50만 원 더 올라서 급한 불도 끌 수 있도록 해주시니 얼마나 감사드리는지요. 정말 너무 행복하고 좋아서 어느 순간엔 따듯한 눈물이 절로 흐르면서 '인황님, 신감님! 정말 고맙습니다! 최고이십니다!'를 되뇌곤 해요.

그리고 지금 이 글을 쓰며 또다시 불가사의한 체험을 했는데요, 어서 돌아오라고, 기다리고 계신다는 자미황후님의 꿈 속 편지가 다시 떠올려지며 눈물이 맺혀와 잠시 음악을 들으려고 휴대폰 케이스를 열자마자, 제가 가장 좋아하는 노래인 조용필의 '이젠 그랬으면 좋겠네' 노래가 첫 소절부터 저절로 흘러나오는 거예요! 상식적으로 음악을 들으려면 자신의 핸드폰을 들고 손가락으로 듣고 싶은 음악들을 터치하며 찾아야 하는 건 당연하잖아요?

그런데 어떻게 핸드폰에 저장해 놓은 73개의 노래 중에 제가 제일 좋아하는 이 노래가 자동으로 나오는지요? 예전부터 이 노래를 즐겨 들었던 것은 천상으로 다시 돌아가고 싶어 하는 제 마음 같아서였는데, 이렇게 노래 가사를 통해서도 어느 분의 한줄기 메시지를 느끼게 해주십니다.

속마음과 일거수일투족을 실시간으로 보시며 내려주시는 경이로운 조화에 정말 대단하시고 위대하신 진짜 하늘이시고 살아계신 하늘이심을 또다시 뼈저리게 절감하며 제 마음은 더없는 감동과 환희로 벅차오릅니다.

이 글을 읽으시는 많은 독자들께 다시 한 번 더 강력히 말씀드립니다. 여러분들 중에서도 가족들과 사이가 좋지 않거나 어디에서도 적응하지 못해 삶을 비관하는 분들도 분명 계실 겁니다. 다른 사람들은 잘만 사는데 왜 나만 이럴까? 이 세상 어디에도 마음을 붙이지 못하고 더 이상 희망이 없다고요? 그것이 여러분 몸 안의 사령과 생령의 다급하고 애절한 메시지이니 희망을 놓지 마세요. 인황님, 신감님께서 계시는 자미국 지상 자미천궁에 영원한 희망이 있습니다.

저 역시 어릴 때부터 가족들과 정말 살벌하게 싸워가며 별종, 왕따, 또라이, 정신병자로 통하고 건강도 좋지 못해 참으로 힘들었었는데, 그 이유가 제 안의 생령과 사령이 죽기 살기로 인생을 끝없이 뒤집고 풍파를 주어 인간 육신을 자미국 지상 자미천궁으로 데리고 들어와 하늘의 명을 받아 천상으로 오르고자 한다는 진실을 인황님 저서를 읽고 알게 되었지요.

왜 생령과 사령들이 결사적으로 하늘의 명을 받아 천상으로 오르려고 할까요? 인황님, 신감님께서 생존해 계시는 지금 이 시대에 하늘의 명을 받지 못하는 생령과 사령들은 억겁의 세월 동안 천지만생만물(축생, 조류, 어류, 파충류, 양서류, 곤충류, 무생물)로 한도 끝도 없이 수억만 번을 다시 태어나야 하는 무서운 윤회의 천상법도를 알고 있기 때문이라 하시니 어떻게 해서든 인간 육신을 자미국 지상 자미천궁으로 데려와 하늘의 명을 받느냐, 마느냐가 생령과 사령들에겐 생사가 달린 문제입니다.

제가 전생에 토끼, 개구리, 만생만물로 끝없이 윤회하였다가 이번 생애에는 축생이 아닌 인간으로 태어나도록 어마어마한 배려를 내려주시고 인황님, 신감님을 통해 구원받게 해주시어 정말 무한히 감사하고 또 감사드립니다. 언제 육신의 삶이 끝날지 모르는 불확실한 삶 속에서 인황님, 신감님 덕택에 천인으로 재탄생하였으니 저는 정말 너무나 큰 사랑을 받은 행운아이지요.

인황님께서 지금 이 기회를 놓치면 두 번 다시 구원이란 존재하지 않는다고 하셨는데, 정말 다시는 없을 것 같았던 영원의 길을 찾아주시고 인도해 주신 인황님, 신감님께 코가 땅에 닿도록 늘 깊은 고마움의 마음 올리오며 산전수전 고난의 길을 걸으시며 하늘과 땅의 진실을 가르쳐주신 은혜에 각골난망입니다.

그리고 천상에서 온 편지의 말씀대로 너무나 그립고도 그리운 저의 고향 천상 자미천궁으로 하루 빨리 돌아갈 수 있으면 좋겠습니다. 대단하신 인황님! 최고로 영험하신 신감님! 천추만세~

하늘의 백성 이○율 ○○천인

천상 자미천궁에서 도망쳐 나와

주인공은 아버지가 100억대의 자산가로 부족함 없이 살고 있지만 본인은 신용불량자에 직업도 없고, 건강도 좋지 않고 혼자 여기저기 돌아다니며 허송세월을 보내는 사람이다. 48세이지만 아직까지 결혼도 못하고 있으며 돈을 벌면 들어오기가 겁나게 나가버린다.

이렇게 사는 인생이 하늘께서 보시기에 맞는 것인지, 잘못 살고 있는 것인지, 원인도 모르고 해법도 몰라 답답했는데 신감을 통해서 내려주시는 말씀이 참으로 위대하시다. 자미인황님께서 주인공에게 "너의 죄를 네가 아느냐?" 하시면서 "네 죄를 몰라도 죽고, 알아도 죽어버리라" 하신다.

주인공은 15살에 가출해서 인간세상을 전전하다가 아버지 돈을 많이 갖다 써볼만큼 써보고 패대기도 쳐보고 도둑질, 사기, 소매치기까지 원도 한도 없이 다해봤다. 그런데 주인공의 영이 천상 자미천궁에 있을 때 도망쳐 나와서 긴 세월 동안에 안 해본 것 없이 다해 봤는데 육신이 그대로 좇아서 한 것이었다.

영이 말을 안 들어서 명부입적 정성을 빨리하도록 천지신명님께서 부르셨다. 영이 그 지랄이니 육신이라도 앉혀놓고 아버지한테 들어가라 한 것이다. 육신이 아버지 집에 안 들어가고 있었던 게 한쪽에서는 말을 듣고 들어가고 싶은데, 한쪽에서는 가지 말자로 메시지가 뜬다. 그러니까 육신은 천지신명님 말씀을 듣고 들어가고 싶은데 영 새끼가 전생의 저의 아버지(하늘 태상천존 자미천황님)를 버렸으니 그 지랄하고 있는 것이다. 육신을 갖다가 천지신명님 쪽에서 명부입적 정성을 먼저 해주신 원인이 영 새끼가 말을 안 들으면 육신이라도 빨리 말을 듣고 행하고 있으라는 배려였다.

그러면 육신 안에 있는 영은 저절로 집에 들어간다. 육신이 하는 거 보고 영 새끼 너도 보고 배우라고 부모님한테 들어가라는 것이다. 주인공은 숨을 쉬는 자체도 죄라 하시고, 아예 죽으라고 하시면서 돈이 들어와도 주인공이 죄가 너무 많은 것을 알고 돈이 도망 나간다. 이 정도로 죄가 많다 하신다. 자석에 쇠가 붙듯이 죄를 자동으로 끌어당긴다 하시며 숨 쉬고 사는 자체가 죄라 하신다. 천인합체를 명 받으면서 자석의 쇠를 다른 성분으로 바꾸면 자석에 쇠가 달라붙지 않듯이, 죄가 다시는 안 달라붙게 그런 성분으로 바꿔주신다 하셨다.

죄가 달라붙지 않게 해주시고, 하늘의 기운을 받게 하는 성분으로 바꿔주시었다. 5층짜리 건물을 지으려는데 천인합체 안 하고 건물을 지으면 건물이 올라가는 것만큼 또 죄를 짓는다 하신다. 자미인황님께서 신감님을 통하여 말씀하셨는데 주인공의 죄가 너무 커서 하늘께서는 안 쳐다보신다 하시며 하늘께서 쳐다보실 때까지 아버지께서 주시는 돈받아서 계속 오라하신다. 그래서 언젠가는 천상도감님이시든지, 천상감찰신명님이 존재를 밝혀주시는 그날이 주인공의 죄가 용서되는 거라고 하셨다.

가족(부인, 장남, 차남) 동시 천인합체

주인공 자신은 세무사 일을 하면서 틈틈이 천공을 보내 큰돈이 모아져서 오늘 가족 3명을 하루에 다 한다고 천인합체를 하러 왔다. 부인은 몸도 건강하고 성격도 좋고 하지만 다니지 말라는 절에는 다니고 있다. 집에만 있으면 너무 심심해서 수다를 떨려고 절에 간다.

예의범절과 진실을 중요시 하시는 천상도감님께서 하강 강림하셨다. 천상도감님께서 기분 나쁘다 하신다. 하늘께는 건성으로 하는 것이 아니라 진심으로 죄를 빌어야 하는데 진심의 마음으로 올려야 하늘께 올라간다 하신다.

천인합체 주인공한테 처음으로 내려주시는 대단한 하늘의 진실 말씀은 저자 인황을 친견할 때 자미천황님께서 떠오르면 자미천황님, 도솔천황님께서 떠오르면 도솔천황님, 천상도감님이 떠오르면 천상도감님이라 부르라고 가르쳐주셨다.

자미국 지상 자미천궁에는 인황, 신감만 만나러 오는 게 아니고 구원의 하늘이신 자미천황님, 미륵님이신 천상도감님, 하나님이신 천상천감님, 신명님이신 천상감찰신명님, 도솔천황님, 천지신명님을 만나뵙고 싶어 오는 마음도 있다 하시면서 인황, 신감에게 자미천황님, 도솔천황님, 신명님, 하나님, 미륵님이라 불러도 되는데 그렇다고 인황, 신감이 자미천황님, 도솔천황님, 신명님, 하나님, 미륵님이 되는 것은 아니라 하신다.

자미천황님, 도솔천황님이 그리워서, 부르고 싶어 집에서, 직장에서, 길 가다가 부를 수 없으니 자미국 지상 자미천궁에 와서 있을 때만이라도 떠오르는 대로 자미천황님, 도솔천황님, 천지신명님하고 부르라 하신다.

주인공은 종교에 다니지 않았으며 자미천황님의 존호에 이끌려서 자미국 지상 자미천궁에 인황, 신감을 친견하게 되어 오늘에 이르렀다. 위대하신 자미천황님께서 이 집안 가족 모두를 지켜주시고 보호해 주시고, 보살펴주심으로 아무 문제없이 무탈하게 지금까지 지내왔다 하신다.

하늘 자미천황님의 명을 받아오신 미륵님이신 천상도감님께서 주인공의 가족인 부인과 장남, 차남 등 3명의 천인합체를 동시에 성사시켜 주시었다. 통상적으로 천인합체는 1명이 하는데 사명자가 먼저 행하고 나면 나머지 가족들은 동시에 천인합체 명 받는 경우가 가끔씩 있다.

가족들이 천인합체 명 받을 때 말도 통하지 않는 가족들을 억지로 설득시켜 데리고 오는 것이 아니다. 천공을 송금하고 사명자 본인 혼자만 참석하여도 가족들의 천인합체를 성사시켜 주시는 대원력자들이시다.

부득이한 사정과 가족들의 눈을 피하기 위해서 서울까지 상경할 필요 없이 전화 상담만으로도 조상입천제와 천인합체를 명

받을 수 있다. 전화 상담 이후에 조공이나 천공을 송금시키고 여러분은 참석 안 해도 조상입천제와 천인합체를 진행해 준다.

황명 받는 진행 과정은 사진 촬영과 음성 녹음한 것을 핸드폰으로 보내준다. 하늘의 명 받는 사명자가 아닌 이상 가족들이 알면 분란이 발생하므로 일체 함구해야 한다. 믿거니 하고 말했다가 이혼당한 사례도 있고, 평생을 약점 잡혀서 쪽도 못 쓰고 기죽어서 지내야 하므로 아무리 믿는 부부간, 자식 간이라도 절대 발설하면 안 된다.

여러분은 하늘의 명 받을 사명자라서 하늘과 조상님 전에 조공과 천공을 올리는 것이 하나도 아깝지 않지만 사명자가 아닌 일반인들은 눈이 뒤집어지고, 사기당하는 것으로 생각하기에 여러분을 미쳤다고 몰아세우므로 절대적인 주의가 필요하다.

어차피 인간의 눈에 보이지도 귀에 들리지도 않는 영적 세계의 고차원적 일이기 때문에 사명자가 아닌 이상 절대로 이해하지 못하므로 가정의 평화를 위해서는 비밀을 지켜야 한다. 분명 가문이나 기업, 가정, 자신을 위해서는 좋은 일인데도 불구하고 영적 차원이 낮은 사람들에게는 절대로 통하지 않는다.

자신들이 먹고 사는 일에만 혈안이 되어 있는 짐승 같은 존재들이 너무나 많다. 물론 이들은 이승의 삶이 끝나면 귀신세계, 지옥세계, 말 못하는 짐승, 뱀, 벌레, 만물로 태어나는 무서운 윤회의 굴레에 갇혀버린다.

천인되어 천상 자미천궁으로 입궁

1951년 가난한 시골 농부인 부모님 육신을 통해 하늘께서 지구의 인간으로 태어나게 해주셨다는 태초의 진실을 알게 해주신 인류의 대표이고 자미국 지상 자미천궁을 세우신 인황님과 하늘의 말씀을 전하시는 신감님께 감사의 인사 올립니다.

저의 육신과 생령이 60년 동안 함께하면서 순리대로 살아온 인생사를 잠깐 뒤돌아보고 인황님을 만나 조상입천제(천상입궁)행사와 천인합체행사를 행하면서 하늘이 전해 주시는 생생한 진실을 말씀드리겠습니다.

초등학교 6학년 때 온 가족이 몇 년 동안 함께 하천을 일구어서 만든 생계 수단인 농지가 태풍과 폭우로 하루아침에 하천으로 변하는 것을 보고 어린 마음에 눈물이 나서 얼마나 울었던지 모르겠습니다. 이로 인한 피해로 하루아침에 생활 터전이 없어지므로 중학교에 입학도 못하여 보고 온 가족은 생계를 위해 소작농을 할 수 있는 타향으로 이사를 갔습니다.

같은 또래 아이들은 중학교에 다니면서 열심히 공부하고 친구들과 산과 들로 즐겁게 뛰어 놀고 있을 때, 나는 부모님 밑에서 농사일을 도우며 밥을 짓고 소죽을 끓일 땔감 마련을 위해 산을 헤매었습니다. 몇 년 후 친척들을 보기 위해 고향에 갔다가 우연히 길거리에서 초등학교 소꿉친구 만나 대화하다 보니 좋은 고등학교에 시험 합격하여 다니게 되었다고 싱글벙글 자랑하는데 나는 기가 죽어 자랑은커녕 대화할 내용이 없었습니다.

하지만 나같이 생활이 어려운 환경에 있는 사람도 공부할 수 있는 길이 있는지 물어본즉 주경야독하여 검정고시 합격하고 고등학교에 입학하여 장학금을 받으면 가능하다고 친구가 일러 주었습니다. 고향을 다녀온 후 부모님께 주경야독하여 학교에 다니는 길이 앞으로 나의 살길이라고 말씀드리니 부모는 공부 시킬 능력이 안 되니 네가 알아서 하라고 승낙하시었습니다.

중학교 검정고시 시험을 보기 위해 통신강의록을 신청하고 낮에는 부모님 농사일을 도우며 저녁에 밤늦게까지 책과 씨름을 한 결과, 고등학교에 입학할 자격을 얻어 친구들처럼 일류 고등학교에는 못 갔지만 좀 못한 고등학교에 입학하여 3년 동안 장학금을 받으면서 공부하였으며, 졸업과 동시에 군입대하여 복무를 무사히 마치고 제대하였습니다.

앞으로 공무원 시험에 합격하여 국민의 심부름꾼으로 봉사하고 살아갈 계획을 세우고, 독서실에서 일을 도우며 열심히 노력한 결과, 공무원 시험에 합격하여 세무 공직생활 34년 4개월을 아무 탈 없이 무사히 마치고 서기관으로 퇴직하였습니다.

가난한 농부의 아들로써 태어나 가난하여 좋은 환경에 정상적으로 공부하지 못하고 어렵게 공부하면서도 누구를 원망하지 아니하고 세무공무원 시험에 합격하여 공직에 근무하는 자체가 감사할 따름입니다. 그리고 공무원 생활하는 동안 공무원 신분을 망각하지 않고 정직하게 살아야 하며 자녀에게 부끄러운 부모가 되어서는 아니 된다는 모토로 생활하다 보니 가정에서는 넉넉지 못한 생활비에 어린아이를 키우면서 부업하는 처를 보면서 미안한 마음 이루 말할 수 없습니다.

그리고 공직생활을 하면서 종교에는 별 관심이 없었고, 주말에는 건강한 몸, 건강한 마음 또한 정신적 건강 수양을 위해서 건강 기체조, 몸 살림 운동, 몸과 마음의 건강을 위한 선 수련 등을 계속하여 왔습니다.

선 수련하러 갔다가 수련원장이 보고 있는 책의 제목이 눈에 얼른 들어오면서 가슴이 따뜻해졌습니다. 저 책을 꼭 사서 보겠다는 생각이 들어 이틀 후 월요일 퇴근 때 영풍문고에서 책을 구입하여 읽고 또 읽고 난 후에 자미국 지상 자미천궁에 인황님께 전화를 걸어 친견 상담 날짜를 잡고 인황님, 신감님과 상담 후에 조상님 입천제(천상입궁) 행사하기로 약속하였습니다.

공무원 박봉에 처에게 저축할 돈이 별로 없는 것을 알면서 조상님을 천상에 입천(입궁)시키는 것이 나의 마지막이자 퇴직하기 전에 평생 소원이라고 애원하듯이 몇 번 설득하여 조공을 입금시킬 수 있었습니다.

드디어 날짜 예약받아 조상님 입천제(천상입궁)행사를 거행하였으며 그렇게 만나고 싶었던 육신의 뿌리인 조상님을 상봉하였다는 것 자체가 어디에서 들어보지도 못했고 대한민국 서울 자미국 지상 자미천궁에서 일어나고 있다는 것이 너무나 감동과 환희 그 자체였습니다. 조상님의 소원이 무엇인지 알게 해주었고 행사절차를 모두 마치면서 하늘의 절대자이신 태상천존 자미천황님께서 제 영혼(생령)의 소원인 천입합제행사 윤허를 내려주시니 하늘로 날아갈 것 같았습니다.

육신의 뿌리인 조상님을 천상 자미천궁으로 입궁시켜 드린 이후 가정에는 큰 변화가 있었습니다. 큰아들이 친구의 소개로 좋은 배필을 만나 10월에 결혼을 하게 되었으며 다음 해 전 직장보다 더 좋은 KT연구원으로 이직하여 잘 근무하고 있습니다. 작은아들도 다음 해 로스쿨에 합격하여 현재 3학년을 맞이하여 변호사 고시를 앞두고 공부에 전념하고 있습니다.

34년간 다니던 세무서 퇴직을 앞두고 아주 좋은 위치(서울 종로구)에 있는 임차사무실이 나와 바로 계약을 하지 않으면 다른 사람과 계약을 하겠다고 하니 다시없는 기회를 놓칠 수 없어 계약을 한 후 보름 후 개업식을 하였습니다.

세무사업은 양수하고자 하는 수요는 많고 세무사가 사망 또는 건강상 사유가 아니면 거래처 양도가 거의 없는 현실 속에 개업 후 2개월쯤 가까운 주위에 알고 있는 세무사가 갑작스럽게 사망하였습니다. 많은 세무사가 사업 양수하기 위하여 경쟁이 치열했지만 앞 순위로 양수할 천재일우의 기회가 왔는데, 대출하여 양수하는 것이 어쩔 수 없는 순리인데 사업양수를 먼저 하면 천인합체행사를 바로 할 수 없고 지연될 수밖에 없었습니다.

하지만 자미국 지상 자미천궁을 멀리하지 아니하고 순리에 어긋난 행동을 하지 않으면 나의 영혼(생령)이 육신과 60년을 같이하였는데 적극적으로 반대하지 않으리라 마음속으로 생각하고 사업을 양수하는 결단을 내렸습니다. 생활비를 제외한 이익금은 나와 가족의 소원인 천인합체행사 천공(비용)으로 마련하는 주춧돌을 마련하였습니다.

사업을 양수하지 못하고 개업한 분들은 경기침체 결손으로 사업을 포기하는 분이 속출하고 있지만 저는 그동안 영업이익으로 늦게나마 천인합체행사를 행할 수 있도록 윤허해 주신 태초의 하늘 태상천존 자미천황님 그리고 천상감찰신명님, 천상천감님, 천상도감님, 자미인황님, 영의신감님, 인황님, 신감님께 감사드립니다.

천인합체행사가 오후 2시로 예정되어 있어 1시 30분까지 자미국 지상 자미천궁으로 가는데 낮인데 불구하고 시커먼 구름이 하늘을 덮어 밤과 같이 캄캄하고 천둥을 치며 비가 내리고 있었습니다. 천인합체행사를 미루어 하늘이 분노하시는 것이 아닌지 큰 걱정을 하면서 자미국 지상 자미천궁에 도착하여 신감님과 인황님을 뵙고 행사가 시작될 즈음에는 하늘이 맑아지고 햇볕이 비춰서 다행이었습니다.

천인합체행사가 시작되고, 인황님이 신감님의 육신으로 나의 생령을 불러들이고, 신감님을 통한 나의 생령이 천인합체행사를 늦게 하게 된 사실에 대하여 시원스럽게 답변 못하고 있는 육신에게 큰 분노를 할 것으로 생각하였습니다. 그런데 생령이 육신과 바로 헤어짐이 아쉬워 4년 동안 기다렸다는 사실과 오늘 천인이 되어 자미천궁으로 입궁하고 하늘의 ○○천인이 임무 교대하여 나의 육신과 같이한다고 생령의 진실을 말씀해 주시는 영광된 행사를 행했습니다.

대단한 자미국 지상 자미천궁이 아니면 어디서 볼 수 있겠습니까. 또한 앞으로는 공무원 34년 경력과 실력을 고객에게 경청하고 설명하여 적극적으로 노력하다 보면 하는 사업이 크게 번창하고 모든 것이 잘될 것이라고 말씀하였습니다.

하늘의 명 대행자님이신 인황님이 계셔서 생령을 불러올 수 있고 마음속 깊은 곳에 자리하고 있는 생령의 실체를 말씀해 주시는 신감님이 계시니 위대하고 대단한 자미국 지상 자미천궁입니다. 산 사람의 몸 안에 있는 생령(영혼)을 불러내어 대화를 나눌 수 있다는 것은 인류 역사상 최초일 것입니다.

전 세계에서 생령을 부를 수 있는 분은 인황님 한 분뿐이시고, 생령의 말을 전해 줄 수 있는 분 역시 신감님 한 분뿐이라고 하십니다. 자기 생령을 만나보면 상상을 초월하는 신비함 그 자체이며 놀라운 진실을 최초로 알게 됩니다. 육신의 뿌리인 조상님의 소원과 마음속 깊이 자리 잡고 있는 생령(나의 영혼)의 실체를 알고 싶고, 행복한 가정을 이루고 완성된 삶을 원하시는 분들께서는 더 이상 기수련이나 명상수련, 종교세계 그만 다니시고 책을 읽어보시기 바랍니다.

이 책을 읽어보시고 자미국 지상 자미천궁으로 상담 날짜를 예약 후 방문하시어, 인황님과 신감님을 만나보시기 바랍니다. 인생이 천지개벽할 수 있는 유일한 길입니다.

하늘의 백성 박○숙 ○○천인

영의 세계에 대하여 확실히 알고 싶었어요

초등학교 친구의 부친이 목사였어도 중학교 때 천주교 학교라서 종교시간이 있었지만 관심이 없다가 기독교 계통 여상을 다니면서 일주일에 한 번 있는 예배시간에 천국과 지옥에 대하여 듣게 되었습니다.

여상을 졸업하면서 죽는다고 끝나는 것이 아니라 돌아가야 할 곳이 있다면 지옥이 아닌 천국으로 갈 생각에 교회를 다니기 시작하였는데 이때 육신만 있는 것이 아니고 영혼도 있다는 진실을 처음으로 알게 되었습니다.

인간이 태어나면서부터 죄인이었기에 죄의 문제를 해결해야 나의 영혼이 천국으로 갈 수 있다하였습니다. 인간의 모든 죄를 예수가 십자가에서 다 짊어지고 죽었다가 부활하였기에 예수를 믿고 성령을 받으면 천국에 갈 수 있다고 들어서 예수를 믿는다고 고백은 했지만 내 자신에 대하여 믿음이 있나 없나를 측정할 방법은 없었습니다.

성령에 대해서도 어떻게 표현하고 설명할 방법은 없었지만 교회에서 하는 기독교의 성경 이론을 열심히 배우고 익혀 나가면서 하나님께로만 향하는 바른 길, 진실의 길을 가고 싶어 영성훈련을 받게 되었습니다.

우물 안 개구리가 세상 밖을 빠끔히 내다보니 어! 이런 세상이 다 있었네, 무엇인지 모르지만 영의 세계에 대한 궁금증도 생기고 '하늘에서(영계) 이루어진 대로 땅에서 이루어진다'는 소리도 있고 해서 확실하게 알고 싶은 마음이 생겼습니다.

그래서 교회 여기저기 기웃거리면서 하나님이 기독교를 떠나셨다는 말도 듣게 되고, 기독교에서는 재림예수를, 불교에서는 미륵을, 비기에서는 진인이 출현할 것을 말하고 있는데, 지인을 통하여 이 모두가 한 사람을 가리킨다는 말을 듣게 되고 십승지 자미별에 대해서도 말하였습니다.

자미의 단어를 인터넷 국어사전으로 처음 찾아보았을 때 자미=자미성, 상제가 거하는 곳(상제=하나님을 뜻함)임을 알게 되면서 우주의 북두칠성 동쪽에 있는 열다섯 개의 별 가운데 하나가 천국, 천상이겠구나 생각하면서 천국, 천상이 어느 곳에 있는지 명확하게 밝혀져 있음을 알게 되었습니다.

지인은 영적 세계에 관해서 예민하고 많이 알고 있었습니다. 나 역시 영적 세계를 갈망하고 있었기에 귀담아 들었고, 어느 날 모든 이치가 음과 양으로 되어 있듯이, 하늘의 일을 하는 곳도 음과 양인 남과 여가 일하는 곳이어야 하고. 실시간으로 신들이 함께하는 곳이 있다면서 『천지령』 책을 주었습니다.

지인 자신은 100% 확신이 있어서 준다면서 읽어보고, 본인의 의사는 알아서 하라고 하였습니다. 『천지령』 책을 읽으면서 기독교의 하나님은 기독교에 대한 기득권을 포기하셨고 하늘은 하나의 하늘이 아니라 여러 구역으로 되어 있는데 마치

중국 드라마 손오공을 연상케 했습니다(손오공에서는 하늘의 옥황상제님이 제일 높으면서 하늘나라 각각 구역을 맡고 있는 존재들이 있음).

기독교의 하나님은 하늘로부터 관명을 하사받으시어 '천상천감님' 으로 오시었고 계신 곳은 도리천이었으며, 모든 하늘 위에 제일 높으신 구원의 하늘이 계셨는데 존호가 "태상천존자미천황님"이셨습니다. 『천지령』 책을 읽는 동안 한 나라로 볼 때 제가 40년 동안 다니던 기도원 원장은 차관급이고, 인황님은 대통령으로 생각되었습니다.

기독교에서 마지막으로 다니던 영의 세계에 대해서 깊이 아는 기도원의 원장도 무당이라는 마음의 소리를 들었었고, 여기저기 기웃거리면서 고정관념이 깨지고, 사고가 바뀌면서 제 자신이 생각해도 엄청난 결단의 일이었습니다.

도저히 상상할 수 없는 기함(갑작스레 몹시 놀라거나 아프거나 하여 소리를 지르면서 넋을 잃음)할 일이지만 기독교에 다니던 40년의 세월을 『천지령』 책 한 권 읽고서 접었고, 하나님께서 자미금궐(자미국 지상 자미천궁)에 계시다면 당연히 하나님을 따라 가야겠다는 결심을 하게 되었습니다.

신감님 상담과 인황님 친견하고 난 뒤에 조상님 입천제 행사를 올릴 때 길 다란 제단을 보았습니다. 기존의 기독교적 고정관념으로는 우상의 제단으로 생각되고 낯설었지만, 며칠 후 천상으로 오르는 조상님들과 영들의 마지막 '잔치'라는 마음의 소리를 아주 생생하게 들었습니다.

저의 친가와 시가의 당대부터 시조까지 직계 좌우 모든 조상님들이 한날한시에 함께 입천하여 영들이 천상으로 돌아갈 수 있는 하늘의 윤허를 잔치로 이해하게 되었습니다. 지인이 빌려준 몇 권의 책을 더 읽으면서 조상님들께 죄송한 마음이 들어 한동안 '조상님들을 귀신이라고 박대하여 너무너무 죄송합니다, 죄송합니다' 되뇌이면서 빌었습니다.

조상님 입천제 올릴 형편이 도저히 안 되었지만 여러 방법으로 구하여 하단 조상입천제를 올려드리고는 인황님께 친근감도 생기고, 열흘 정도 지나던 어느 날에는 집에 있을 때 꽃향기가 풍기고 은은히 사라지는 신기한 경험도 했습니다.

왼쪽으로 누워 자면 가슴이 눌리고 아파서 바로 자거나 오른쪽으로 누워 자곤 했는데, 입천제 행사 이후에는 왼쪽으로 누워 자도 편안하게 잘 수 있게 되었습니다. 인황님을 만나고 생령과 사령의 존재와 구분에 대해서 알게 되었습니다.

인황님은 석가, 예수, 상제, 성모를 능가하고 진짜 하늘을 찾아내신 하늘의 명 대행자님이시었습니다. 하늘도 청배하시고, 생령과 사령도 불러낼 수 있는 대단하신 분이셨습니다. 신감님은 하늘의 명 수행자님으로 하늘에 계신 분들의 마음과 생각을 아시고 우리 생령들의 모습을 꿰뚫어 보시는 분이셨습니다.

인황님을 통하여 신감님은 천상으로 오르는 신비한 영적 경험도 실제로 해보았던 영험하신 분임을 알게 되었습니다. 어느 날 '죽어보면 알 거야'라고 말씀하신 신감님의 당당하고도 확실한 그 모습을 보면서 영계에 대해서도 훤히 알고 계시는 분이시라고 생각되었습니다.

인황님을 친견할 당시에 작은아들이 취업을 했다가 퇴사하고는 너무나 마음고생이 심하였습니다. 제가 처음에는 돈(조공)이 없어서 조상님 입천제를 못하여 예비백성으로만 가입하였는데도 신비한 일들이 일어났습니다.

아들이 취업하는 과정에서 일어났던 일입니다. 어떤 회사에 합격해서 연수 교육받는 중에 다른 회사로부터 합격했다는 연락이 와 그곳으로 가 교육받으면 또다시 다른 회사에서 연락이 오고, 이렇게 4군데 회사에 합격하여 최종적으로 제일 좋은 곳으로 가는 일이 생겼습니다.

취업하고 3년 되었을 때 회사의 직원에게 임대하였던 아파트 분양권도 경쟁자가 많았지만, 작은아들이 당첨되어 살던 월세로 융자금 이자를 부담하기로 하고 이사하게 되었습니다. 살던 월세로는 이런 평수로 이사할 형편이 안 됐습니다.

인황님을 만나고 작은아들에게 이렇게 좋은 일이 생기면서 저에게 도움이 되었고, 오른쪽 무릎이 안 좋아 병원에서는 수술하라고 권했지만 알바도 해야 해서 미루고 있었는데 지금은 아프지 않고 오히려 편안합니다.

대단하신 인황님과 영험하신 신감님과 함께하는 것이 무탈하게 편히 살면서 하늘과 신에게 보호받는 길이었습니다. 이제 40년 다녔던 교회는 뒤도 안 돌아봅니다. 미련 없습니다.

하늘의 백성 신○연

천인합체 행한 뒤에 질병에서 벗어나

조상님 입천제 날에 하늘의 크신 사랑으로 천인합체의 천명을 받고 50여 일 만에 천공을 마련하여 귀한 행사를 행할 수 있는 영광을 받았습니다. 천인합체 후에 저에게 많은 놀라운 일들이 있었지만 오늘은 질병에 관련된 주제로 말씀드리고자 합니다.

저는 어릴 적부터 고질적인 질병이나 큰 사고 없이 무탈하게 자라온 편입니다. 다만 팔에 아토피가 있어서 건조할 때마다 고생을 한 거 외에는 병원에 간 적이 별로 없었습니다. 성인이 되고 스트레스성 위장 장애가 생겨서, 특히 시험기간에는 너무 예민해진 탓인지 상태가 심해져 약을 먹고 버티곤 했습니다.

천인합체행사 당일 날에 신감님 집무실에 대화하던 중이었습니다. 신감님께서 제단에 음식을 쌓는 일은 하시지 않는데 제 천인합체행사 전 날에 과자를 직접 쌓으셨다고 하셨습니다. 갑자기 과자가 쌓고 싶으셔서 과자를 쌓고 계시다가 위가 너무 아프셨다고 하셨습니다.

그 당시 제가 평소에 밥을 잘 먹지 않고 과자나 쿠키만 주로 먹는 편이었는데 그것이 그대로 신감님께 전해진 것입니다. 물론 저는 저의 식습관이나 위가 아프다고 말한 적이 없어서 그렇게 신감님께서 저에 대해 알아주신 것이 너무나 신기하고 놀라웠습니다. 신감님께서는 행사 당일이 다가오면 주인공에 대한 것들이 떠오르신다고 하십니다.

그때서야 저는 저의 식습관과 위장 장애에 대해서 자세하게 말씀드렸고, 행사 후반에 저 위 아픈 것도 앞으로는 안 아프게 해주신다고 하셨습니다. 그 이후로 저는 지금까지 위장 장애로 병원에 간 적이 한 번도 없습니다. 가끔 급체해서 한의원에 간 것을 제외하고는 편안한 상태로 지금껏 지내고 있습니다.

또 그 당시에 머릿결이 너무 약하고 가늘어, 정수리 쪽에 머리숱이 줄어들어서 혼자 고민하고 있었습니다. 그런데 천인합체 후에 머리숱도 많아지고 머릿결도 건강해져서 행사 전과 후가 확연히 차이가 날 정도로 변화를 보였습니다. 역시 지금까지도 머리카락 걱정은 한 번도 한 적 없이 살고 있습니다.

경주에서 하늘의 백성 조○애 ○○천인

전생의 인연이 현생의 인연으로

태상천존 자미천황님의 황명으로 천인합체 행하는 날이다. 조상입천제를 행하고 32일 만에 자미천황님의 선택을 받아 천인으로 탄생하는 천인합체행사를 행하게 되었다. 오늘 천인합체의 주인공은 30대 후반의 여인이다.

이 여인의 남편도 금일 행사에 참가하였다. 조상입천제 때도 부부가 참석하였고 오늘도 부부가 함께 참석하였는데 보기 드문 광경이다. 혼자만 와야 하는데 부부가 왔다. 태상천존 자미천황님의 말씀에 의하면 이 부부는 천상에서도 부부였다 하신다.

태상천존 자미천황님께서는 이 부부에게 사랑을 내리시어 천상에서 부부의 인연을 현생에서도 맺게 하여 주시어 현생에서도 부부로 살고 있다고 가르쳐주시었다. 남들은 입천제를 행할 때, 남편이 입천제를 찬성하면 부인이 반대하고, 반대로 부인이 찬성하면 남편이 반대하기에 대부분 입천제를 행하는 날에는 부부가 아닌 혼자 참가하여 입천제를 행하였다.

이들 부부처럼 함께 조상입천제, 천인합체를 행하는 집은 거의 없었다. 그러나 이들 부부는 조상입천제 때도, 천인합체 때도 부부가 함께하고 있다. 이들 부부의 전생 부부 인연이 현생으로 이어졌고, 현생의 부부 인연은 내생으로 이어진다고 태상천존 자미천황님께서 가르쳐주시었다.

태상천존 자미천황님의 황명으로 이 여인은 천인으로 탄생하게 되었다. 천인으로 탄생한 그 여인은 순식간에 목소리와 얼굴이 변하기 시작하였다. 변화된 부인의 모습에 함께했던 남편도 놀라워하며 천인으로 탄생한 부인에게 축하를 아끼지 않았다.

천인으로 탄생된 후 그녀에게는 많은 변화가 있었다. 항상 자신의 마음은 답답하고 어수선한 상태였는데, 그런 자신의 마음이 천인으로 탄생하고 나니 너무 평온해졌다고 했다. 또한 천인으로 탄생하기 이전에는 삶이 도대체 무엇인지 정리가 되지 않아 아이들과 대충대충 하루하루를 무의미하게 살았다 한다.

조상입천제를 행하기 전에 처음 본 이 여인의 얼굴 모습은 버짐 먹은 것처럼 얼굴은 얼룩져 있었고, 게슴츠레한 모습이었다. 그랬던 이 여인은 조상입천제를 행한 후 얼굴이 뽀얗게 변하기 시작하였다. 그녀의 말에 의하면 온몸은 항상 아프고 무거웠었으며 허리, 어깨, 머리, 배 등 안 아픈 곳이 없었다 하였다.

그러나 행사를 행한 후 이 모든 증상들이 순식간에 사라져 너무 기쁘다고 하면서 밝은 웃음을 지어 보이자 이런 부인의 모습에 남편도 무척 놀라워하며 신기해하는 모습이다. 남편에게는 천상에서 부부로 있을 때 자신에게 너무 잘해 주어 고마웠었다고 하면서 천상에서 자신에게 잘해 주었던 은혜 잊지 않고 현생에서 자신도 잘하여 은혜를 갚겠다고 하였다.

그 여인은 또 한마디 하였다.

"이제는 천인으로 탄생하였기에 내일 죽는다 하여도 죽음이 전혀 두렵지 않아요"라고 하면서 천인으로 탄생한 기쁨의 말을 하였다. 항상 어수선했던 자신의 마음은 태평양 거센 파도가 잔잔해지듯 너무 평온해졌고, 삶에 대한 어떠한 두려움과 근심 걱정도 모두 사라졌으며 내일 지구가 멸망한다 해도 자신은 어떠한 걱정도 되지 않는다 말했다.

천인으로 탄생하고 나니 만천하를 모두 얻은 기분이고 이제 하늘의 천인으로 탄생하였기에 자신에게 새롭게 할 일이 많이 생길 것 같아 기분 좋다 하였다. 천인으로 탄생한 이 여인은 태상천존 자미천황님의 천지조화 기운을 받게 되기에 앞으로 비싼 화장품이나 피부 마사지를 별도로 받지 않아도 아름답고 뽀얀 얼굴을 그대로 유지할 것이라 보여진다.

피부가 천지개벽을 한 것이니 더 이상 무슨 미사여구가 필요하단 말인가? 남편이 하는 말은 조상님 입천제 행하기 전에는 아침에 일어나는 것이 너무 힘이 들었는데 이제는 아무런 고통 없이 거뜬히 일어난다고 말했고, 뭔지는 잘 모르겠지만 삶에 대한 강한 의욕과 활력이 샘솟는다며, 일상생활이 확실히 달라지고 있음을 스스로 느끼고 있다고 말하였다.

태상천존 자미천황님의 천지조화 능력은 정말 대단하시다. 조상입천제를 행하여 각자의 조상님을 구원하여 주시는 것도 놀라운데, 산 사람 인생과 산 사람의 마음, 산 사람의 세포 이 모두를 천지조화 기운으로 개벽시켜 주시니 정말 대단하시다. 태상천존 자미천황님은 인간, 조상, 영혼, 신 이 모두를 창조하신 분이시다.

태상천존 자미천황님께서는 대우주 천지인 모두를 창조하신 장본인이시기에 불가능한 일이 없으시다. 조상입천제, 천인합체를 통하여 인간, 조상, 영혼, 신, 이 모두를 아픔의 굴레, 고통의 굴레, 질병의 굴레, 사기 배신의 굴레, 종교의 굴레에서 보호하여 주시고 사랑하여 주시니 이 얼마나 인간, 조상, 영혼, 신들에게는 기쁜 일이던가?

지금까지 인간, 조상, 영혼, 신 모두는 각자의 아픔을 잊어보고자 각자의 소원을 이루어보고자 종교에 심취하며 살았었다. 그러나 어느 종교를 통해서도 인간, 조상, 영혼, 신 모두는 행복을 찾을 수 없었다. 그러나 천지인 창조주 태상천존 자미천황님께서는 인간, 조상, 영혼, 신 모두의 소원을 차례대로 순서대로 모두 이루어주고 계신다.

그동안 오랜 세월 진정한 하늘 찾아 방황한 인간, 조상, 영혼, 신 모두에게는 이보다 더 기쁜 일이 없을 것이다. 인간, 조상, 영혼, 신 모두가 오랜 세월 일심으로 찾고 찾았던 진정한 하늘 태상천존 자미천황님께서 이제 우리 모두를 구원하여 주시고 선택하여 주시고자 천상세계 자미천궁의 진실 모두를 지상 자미천궁을 통하여 이 땅에 밝히어주시니 우리 모두에게는 참으로 기쁜 일이다.

그동안 진정한 하늘 찾느라 모두들 각자 나름대로 고생 많았다. 진정한 하늘은 우리 인간이 기존에 알고 있듯이 석가나 예수, 상제, 신명님, 미륵님, 하나님이 아닌 태상천존 자미천황님이시다. 또한 사후세계에 진정으로 좋은 세상은 극락, 천당, 천국, 선경세상이 아닌 천상 자미천궁이다.

죽음을 초월한 어느 천인의 이야기

한 자매가 상담을 하고자 멀리 부산에서 찾아왔다.

언니는 50대이고 동생은 40대이다. 자미국 지상 자미천궁에서 출간된 책을 읽고 있는데, 갑자기 시계도 없는 벽 쪽에서 알람 소리가 너무도 선명히, 너무도 크게 들려 깜짝 놀랐다.

그러나 그 알람 소리는 한 번이 아닌 계속해서 자신의 귀에 선명히 들려 이 책을 출간한 "자미국 지상 자미천궁"의 존재가 보통은 아니구나! 스스로 생각을 하였고, 책을 보고 난 뒤에는 밤에 천장에 이상한 형상들이 그려져 있기도 하였다. 두 자매의 눈에 또렷이 반복하여 보였다.

자미국 지상 자미천궁을 방문하기 전, 자신들 스스로 너무 많은 것을 보고 들었기에 자미국 지상 자미천궁의 존재에 대하여 스스로 감동하여 찾아왔다 한다. 상담을 하면서 자신들이 겪었던 일들을 언니가 대부분 말하였다.

자미국 지상 자미천궁에 가자고는 동생이 먼저 말하였는데, 동생은 현재 몸이 무척 많이 아픈 상태이다. 몸에 힘이 하나도 없어 금방이라도 푹 쓰러질 것 같아 보였고, 목소리에도 힘이 하나도 없었다. 그러다 보니 언니가 대신하여 자신들이 겪었던 일들과 동생의 몸 상태를 말하였다.

어려서부터도 동생의 몸이 많이 안 좋기는 하였지만 요즘은 최악의 상태라고 하였다. 병원에서도 방법이 없다 하고, 처방전도 없다 하여 자기들도 어쩌지 못하고 있는 상태이고, 오늘도 상담은 받으러 왔지만 먼 길 오다 혹시 길에서 죽는 것은 아닌지 걱정이 많이 되었지만 태상천존 자미천황님을 믿고 힘들게 찾아왔다 하였다.

상담을 통하여 조상입천제를 행하기로 하였다. 입천제 날에는 더 죽어가는 모습이었다. 자미국 지상 자미천궁에 도착하는 순간 동생은 '푹' 주저앉았다. 저자와 다른 천인들은 이 동생의 모습에 가슴이 철렁했다. 정말 우리들 눈에는 금방이라도 죽을 사람처럼 보였다.

동생이 너무 힘들어 보여, 동생은 앉아서 쉬고 언니가 조상입천제를 준비한다고 하자 동생은 아니라고 자신도 같이한다고 하면서 자리에서 일어났다. 천인들과 그의 언니는 동생을 부축해 주며 입천제 준비를 하였다.

입천제 순서에 따라 조상님 상봉 시간이 끝나고, 태상천존 자미천황님의 말씀을 통하여 이 자손이 왜 이러는지를 밝히는 시간이 되었다. 태상천존 자미천황님의 말씀을 전해 주시고자 하나님이신 천상천감님께서 함께해 주시었다.

천상천감님께서 그 동생의 이름을 부르시며 하신 첫 말씀은 "손○희야! 너는 아직도 나의 음성을 기억하겠느냐?"라고 한 말씀하시었다. 천상천감님의 음성을 들은 동생은 천상천감님의 말씀에 눈물이 비 오듯 쏟아지기 시작하였다.

그 후에 천상천감님께서 또 말씀을 하시자, 갑자기 동생은 '욱' 하면서 토하기 시작하였다. 언니와 천인들은 동생에게 세숫대야를 갖다 대주며 등을 두드려주었다. 그 동생은 계속 토했고, 얼마의 시간이 지나자 진정되기 시작하였다.

하나님이신 천상천감님께서는 이 모든 조화는 자미천황님의 천지조화 기운이라고 가르쳐주시며, 이 동생의 인간 삶은 다하였기에 천인합체를 명 받아 천인으로 탄생하여 태상천존 자미천황님께서 이 자손에게 주시는 천인의 인생을 살아야 삶의 연장이 가능하다고 가르쳐주시었다.

인간의 삶이 다해 가는 이 자손을 태상천존 자미천황님께로 인도하시고자 천상천감님께서는 이 자손이 책을 보게끔 하시었고, 책을 볼 때도 천상천감님께서 이 자손에게 기운을 내리시어 보여도 주고, 들려도 주어 자미국 지상 자미천궁으로 오게끔 하시었다. 그러시면서 인간의 생명이 다해 가고 있으니 서둘러 천인합체를 행하라고 신신당부의 말씀을 하시었다.

행사 비용이 없다고 말하자, 지금 사람이 죽어가는데 돈이 문제냐고 하시면서 어떻게든 구해서 우선 살고 보라고 하시었다. 언니와 동생은 자미국 지상 자미천궁에 오기 전에도, 언니는 동생의 생명이 다해 가고 있음을 느끼고 있었고, 동생 또한 자신의 생명이 다해 가고 있음을 스스로 느끼고 있었던지라 천상천감님의 말씀이 무슨 말씀이신지를 쉽게 알아들을 수 있었다.

천상천감님께서는 다시 한 번 더 말씀하셨다.

너의 생명을 태상천존 자미천황님께서 주시었으니, 천인합체 명 받아 천인으로 탄생하여, 천인의 생명을 달라고 부탁드려 삶을 더 살 수 있다면 더 살아야 마땅하지, 지금에 와서 어떻게 하겠느냐고 하시면서 이 동생의 사연에 가슴 아파하시었다.

행사 순서에 따라 조상입천제는 끝이 났고, 그 자매와의 만남도 끝나게 되었다. 그 후 며칠 뒤 언니에게서 한 통의 전화가 왔다. "동생이 정말 죽을 것 같아요." 다시 한 번 더 천인합체를 행해야 한다고 설명을 해주자, 동생이 상태가 너무 안 좋아 정말 이번에는 못 올라갈 것 같고, 올라가다 죽을 것만 같아 겁나 미치겠다고 하였다.

태상천존 자미천황님 믿고 무조건 천인합체를 행하러 오라고 전화통화를 한 뒤, 그 후 며칠 뒤에 신비한 힘에 의해 천공이 구해져서 그 동생의 천인합체 명 받는 날이 되었다. 동생은 정말 산 시체가 따로 없을 정도로 창백하였다. 자신은 지금 이 자미국 지상 자미천궁에 어떻게 왔는지도 모르겠다고 하였다. 오는 동안 정말 죽을 것만 같았다고 말했다.

정말 죽을힘을 다하여 왔다고 반복하여 말했다.

언니 또한 동생이 산 시체처럼 억지로 걸어가니 지나가는 사람들이 모두 다 쳐다보며 애처로워할 정도였다 하면서 지금의 이 상황에 넋이 나간 상태다. 저자와 천인들은 이 동생의 너무 심한 상태에 또 한 번 가슴이 철렁했다.

우리들은 속으로 "천인합체가 문제가 아니라, 잘못하다가는 천인합체 끝나기도 전에 자미국 지상 자미천궁에서 장례식 치러야 하는 것은 아닌가?" 하고 겁이 덜컥 났다. 심해도 심해도 보통 심각한 상태가 아니었다. 그렇다고 저자와 천인들의 마음을 그 동생이 알게 할 수도 없었다.

당사자인 동생은 동생대로 걱정, 언니는 언니대로 걱정, 저자는 저자 나름대로 걱정, 천인들은 천인들대로 서로 걱정이었다. 하지만 서로는 서로가 걱정하고 있는 마음들을 표현하지 않았고 걱정과 근심 속에 천인합체행사는 진행되었다.

자신의 몸으로 합체할 자신의 제 2의 반쪽이 신감(여자 저자)의 몸을 통하여 자신의 존재를 밝히기 시작하자 힘없던 동생은 달라지기 시작하였다. 생기도 돌기 시작하였고 말도 하기 시작하였다. 과정을 통하여 자신의 반쪽과 합체할 시간이 다 되어가고 있었고, 드디어 자신의 반쪽이 그 동생 육신의 몸으로 들어가 하나가 되기 시작하자 그 동생은 또다시 변하기 시작하였다.

천인합체가 끝나고 집에 갈 때는 자미국 지상 자미천궁에 올 때와는 완전 다른 모습으로 변하여 돌아갔다. 그 후 며칠 뒤 전화가 왔다. 많이 좋아지고 있고 많이 건강해졌다고 말했다. 천인합체를 행하고 난 뒤 집에 돌아가 변을 보게 되었는데, 자신의 변에서 사람의 변이라고는 도저히 생각할 수 없는 석면가루 같은 것이 무척 많이 나왔다고 말했다.

이 모두가 자미천황님의 천지조화 기운이라고 하면서 목소리에 힘이 들어가 있었다. 그 후 어느 날 밤 꿈에는 한 장례식장에서, 자신이 죽은 상태로 하얀 천을 뒤집어쓰고 있는 장면도 보았다 하면서, 정말 자신은 태상천존 자미천황님 못 만났으면 이승의 사람이 아니었다고 스스로 말하며 감사하다고 했다.

자미국 지상 자미천궁의 인황과 신감을 만나기 전에도 자신은 자신 인간의 삶이 다해 가고 있음을 본인 스스로도 느끼고 있었다 한다. 천인합체를 행하여 자신이 태상천존 자미천황님께 또 하나의 생명을 받아 인간의 삶을 이렇게 살 줄은 꿈에도 몰랐다 하면서 기쁘고 감사하다고 하였다.

인간의 삶이 다한 자신을 살려주시어 또 다른 인생을 살게 해주신 태상천존 자미천황님께 항상 감사의 기도를 올리고 있고, 기도를 올리고 나면 차례대로 순서대로 자신의 소원이 이루어진다 하면서 정말 대단하신 자미천황님이라고 말한다.

그 후에 그의 언니도 태상천존 자미천황님의 크신 사랑과 보호 속에 천인합체 명을 받아 천인으로 탄생하게 되었고, 그 후에 그의 큰언니도 천인합체 명을 받아 천인으로 탄생하는 하늘의 사랑을 받게 되었다. 죽어가는 동생 하나 때문에 세 자매가 모두 천인으로 명 받는 천운아가 된 것이다.

불사선녀가 자미선녀 홍선으로

43세 여자의 몸에 20년 전 들어온 24살의 불사선녀가 천인합체를 명 받아 자미국 지상 자미천궁의 자미선녀 홍선(紅仙)으로 탄생했다. 조상입천제를 어렵게 행한 뒤 한 달 2일 만에 천인합체를 행한 노처녀(43세)의 사연이다.

여자로서 참으로 해내기 힘든 고물상을 맨손으로 시작하여 지금은 생활이 안정되어 있었다. 시집도 가지 못하고 막노동일을 해야 하는 기구한 팔자의 삶. 여기다가 결혼도 안 했는데 아이 엄마 신세가 된 기구한 팔자.

오빠가 전 부인과 이혼하면서 아이가 재혼하는데 걸림돌이 되자 동생에게 키워달라고 맡겨서 졸지에 처녀가 엄마 소리를 들어야 하는 팔자가 되었다. 팔자가 세어서 그럴까? 아니다. 이 여인은 20년 전에 몸으로 불사선녀 신이 들어와 있었기에 무당집을 참으로 많이 다니면서 상담받아 보았지만 방법이 없었다.

모두가 신을 받으라고 해서 시도해 보았지만 번번이 실패하고 해주는 말이 제왕사주를 타고 났는데 여자라서 아깝다고 말해주더란 것이었다. 신도 안 내리고 자신도 무당되기는 싫다고 말했더니 그럼 3년마다 신을 눌러주는 굿을 하라고 하면서 자기들 입장에서는 이외에 별다른 방법이 없다고 말해 주었다 했다.

그러던 중 자미국 지상 자미천궁에서 출간한 책을 읽고서 이곳과 인연이 되어 마침내 한 달 전에 모든 조상님을 천상 자미천궁으로 올려 보내드리는 조상입천제를 행했었는데 32일 만에 다시 만나본 그녀는 완전히 달라져 있었다. 처음 이곳에 왔을 때는 얼굴이 말도 아니었다.

그대로 표현하자면 시골농부의 아내보다도 더 험하고 새까맣게 그을려 있었고, 매우 야윈 몸매였으며 손은 쇠붙이를 다루어서 그런지 굳은살이 박였고, 손등도 울퉁불퉁 말이 아니었다. 그러던 그녀가 검은 얼굴이 모두 벗겨져 있는 것이 아닌가? 아주 하얗지는 않았지만 한 꺼풀이 벗겨져 가고 있었다.

여인은 하늘의 황명(천인합체)을 받기로 이미 약속하였으나 돈 마련하는 데 정확히 한 달이 소요되었던 것이다. 자미천황님의 조화로 인하여 생각지도 않았던 곳에서 천인합체를 행할 수 있는 돈이 들어온 것이었다. 그러나 막상 돈이 마련되자 기쁨도 잠시 마음이 허전해지고 약속을 이행하기가 왠지 부담스러워지는 마음을 가눌 길이 없었다.

천인합체가 모두 성공적으로 끝나고 나중에 안 일이지만 그럴만한 일이 있었다. 그녀 몸에 들어와 있는 신은 이곳과는 신분 차이가 많이 나는 불사선녀였었기에, 자신의 존재를 찾아주지도 인정해 주지도 않을 것을 미리 알고, 걱정이 되어 마음이 안정되지 않아 계속 불안했던 것이다.

이곳은 한마디로 무속세계가 아니기 때문에 불사선녀 신을 그대로 합체시켜 주면 무속의 길로 들어가게 되어 점을 보거나, 굿을 하는 무속제자로 갈 수밖에 없으므로 당연히 천상 자미천궁에 있는 새로운 자미선녀 홍선(紅仙)을 합체시켜 줄 계획이었다.

천인합체가 진행되어 여느 때와 마찬가지로 여인의 몸으로 천상궁전에 자미선녀 홍선의 신명에게 하강을 명하였더니, 합장하고 있던 양손에 강렬한 신명기운이 요동치듯 내리고 있었다.

어서 오세요! 천인들이 모두 반겨주자 서먹해 하면서 말문을 제대로 열지 못하는 것이었는데 자세히 들어보니 하강한 자미선녀의 말이 아닌 인간의 생각을 계속 말하는 것이었고 어딘가 모르게 불만이 쌓여 있고 말투가 퉁명스러워져 있었다.

그래서 잠시 중단하고 그 연유를 찾아내기에 이르렀다.

분명히 자미천황님께서는 자미선녀를 하강시켜 주시는 윤허를 이미 내려주셨기에 별문제가 없었지만 다른 곳에 문제가 있었다. 즉 20년 동안 몸에 빙의되어 들어와 있던 불사선녀 신이 책을 보게 하여 이곳까지 데리고 온 것인데, 자신의 공로도 몰라주고 찾아주지도 않음에 화가 많이 나 있었던 것을 발견하였다.

그렇다고 불사선녀를 다시 내려줄 수도 없는 입장이다 보니 잠시 생각을 가다듬어야 했다. 어떻게 해야 불사선녀 공을 인정해 주어 섭섭하지 않게 해줄 수 있나? 하고 고민하고 있는데, 불사선녀를 자미선녀로 승진시켜 주시라는 자미천황님의 황명이 있으시니, 그대로 행하라고 하는 천상감찰신명님의 말씀이 있으셨다.

자미천황님께서는 불사선녀의 공을 어여쁘게 보시고 19단계를 넘어서는 파격적인 승진을 시켜주셨다. 불사선녀는 자미천황님의 윤허하에 자미천궁 자미선녀 홍선의 자격이 되어 여인의 몸에 천인합체가 되는 영광을 누리게 되었다.

그 후 여인의 온몸으로 천지기운이 내리면서 자미선녀(불사선녀)가 말하였다. "휴~하마터면 큰 일 날 뻔했어요"라고 가슴을 쓸어내리면서 이제는 답답한 것 모두 없어졌고 매우 기쁘다면서 만족스러워했다. 불사선녀가 19단계를 뛰어넘어 자미선녀 홍선으로 파격적 승진을 하여 천인합체가 성사되었다.

하마터면 천인합체가 실패로 끝날 뻔했다. 천인합체가 성공적으로 이루어진 자미선녀 홍선과 계속 대화를 나누어보았더니 여인의 새로운 인생을 설계하고 있었다. 화장을 한 번도 하지 않고 살던 험한 삶을 모두 바꾸어주겠다고 포부를 밝혔다.

지금까지 불사선녀는 남자들이 하는 일을 하며 인생을 살아왔으나 자미선녀 홍선이 되자 본연의 여자 모습으로 돌아가는 천지기운을 내려주겠다고 약속을 하였다. 생글거리는 모습이 매우 아름다웠고, 24살된 불사선녀는 자미선녀로 승진하면서 14살로 나이가 줄어들었다고 말하였다.

그러면서 여인은 자신과 천인합체 된, 자미선녀 홍선의 모습이 또렷이 보인다면서 그 얼굴 생김새와 머리에 쓰고 있는 화관의 모양과 입고 있는 의상의 색깔에 이르기까지 너무나 자세히 말하는 또 다른 이변이 일어났다. 천인합체하여 신안(神眼)이 활짝 열리는 이적과 기적이 일어난 것이었다.

이렇게 말하는 도중에도 얼굴이 점차로 희어지고 있음을 천인들 모두가 확인하였다. 그녀도 행사 모두가 끝나고 거울을 쳐다보고는 자신의 얼굴이 변한데 놀랬고, 천인합체 행하기를 너무너무 잘했다며 이제는 속이 다 후련하고 시원하다며 매우 행복해 하는 모습을 보였다.

신명을 풀려고 무당집에 갔다가 준 돈만도 수천만 원이 넘는데 결국은 뜻을 이루지 못했다고 말하면서 오늘 이 영광을 안겨주려 불사선녀가 애쓴 것 같다고 칭찬의 말도 해주었다. 만일 신 내림굿이 그 당시에 성공했더라면 여인과 불사선녀는 신당을 차리고 무속의 길로 어쩔 수 없이 들어갔을 것이다.

하지만 자미국 지상 자미천궁에서 자미천황님의 황명을 받아 자미선녀 홍선으로 천인합체를 행했으니 이제는 무속의 길로 영원히 갈 수가 없다. 왜냐하면 자미천황님께서는 우주의 절대자이시며 천지 창조주이시기에 점 보거나 굿하는 천인 제자는 윤허를 내려주시지 않기에 천인으로 탄생할 수가 없다.

일반 무속제자들이 행하는 운명상담을 천인 제자가 하게 되면 하늘의 신명기운을 일순간에 거두신다. 죽기 전에 반드시 행해야 할 자신의 사명이라고 판단한 여인은 하늘과의 약속을 천인합체를 행하여 훌륭히 해냈다.

이제 그녀는 행복의 날개를 펼 것이다.

자미선녀 홍선과 완벽한 천인합체가 되자 그 여인은 "이제 구질구질하고 험한 일을 하는 것이 짜증스럽다"고 말했다. 이제는 여자다운 삶을 살려나 보다. 자기 몸에 신의 그릇대로 살아가는 것이 세상 법칙이다.

큰 것을 주어도 자신에게 과분하면 아무 소용이 없고, 신명 그릇이 큰 데 작은 신명이 들어오면 역할을 할 수 없듯이 모든 것은 각자의 몸에 딱 맞아야 한다. 여인은 제왕사주를 타고났는데 불사선녀가 20년을 버티고 있었으니 팔자가 바뀔 수 없었다.

그러나 이제 자미선녀 홍선의 높은 직급으로 신분이 상승되었으니 거기에 걸맞은 새로운 배우자를 만나 야망을 달성하며 행복한 삶을 살아가게 될 것이다. 여인이 천인합체를 행하고 20일 만에 전화가 왔다.

하는 말이 천인합체를 행하고 일주일 후에 평소 가깝게 알고 지내던 교인이 찾아와서는 자기 교회에 딱 한 번만 나와 달라고 하여서 인간적인 안면 때문에 멋모르고 따라갔는데 생각해 볼 시간도 주지 않고 갑자기 세례를 내려주더라는 것이다.

영문도 모른 채 돌발적으로 일어난 일이라 경황이 없었고, 멍한 상태에서 집으로 돌아왔는데, 그 후로 죽고 싶은 마음만 일어나고, 매사 일이 짜증스러워지고, 일도 손에 안 잡히고, 신경질만 내는 성격으로 갑자기 바뀌어졌다는 것이다.

천인합체를 한 다음 날부터는 바삐 돌아갈 정도로 일감이 꽤 많이 몰려 들어왔는데 교회에 다녀온 이후로는 뚝 끊어지고 전혀 일이 없다는 얘기였다. 무엇이 잘못되었는지를 자세히 설명을 해주고 대응방법을 알려주었다. 일러준 대로 일주일 정도 하늘의 자미천황님께 기도를 올렸더니 그 답변이 나왔다 한다.

어제 다시 교인이 찾아왔기에 그간 자신의 고물상에서 일어난 알 수 없는 상황에 대해서 자초지종을 말해 주고, 이제는 교회에 나가지 않을 것이니 찾아오지 말라고 통보를 내렸고, 이런 결정을 내리고 나자 열흘 정도 뚝 끊어졌던 일이 갑자기 밀려들어 왔다고 너무너무 신기하다면서 전화를 걸어왔다.

하늘께서 내리시는 신비로운 천지조화!

이 여인의 말대로 신기한 것인지 무서운 것인지. 자미천황님의 원뜻을 몰라본 천인 제자에게 하늘의 자미천황님께서 내려준 천지조화의 일부분이었다.

자미천황님은 교인들이 섬기는 하나님이 아니시고, 천상의 모든 하느님, 하나님들을 거느리시고 통치하시는 신명세계의 총 사령관님이시다. 이 깊은 뜻을 모르고 세례받는 실수를 하였으니 메시지를 내려주시어 깨닫게 하셨던 것이다.

사상 최초로 자미천사 탄생

도솔천의 선녀 신분에서 자미천궁의 자미천황님 황명을 받아 천인합체 명에 의해 자미천사로 탄생하는 날이었다. 도솔천의 하느님이요, 미륵님이요, 천주님이신 용화세존 미륵존불께서 이미 자미천황님의 황명을 받아 천상 자미천궁으로 승천하여 "천상도감"이란 새로운 관명으로 인간세상에 출세하셨기에 순서대로 이루어진 하늘의 이적이리라.

조상입천제를 행하고 자미선녀와 똑같이 32일 만에 하늘의 황명을 받들어 천인합체를 행하게 된 것이다. 우연치고는 대단한 우연이다. 이 여인의 신명이 누구인지 모르는 상태에서 그 신명을 몸으로 강세시키니 도솔천궁의 선녀인지라, 다시 천상 자미천궁으로 승천시켜 자미천황님 황명에 의하여 새롭게 "자미천사"란 관명을 받고 내려왔다.

다행히 남편도 함께 천인합체에 참석하여 실감나게 자세히 지켜보았는데, 남편 역시 도솔천궁의 도령장군으로 천상에서도 서로 부부였던지라 인간세상에서도 다시 만나 부부로 인연을 맺고 살고 있었던 것이다.

천인합체가 이루어지기 전에 여인의 몸에는 무속인의 집에서 따라 들어온 저급한 가짜 왕비신명이 있었다. 자기가 자칭 왕비이니 왕비 옷을 달라는 것을 이곳은 무속인의 집이 아니기에 그런 옷 없다고 일언지하에 거절하자, 그럼 선녀 옷 같은 것이라도 있으면 달라 하는 것을 냉정하게 거절하였다.

여기가 감히 어딘데 그런 옷 타령을 하느냐고 호통을 치며, 그런 무속인의 집이 아니니 어서 썩 나가라고 불호령을 내리자 머리를 푹 숙이고 아무런 말도 못하고 가짜 왕비는 물러갔다. 이런 경우 무속인 같으면 그대로 왕비 옷을 해주어 왕비신명으로 신을 받아주었을 것이다.

하지만 이곳은 무당세계처럼 그런 저급한 신명들을 몸에 내려주어 무당을 만드는 곳이 아니라, 자미천황님의 명을 받아 천상의 고급신명들을 내려주어 천인합체시켜 준다. 높고 높으신 하늘의 자미천황님 황명을 받들어 하늘의 천인들을 배출하는 곳이라 아무리 왕비신명을 위장하여 몸에 숨어 들어와도 발각될 수밖에 없다.

이렇게 저급한 가짜 왕비를 물러나게 하고 도솔천궁의 선녀였던 신은 천상 자미천궁의 자미천황님의 황명을 받고, 천상천감님(하나님)과 합의받아 “자미천사”로 여인의 몸과 합체하는 영광을 누렸다. 사상 최초로 하늘의 자미천황님께 명을 받아서 “천사” 제 1호로 탄생하는 기쁨과 영광을 동시에 얻은 것이다.

이렇게 자미천사라는 천상의 관명을 받아 여인의 몸으로 하강한 천사는 말하는 목소리가 천사 그 자체로 매우 아름다운 목소리였으며 합체되어 있는 그 얼굴은 더더욱 아름다운 모습이었고 이내 자신의 모습이 어찌 생겼는지 스스로 말하기 시작하였고, 입고 있는 의상에 대해서도 설명해주며 아주 만족해하였다.

이제 하늘의 자미천황님 황명을 받아 자미천사와 합체되어 천인으로 탄생되었으니 사명을 완수하기 위하여 열심히 황명을 받들겠다고 충성맹세를 하늘에 올려드렸다. 하늘의 자미천황님께서 실제 존재하고 계심을 보다 더 많은 사람들에게 책을 구독하라 전하며 자미천황님의 나라 무릉도원 자미국 지상자미천궁이 이 땅 위에 머지않아 세워진다는 것도 힘주어 강조하였다.

자미천사와 천인합체된 이후의 마음에 수많은 변화가 일어나고 있었다. 그동안 귀신에 빙의되어 누가 보아도 정상이 아니라 할 정도로 품행이나 말투가 어눌하여서 금방 알아볼 수 있을 정도였고, 온몸이 어디라 할 것 없이 너무 아프고 무거웠던 부분이 신비스럽게 감쪽같이 없어졌다고 자랑했다.

'나는 누구인가?'에 대해서 무척 궁금하였었는데 확실히 알아서 통쾌하다며 좋아했다. 자신이 하늘 자미천황님의 자미천사 천인으로 탄생한 것에 대하여 믿어지지 아니해 하는 모습과 함께 너무너무 영광스럽고 기뻐하며 만족해했다.

천하를 모두 얻은 기분이라고 하면서 이제 하늘의 황명을 받았기에 새롭게 할 일이 많이 생겼다고 기분 좋아하였다. 천인합체행사를 행하는 얼마 안 되는 짧은 시간이었지만 모든 것이 몰라보게 변화되었다.

천인합체 이후 며칠 만에 전화를 걸어왔다.

어쩐 일이냐고 물었더니, 안부 인사하려고 전화했다며 하는 말이, 6살짜리 장남 아이가 "엄마처럼 말해요"라고 주문을 하더란 것이다. 무슨 이야기인가 하면, 자미천사 신명과 그녀가 천인합체되어 천인으로 탄생하자 천사의 음성으로 아이들에게 말을 하니 갑자기 달라진 엄마의 아름답고 상냥한 애교 띤 목소리에 아이가 이상하게 받아들인 것이다.

당연히 자미천궁의 천사와 천인합체가 되었으니 천사의 음성과 행동이 나올 수밖에 없지 않은가? 천사가 몸에 들어와 있으니 천사처럼 말을 해야지 예전의 엄마처럼 말해서야 어찌 천인합체가 되었다고 하겠는가?

분명 아이들 귀에는 이상하게 들렸을 테지만 하늘의 천사가 되었으니 아이들 또한 천사처럼 잘 보살펴주고 훌륭한 아이로 키워나갈 것이리라. 천사로 탄생되자 그녀의 얼굴 피부가 화색이 돌면서 윤택해졌고, 삶에 자신이 생겼으며 근심 걱정이 모두 소멸되었다며 매우 기뻐하였다. 착한 천사의 가정과 앞날에 자미천황님께서 천복만복을 무궁무진 내려주실 것이다.

천인으로 탄생한 8살의 아이

이 8살 남자아이의 부모 모두는 조상입천제와 천인합체를 명 받아 이미 천인으로 탄생한 상태이다. 이 천인 부부에게는 8살과 5살의 두 남자아이가 있다. 8살의 남자아이는 어려서부터 항상 자신의 말을 듣지 않아 속상하다 하였다.

부모인 자신이 이렇게 하자고 말하면 반대로 한다고 매일 고집을 부리고, 밥을 주면 한 10~20분가량을 입에 물고만 있어 밥을 먹일 때도 항상 전쟁 아닌 전쟁을 할 수밖에 없었다. 감기는 1년에 몇 번씩이나 병에 걸려, 병원을 전전하게 만들었고 몸은 항상 지친 상태인지라 아침에 학교 가자고 깨워도 제대로 일어나는 경우가 없어 지각도 많이 하였고 결석도 몇 번 하였다 한다.

또한 매사 징징대기만 하고 잘못한 것이 있어서 조금만 야단을 치면 닭똥 같은 눈물을 뚝뚝 흘리며 구석에 쭈그리고 앉아 있는 못난 모습을 자주 보여 부모인 자신은 항상 8살 아들 때문에 속상해 죽겠다고 하였다.

동생 때리지 말고 사이좋게 지내라 하여도 항상 5살짜리 동생에게 시비를 걸며 동생에게 한 치의 양보도 없이 싸우고 때려 어린 5살짜리 아이가 불쌍할 정도라고 하였다. 부모가 조금만 동생 편을 들면 그것이 섭섭하여 구석에 쪼그리고 앉아 눈물을 뚝뚝 흘리고 있으니 8살짜리 아들 때문에 속상한 것이 한두 가지가 아니라고 하였다.

공부를 시키면 조금만 해도 짜증을 내고, 잘 알아듣지도 못하며 안 한다고만 하니 부모의 속 타는 마음이 오죽하랴? 이런 우여곡절 끝에 오늘은 태상천존 자미천황님의 윤허로 8살짜리 자신의 아들이 천인합체행사를 행하는 날이다.

순서에 따라 행사는 진행되었고 8살짜리 아이의 합체행사를 완성시켜 주시고자 천상감찰신명님, 천상천감님, 천상도감님께서 함께해 주시었다. 신명님께서 오셨는데도 아이가 아무 말도 없자 신명님께서 한 말씀하시었다.

"너는 인사도 못 하냐?" 그러자 아이를 대신해서 엄마가 말했다. "아이가 쑥스러움이 많아서 그래요"라고 대답을 하자 신명님의 다음 말씀이 있으셨다. "그것은 쑥스러움이 아니라, 쑥스러움을 가장한 뻔뻔스러움이고, 위도 아래도 몰라보는 버릇없는 행동일 뿐"이라고 말씀해 주시면서 "인간은 저 안에 뭐가 들어 있는지 몰라 그 마음을 쑥스러움이라고들 알고 있는데, 절대로 쑥스러움이 아닌 뻔뻔스러움"이라고 힘주어 말씀해 주시었다.

신명님의 예리한 말씀에 부모는 자신의 자손에 대하여 몰랐던 부분을 알고 놀라워하였다. 부부는 단지 아이가 쑥스러움이 많아 어른들에게 인사도 잘 안하는 줄 알고 있었는데, 그것이 쑥스러움을 가장한 뻔뻔스러움일 줄을 어떻게 알 수 있겠는가?

신명님께서 오늘 태상천존 자미천황님의 천지조화 기운으로 자손의 이 기운을 모두 바꾸어주신다고 하시었다. 그러면서 하시는 그 다음 말씀은 “저 아이의 몸 안에는 뻔뻔스러운 존재가 숨어 있으면서 저 어린아이를 조종 아닌 조종을 하기에 아이가 엄마, 아빠의 말을 안 듣게 되는 것”이라고 가르쳐주시었다.

그러자 참석한 천인 부부는 신명님의 말씀에 “예, 신명님의 말씀이 맞아요. 아이가 우리 말을 절대로 안 들어요” 하면서 대답을 했다. 신명님께서 이 아이에 대해서 밝혀주신 진실의 말씀은 이러했다.

이 부부는 아이를 낳기 전 둘이 다니던 점집이 있었다. 그 점집을 다니면서 해마다, 때마다 굿도 하고 치성도 드리고 했다. 한두 번이 아닌 수많은 굿과 치성을 드려 이 아이를 낳았다. 자미국 지상 자미천궁을 오기 바로 전까지도 그 무당집에 인연을 맺고 있었다.

그러나 자신들도 모르는 사이에 이 과정에서 무당집에서 따라붙은 어떤 혼령이 어린아이의 몸으로 들어가 어린아이와 함께 동고동락하며 어린아이의 인생과 어린 아이의 마음을 지배 아닌 지배를 하며 조종을 하고 있었다고 가르쳐주시면서, 태상천존 자미천황님께서 윤허하신 사랑의 천인합체 명이 없었더라면 저 아이는 이다음에 자라 법사나 도사, 스님이 될 수밖에 없었을 거라고 가르쳐주시었다.

그 아이의 몸에 8년 동안 숨어 있던 뻔뻔스러운 혼령은 태상천존 자미천황님의 천지조화 기운으로 자신이 왔던 무당집으로 다시 돌아가게 되었고, 그 아이는 태상천존 자미천황님의 황명을 받아 천인으로 탄생하게 되었다. 천인합체가 끝나고 나자 아무것도 모르는 8살짜리 꼬마 아이는 환한 웃음을 지었다.

그 모습에 부부 천인은 놀라워하였다. 많은 과정을 통하여 8살짜리 아이의 천인합체행사는 끝나게 되었다. 며칠 후 천인합체행사를 행한 자신의 아들이 엄마인 자기에게 말했단다.

“엄마! 동생은 왜 합체 안 해줘! 동생도 해줘”. 아들에게 이 말을 들은 엄마는 아들의 말에 신기하여, “왜 동생도 합체해 줄까?” 했더니 “응 동생도 해줘” 하고 말하기에, “왜 동생도 합체해 주라고 하는 거야?”라고 묻자 “합체하니까 좋아!” 라고 대답을 하더란다.

엄마는 아들의 말에 계속 신기하여, “좋아? 뭐가 좋은데?” 라고 묻자 “다 좋아. 그리고 조금 좋은 것이 아니라 많이많이 좋아!”라고 대답을 하였단다. 또 하루는 아들과 얘기를 하면서, “우리 아들은 지금까지 어떤 일이 가장 즐겁고 행복한 일이었어?”라고 묻자, “자미천궁에 가서 합체한 거!”라고 대답을 하여 아들의 말에 자신은 또 한 번 놀라고 태상천존 자미천황님의 놀라운 천지조화 기운에 놀랐다 한다.

자신은 아들이 너무 어려 합체행사에 대하여 설명한 적도 없었건만 아들이 천인합체에 대하여 너무 잘 알고 있었고, 그 행사를 행하고 난 후 자신 스스로가 행복하고 좋다며 스스로 말을 하니 태상천존 자미천황님의 천지조화 기운에 어찌 놀라워하지 않을 수 있으랴? 아들의 달라진 모습은 그뿐이 아니었다.

항상 짜증날 정도로 징징대던 모습은 순식간에 사라졌고, 8년 동안을 매일같이 달고 다니던 감기도 언제 그랬느냐는 듯이 뚝 떨어진 상태이고, 아침마다 일어나지도 못하던 아이는 씩씩하게 잘 일어나 학교생활도 잘하고 있고, 공부와 숙제도 짜증과 싫다는 말 안 하며 예전과 다른 모습으로 바뀌어 아주 잘하고 있다 하였다.

예전에는 엄마가 뭐라고 말만 하면 반대로 말하던 아이가 "알았어. 엄마!"라고 하든가, "엄마 나 이거 하던 거 마저 하고 할게" 하는 모습으로 바뀌었다 한다. 또한 동생도 이제는 잘 때리지 않고 가끔 보살펴주고 챙겨주는 아주 달라진 모습이라고 말하였다.

하루는 아들이 엄마에게 말하더란다. "엄마! 오늘 동생이 잘못한 것이 있어 때리고 싶었는데, 안 때리고 내가 참았어." 너무도 달라지고 너무도 새로워진 아들의 말과 행동에 자신은 깜짝깜짝 놀랄 뿐이라고 하였다.

아들의 천인합체행사를 행해 주기로 결정을 내리기 전 자신은 속으로 생각을 했었단다. 아무리 태상천존 자미천황님의 천지조화 기운이 대단하다 하지만 아무것도 모르는 아이가 천인합체를 한다고 과연 달라질 수 있을까?

그리고 우리 아이는 태어나면서부터 아프고 신경질적이고 매사 피곤해 하였는데, 천인합체행사를 한다고 과연 이 모든 것들이 달라질 수 있을까? 하고 생각을 하였다 한다. 그러나 자신이 걱정했던 그 마음들은 다 필요 없게 되었다. 태상천존 자미천황님께서 아들의 성격, 말, 행동, 건강 이 모두를 바꾸어주시었다.

합체 행하기 전, 아들이 여러 가지로 너무 심하여 자신의 아들에게 자신도 모르게 정이 떨어진 적이 한두 번이 아니었다 한다. 그러나 자신의 자식이기에 밉든 곱든 어찌할 수 없어 억지로 예뻐하는 척하며 길렀었다 한다. 그러나 아들이 천인합체행사를 통하여 천인으로 탄생하고 난 뒤에는 너무도 예쁘게 변하여 자신의 마음 안에서도 그 아들에 대한 사랑이 샘솟는다 한다.

또한 아들도 예전과 달리 예쁘고 사랑스러운 말과 행동만 하니 태상천존 자미천황님의 천지조화 기운 정말 대단하시지 않은가? 정말 태상천존 자미천황님이 아니었다면 이 어린 자손은 그 뻔뻔스러운 혼령의 기운에 빙의된 채, 인생을 그 혼령의 노예로 살 뻔했던 위험한 사례이다.

태상천존 자미천황님의 천지조화 기운은 나이, 장소에 상관없다. 태상천존 자미천황님의 천지조화 기운은 시공간을 초월하여 인간의 생각, 마음, 행동, 말 이 모두를 바꾸게 해주시니 정말 대단한 기운이시다.

지장보살님께서 통한의 눈물을 흘리시어

자미국 지상 자미천궁 내에서 천인합체(天人合體)를 진행하는 1부 과정에서 합체대상자의 몸으로 신명이 합체되기 전에, 미리 오랜 세월 동안 주인공의 몸을 빌려 하늘의 메시지를 전하고 계셨던 신명을 잠시 하늘의 명 수행자 신감 몸을 통하여 만나보기로 하였다.

천인합체할 주인공의 몸 안에 있던 신(지장보살님)께서는 신감 몸을 빌려 한 시간여 동안 눈물바다를 이루시며 그동안 있었던 일을 말씀하셨다. 몸 안에 신만 우는 것이 아니고, 천인합체할 주인공과 이미 합체한 참관 천인들을 비롯하여 저자 인황까지 대성통곡하며 함께 울었다. 세상 그 어느 누구도 눈물 없이는 볼 수 없는 지장보살님의 감동 말씀이었다.

몸 안에 신의 말씀 한 마디 한 마디는 하늘의 말씀이셨고 감동의 말씀이셨다. 이 내용은 고승, 승려, 일반 불자, 대한민국 국민뿐만이 아니라 세계인들도 감히 알 수 없었던 내용이고, 감히 짐작도 할 수 없었던 전무후무한 청천벽력과도 같았던 내용들로서 태초 이래 처음으로 세상에 알려지는 경천동지할 내용이다.

주인공이 온갖 풍상을 겪다가 책을 읽고 자미국 지상 자미천궁과 인연을 맺어 조상입천제를 행한 날이다. 수많은 굿과 절에 가서 천도재를 올려도 보았지만 아무 소용이 없었고, 끝내 큰 일을 당하고 말았다. 하늘이 무너지는 일을 당한 것이다. 남동생이 35세(미혼) 나이에 폭행치사로 인하여 세상을 떠났다. 그 폭행 가해자는 다름 아닌 오늘 천인합체를 행할 주인공의 남편이었으니 이것을 숙명이라고 해야 하나? 아니면 얄궂은 운명의 장난이라고 해야 할까?

동생은 저승으로, 신랑은 감옥으로 가버리고 홀로 남은 주인공의 팔자! 동생은 죽어서 세상을 떠났고, 신랑은 감옥에 들어가고서 채 한 달도 안 되었다. 경황이 없었지만 동생의 죽음을 위로하고 사죄하며 마지막으로 동생의 혼령과 대화라도 나누어 보고자 없는 돈을 빌려서 가족 모두의 조상님들을 청배하여 조상입천제를 행하였다.

남동생의 혼령은 즉시 신감의 몸을 빌려 응감했고, 대화를 나누어 보니 폭행치사 동기가 살해 의도가 전혀 없는 "고생잡기" 놀이였다고 태연자약하게 말을 하는 것이었다. 이전에도 서로가 여러 번에 걸쳐 그런 놀이를 산중의 기도터에서 했었다고 말했다. 이날은 자기 매형(신랑)이 목을 너무 세게 오래 졸라서 숨이 끊어졌던 것이다.

주인공의 신랑도 신을 두 번이나 받았다가 손님도 별로 없고, 신이 잘 실리지 않고 해서 법당을 닫고, 산중에서 기도생활하다 갑작스런 살인자의 신세로 돌변해 버린 것이다. 참으로 기가 막힌 사건이 벌어진 것이다. 주인공 자신도 그동안 보살들이 시키면 시키는 대로 굿도 수없이 했고, 신의 길을 가야 할 사람이라고 하여 신 내림굿도 시도해 보았으나 실패했다.

갖다 준 돈만도 수천만 원이었지만 끝내 정답을 찾지 못한 채 실로 엄청난 불행을 당하고 만 것이다. 신 내림을 해야 한다고 해서 날을 잡아 준비를 했고, 법사(신의 선생님)가 시키는 대로 합장하였다.

눈을 감은 채 법문소리를 들으며 신의 기운이 내려오기를 한 시간 동안이나 기다렸으나 끝내 몸으로 아무런 진동이나 손 떨림도 나타나지 않았다. 법사가 자기 능력으로는 안 된다고 손을 들어버린 사실이 있었다는 것을 천인합체가 성공적으로 끝나자 그때서야 지나간 사실을 털어놓았다.

주인공은 그야말로 눈앞이 캄캄했다. 동갑내기 신랑의 손에 동생은 죽었고, 신랑은 구속되어 감옥에 갇혔으니 이 무슨 날벼락이란 말인가? 이런 모진 마음고생 끝에 자미국 지상 자미천궁에 찾아와 조상입천제를 끝마치고 매우 어렵게 천인합체행사 비용 천공을 마련하여 공교롭게도 정확히 한 달 만에 하늘의 자미천황님께서 내리시는 황명을 받들어 행하게 된 것이다.

보증금도 없이 월 10만 원 월세방에 사는 피눈물 나는 불쌍한 신세였지만 이 또한 그의 팔자이리라. 그러면서도 자미국 지상 자미천궁에 대한 믿음이 확고하였기 때문에 천인합체를 행할 수 있었고, 하늘의 자미천황님께서도 주인공의 어려운 사정을 감안하여 합체의 명을 내려주시었다. 그녀의 지극한 마음에 자미천황님께서도 감동하시어 하늘의 천인으로 탄생시켜 주시는 영광과 축복을 내려주셨다. 성공적으로 천상의 신명과 합체된 주인공은 너무너무 기뻐하였고 감사함을 표하였다.

지장보살님께서는 천지부모 자미천황님께서 내리신 배려로 천인합체 명에 따라 자미천장(紫微天藏) 신명으로 다시 태어나 주인공과 한 몸이 되시었다. 하지만 지장보살로서 다하지 못한 사명을 인간세상에서 불교법이 아닌 자미국 지상 자미천궁 법도에 따라 자미천장 신명 천인으로서 조상구원의 역할을 맡아 행해야 하는 하늘의 사명을 부여받았다.

하늘의 자미천황님 명을 받들어 깨닫지 못하는 수많은 영혼들을 천상 자미천궁으로 인도하는 역할이 주어진 것이다. 지장보살님께서 자신도 자미천황님께는 큰 죄인이라면서 한이 서린 말씀을 하시기에 들은 대로 적어보았다.

절에 가면 조상님 천도재 올릴 때마다 승려들이나 유가족 그리고 일반 불자들이 조상님들 좋은 곳으로 가시라고 "지~장~보~살" 명호를 줄기차게 합창으로 열심히 외운다. 이때마다 지장보살님께서는 너무 괴롭다 하시면서 제발 이제는 당신의 명호를 그만 외워달라는 경천동지할 말씀을 해주시었는데 그 내용인즉슨 이러했다.

지장보살님

더 이상 나의 명호(지장보살)를 부르지 말라. 하늘의 자미천황님께 나의 명호 소리가 들릴 때마다 자신은 바늘방석 위에 앉은 형국이고, 감히 부끄럽고 송구스러워 하늘을 바라볼 수 없으니 제발 나를 더 이상 죄인으로 만들지 말아 달라고 간곡히 부탁의 말씀하셨다. 수천 년 동안 조상영혼들을 구원하고자 열심히 하였지만 하늘의 자미천황님께 큰 죄인이 되었다는 것이다. 위대하시고 지엄하시고 존엄하신 하늘의 명호(태상천존 자미천황님)는 함부로 불러서는 아니 된다고 강조하시며 엄숙히 당부 말씀을 하셨다.

자미천황님이 어떤 분이신데 감히 중생들이 그 높으신 명호를 함부로 부를 수 있느냐고 크게 역정을 내시었다. 지구촌에 수십억 불교 신자들이 "지장보살" 나의 명호를 외우고 있지만 나 역시 자미천황님께 큰 죄인인데 어찌 나보고 구원하여 달라 명호를 외우냐며 곤혹스러워하시었다. 천지의 삼라만상과 일체 중생과 영혼과 신명을 구원하시는 일은 모두가 자미천황님의 명이 내려와야 하는 것인데, 그것을 모르는 승려들과 중생들이 함부로 지장보살 명호를 외워 자신의 처지가 말이 아니라고 하신다.

지장보살님께서 자신의 위치가 얼마나 절박하였으면 앞으로는 지장보살 명호를 외우는 모든 자들에게는 구원이 아닌 저주를 내리시겠다는 말씀까지 하셨다. 절에 가면 지장전이 있는데 모든 영가를 지장보살님이 구원하여 준다고 믿고 있기에 스님들과 불자들은 자신의 조상님 구원을 위하여 "지장보살" 명호를 끝없이 외우곤 한다.

조상영혼들에게 극락세계로 가라는 의미가 담겨 있는 명호이다. 수천 년 동안을 조상구원한다는 것이 하늘의 자미천황님께는 큰 죄를 짓는 결과로 나타났으니 어찌하랴. 지장보살님 또한 자미천황님의 처분만 기다리고 그 지엄한 명에 따를 뿐이라 하신다. 실로 세상 사람들이 지장보살님께서 스스로 하늘의 자미천황님께 큰 죄인이라 자처한다면 그 어느 누가 믿을 것인가?

저자 인황 역시도 전혀 생각지도 못했고, 주인공의 신명이신 지장보살님께서 이런 경천동지할 말씀을 내려주시리라고는 감히 생각이나 꿈도 꾸지 못했다. 저자 또한 자미천황님의 명 대행자 입장이면서도 자미천황님의 존엄성에 대하여 다시 한 번 큰 깨달음을 얻는 순간이었다.

지장보살님이라면 영혼들이 지옥의 명부세계에 단 한 명도 남지 않을 때까지 영혼을 위로하고 구원하시는 지옥세계 부처님이시다. 마음이 깨끗하지 못한 자, 자미천황님의 존재를 모르는 자들은 함부로 입에 올려서는 아니 될 명호라 하시면서 깊은 주의를 내리시었다.

자미천황님께서는 하나님, 하느님, 하늘님, 천존님, 상제님, 부처님이 아니시라, 이 모든 분들을 거느리시고 통치하시는 대우주 천지창조의 주인이시며 천지부모님이시기에 하나님이나 하느님, 상제님께서도 감히 어렵게 대하는 존귀한 분이시거늘 중생들이 어찌 함부로 자미천황님 존호를 함부로 부를 수 있느냐고 말씀하셨다.

자미천황님의 마음은 그 어느 하나님이라도 알 수 없으며, 인간 또한 더더욱 알 수가 없으니 자미천황님 존호를 외우려거든 마음을 정갈히 하고 자미국 지상 자미천궁에 들어와 그 예법을 터득한 후 천인으로 명 받은 자들만 정중히 존호를 부를 수 있다고 말씀하셨다.

신 내림과 눌림 굿 하러 다닐 필요 없어

신기 있는 사람들은 더 이상 신을 받으러 무속인 찾아가서 상담할 필요도 없고, 매년 또는 3년마다 신 눌림 굿 하러 다닐 필요가 없어졌다. 신 내림 받아 신당 차렸다가 문 닫는 신 제자들이 50%가 넘어섰고 손님이 없어서 식당에 일하러 다닌다.

무속인을 통해서 받는 신은 천상에서 하늘의 명을 받고 내려온 고차원적 신이 아니라 허공중천을 떠도는 잡신들과 자신들의 조상귀신들임이 밝혀졌다. 천상의 고급 신들은 자미천황님의 명을 받지 않고서는 인간세계에 내려올 수 없다.

무속인들이 자미천황님을 알지도 못하지만 어떻게 하늘의 명을 받는 것인지 모르기에 떠도는 잡신들 중에서 조금은 영험하다고 판단되는 잡신들을 받아줄 수밖에 없다. 그리고 무속세계 역시 하늘의 뜻이 아니기에 죄만 더 쌓는 죄인의 신분으로 살아가야 하니 인생길이 평탄할 수 없고 풍파가 휘몰아친다.

조상입천제와 천인합체를 행하면 신기 소멸되어 신 내림 받을 필요도 없고, 정기적으로 신 눌림 굿 하지 않고, 일반인으로 마음 편히 살아갈 수 있으니 혼자서 고민 걱정하지 말고 하루빨리 자미국 지상 자미천궁으로 들어와야 한다. 신 받으면 가문이 몰락하는 불행을 당하니 절대로 신 받지 말아야 한다.

제3부

천상으로 가는 길 생령입천

살아서 천상으로 갈 것인가,
죽어서 무덤으로 갈 것인가?

생령입천이란 무엇인가?

살아서 천상으로 갈 것인가, 죽어서 천상으로 갈 것인가?

각자의 몸 안에 있는 영(生靈생령)들이 육신 죽어서가 아닌 살아서 천상으로 돌아가려고 저주와 반란을 일으켜서 여러분 인생에 극심한 풍파(몰락과 파멸)가 휘몰아치고 있다!

가장 대표적인 불운의 사례가 돈의 1인자 이건희, 이재용 부자와 권력의 1인자 박근혜, 최순실이니 여러분도 이들처럼 생령들의 저주와 반란으로 육신이 비참한 불행을 당하지 않으려거든 어서 빨리 생령입천을 행하여 살아있을 때 생령들을 천상 자미천궁으로 돌려보내야 한다.

언제부터인가 저자 인황에게 신이나 조상영혼 그리고 귀신은 물론 살아있는 사람의 생령(영혼)을 부르는 신비한 능력이 생겨져 있었다. 산 사람의 생령(영혼)을 부른다고 하면 일반인이나 신명제자도 이상하게 생각하고 잘 믿으려 하지 않는다. 생령이란 말조차 처음 들어볼 것이다.

생령이란 여러분의 몸 안에는 선과 악, 즉 선령과 악령 중에서 선의 역할을 하고 있는 선령이 하늘의 명 받는 것이 천인합체이고, 악령이 하늘의 명 받아 천상 자미천궁으로 오르는 것을 생령입천이라 하는데, 독자 여러분이 종교세계를 통해서도 전혀 들어보지 못했고, 알지 못했던 신비한 내용들이 인류 최초로 적나라하게 밝혀진다.

악의 역할을 하고 있는 악령인 생령을 천인합체 이후에 하루빨리 구원해서 천상으로 보내주어야 하는 또 다른 엄청난 이유가 있었다. 악령(생령)들은 악의 역할을 아주 열심히 해야 하늘로부터 구원받는다. 악령(생령)들도 구원받는다는 말은 난생처음 들어볼 것이다.

하늘의 말씀에 의하면 인간을 창조하실 때 인간의 몸과 마음으로 선과 악을 동시에 내려 보내주시었다고 하시며, 각자에게 다른 역할을 맡기셨다고 하신다. 선은 착한 역할을 하고, 악은 나쁜 역할을 하라고 명을 내려보내셨다는 것이다. 인간의 입장에서나 선령과 악령으로 구분하지 하늘의 입장에서는 누가 더 착하고 나쁘다 편을 가르시지 않으신다고 하시었다. 묵묵히 각자에게 주어진 사명을 충실히 수행하고 있을 뿐이라 하신다.

생령을 부른다고 하면 사기 친다거나 쇼 한다고 부정해 버리고 만다. 그러나 자미국 지상 자미천궁의 저자 인황은 그러한 실험을 수없이 많이 시도하였다. 상대방의 생령이 들어오면 그의 모든 마음을 알 수 있다. 상대가 국내에 있던 외국에 있던 거리에 상관없이 부르면 10초 안에 바로 들어온다.

이것은 천상에 하늘 태상천존 자미천황님께서 친히 저자 인황의 육신으로 내려오시어 하늘의 신비 능력을 보여주시는 것이라고 계시를 내려주시었다. 일반 세상에선 감히 상상 못할 일들을 하늘은 명 대행자 저자 인황의 육신을 통해서 여러 가지 형태로 하늘의 신비로운 원력을 보여주고 계시는 것이다.

이럴 때면 대단한 보람과 긍지를 느낀다. 아무나 할 수 없는 일들을 하늘의 명 대행자 인황이 되어 해내고 있으니 말이다. 처음엔 나 역시 믿을 수 없었다. 여러 번 시도해 보니까 진짜로 생령들이 오고 가는 것을 확실히 알게 되었다.

말만 하면 신과 생령(영혼), 사령(조상)이 바로바로 들어오고 있었다. 때론 생각만 해도 상대가 들어온다. 인황은 이런 신비 능력을 인류가 원하고 바라는 무릉도원 세계 자미국 지상 자미천궁을 크게 세우는 데 쓰고자 한다.

천지신명공사를 통하여 하늘의 천인과 백성을 많이 배출하여 진정한 하늘의 원과 한은 무엇이고 인간들이 앞으로 하늘과 어떻게 조화를 이루며 살아가야 되는지 가르쳐 고통과 불행에서 벗어나게 해 주고 싶다.

저자 인황 혼자만 대단하신 하늘을 알고 있기는 너무나 안타깝다. 무소불위의 천권과 천력을 행사하시는 하늘께서 인류의 구심점이 되셔야 한다. 하늘 태상천존 자미천황님의 천상정기 원력으로 여러분 인생의 삶이 변할 것이다.

저자 인황은 하늘의 원과 한을 풀어드리고, 손과 발, 입이 되어드려서 인류가 하늘과 더불어 잘 사는 멋진 세상을 만들어 보고 싶다. 천상조화는 반드시 일어나고 동방 땅은 하늘 태상천존 자미천황님이 선택한 나라임을 긍지와 자부심을 갖고 살아간다. 천상정기는 무력을 전혀 쓰지 않고 상대방을 나의 편으로 만들기도 하고 굴복시킬 수 있다.

하늘 태상천존 자미천황님의 명을 받는 생령입천을 행한 백성이 역술인에게 가서 본인과 가족까지 모두 개명했다고 하자 하늘께서 진노하시면서 생령입천을 중단시키시었다. 사람들 모두가 잘 살아보려고 역술인에게 찾아가서 개명을 하는데 그 어떤 기운의 도움도 받을 수 없다는 진실을 알게 되었다.

수백만 원 들여 개명하고 도장 파고 행운번호 받았던 수많은 사람들이 돈만 날렸다고 역술인을 원망했다. 하늘 태상천존 자미천황님께서 행사를 중단시키시기 전까지는 이런 일들이 잘못된 것인 줄 몰랐었다. 하늘께 의지하지 않고 역술인에게 운명을 의지한 백성은 행사가 중단되고 10일 후 다시 행사를 해서 천인으로 탄생하였다. 이것이 하늘을 몰라본 죄이다.

하늘의 기운을 받아야지 역술인의 기운을 받아서 어찌 운명이 바뀌겠는가? 작명이나 개명으로 운명이 바뀔 수 없고, 운명 역시 하늘이 좌우하시는 것이지 인간이 어찌 운명을 바꿀 수 있나? 그래서 위대하시고 대단하신 하늘의 원력을 받을 수 있는 인황과 신감이 이 땅에 있는 것이 여러분에게는 천운이 열리는 행운이다.

만생만물의 영장 인간

여러분 몸 안에 생령이 현재는 만생만물의 영장인 인간 육신으로 태어났지만 한때는 조상(귀신), 조류, 축생, 어류, 곤충으로 태어났던 전생이 있었고, 인간으로 태어나기 전에는 쥐, 소, 호랑이, 구렁이, 뱀, 말, 양, 원숭이, 닭, 개, 돼지였던 시절이 있었다. 그래서 사람들의 모습과 성격, 행동을 유심히 살펴보면 띠별 습성이 그대로 투영되어 있다.

인간 육신들도 엄밀히 말하면 생각할 수는 있는 동물 중에 하나이고 조류, 축생, 어류, 곤충과 함께 하늘의 창조에 의해서 태어났다. 그러니까 여러분 몸 안에 생령들은 원초적인 전생 이력이 천상 자미천궁의 천인(신선선녀)들이었다.

그런데 천상법도를 수없이 어겨서 죄를 짓고 벌을 받아 인간, 조류, 축생, 어류, 곤충으로 태어났던 것이다. 이런 전생의 무서운 윤회의 진실을 알지 못하고 잘난 체하며 살아가는 것이 인간들이다.

생령입천은 만생만물로 윤회하는 고통스런 고리를 완전히 끊고 영들의 고향인 천상 자미천궁으로 돌아가는 엄청난 행사로 인류가 태어난 이후 처음으로 하늘께서 인황과 신감 육신을 빌리시어 구원의 천상지상 공무를 집행하고 계신다.

만생만물의 영장인 인간 육신으로 태어난 생령들이 영들의 고향인 천상궁전 자미천궁으로 다시 돌아갈 수 있는 천재일우의 기회를 처음이자 마지막으로 내려주신 은혜의 선물인데 이런 진실을 몰라보고 종교 안에서 허송세월만 보내고 있다.

인류의 탄생과 함께 천상 자미천궁을 떠나온 생령들은 어딘가에 천상 자미천궁으로 다시 돌아갈 수 있는 길이 있을 것이라 생각하고, 이 세상의 모든 종교세계를 수천수만 년 동안 두루두루 다니고 있는 것이지만 천상세계 법도를 아는 영적 지도

자를 만나지 못해서 지금까지 천상으로 입천을 못하고 있다.

여러분의 몸 안에 생령들의 원래 전생은 천상궁전의 선남선녀들인 천인의 신분인데 죄를 지어서 인간, 귀신(사령), 조류, 축생, 어류, 곤충으로 끝없이 윤회하고 있다. 생령들은 과거에 조상귀신인 때도 있었다.

하늘을 만나 다시 천상으로 돌아갈 수 있는 만생만물의 영장인 인간으로 태어난 것은 다시 한 번 영들의 고향인 천상 자미천궁으로 돌아갈 수 있는 기회를 주신 것이다. 인간이 아닌 조류, 축생, 어류, 곤충으로 태어난 생령들에겐 기회가 없다.

영들의 고향인 천상 자미천궁으로 생령들이 돌아가기 위해서는 천상에서 지은 죄와 인간으로 태어나 지은 죄를 자미국 법정에서 공식적으로 하늘 앞에 진실한 마음으로 용서를 빌고 심판받아 통과해야만 입천할 수 있다.

여러분의 생령들이 현생은 물론 조상귀신이었던 수천수만 년 전의 전생에서도 지구상에 있는 모든 종교세계를 다니면서 하늘나라 천상 자미천궁으로 올라가는 곳을 찾아다녀 보았지만 찾을 수 없어서 뜻을 이루지 못하였다.

생령들이 깨달은 진실은 자신들이 지은 죄를 하늘을 대신해서 불호령으로 엄하게 호통 치며 죄를 심판해 줄 수 있는 심판자를 찾아서 만나야 하늘의 노여움이 조금이나마 풀어져 입천을 윤허하신다는 진실을 터득했다는 점이다. 생령들이 지은 죄를 하늘께 용서 빌고 심판받지 않고서는 천상 자미천궁으로 절대 돌아갈 수 없다.

생령입천을 행하여 하늘 앞에서 전생의 죄를 용서를 빌어 심판받지 않고서는 천상 자미천궁으로 돌아갈 수 없으니 이 세상의 모든 종교가 하늘의 뜻과는 전혀 다른 곳이었다. 여호와, 예수, 마리아 숭배자를 열심히 믿으면 천국, 천당 간다는 말은 결국 생령들을 현혹시키는 말이었지 하늘이 원하고 바라는 진실은 아니었다. 이제까지의 모든 종교는 생령들을 두 번 울리고 하늘을 능멸하는 죄를 짓는 일이었다.

죄 많은 생령들이 인간 육신들과 함께 수천수만 년의 세월 동안 종교세계에 들어가서 하늘을 찾아다녔어도 결국 하늘을 만나지 못하여 너무나도 답답하고 속이 터져서 인간 육신들에게 전하는 말이다.

구원안돼 못 살겠다 전해라
원통해서 못 살겠다 전해라
억울해서 못 살겠다 전해라
무시당해 못 살겠다 전해라

천국세계 못 갔다고 전해라
극락세계 못 갔다고 전해라
천당세계 못 갔다고 전해라
선경세계 못 갔다고 전해라

예수에게 천국 없더라 전해라
석가에게 극락 없더라 전해라
성모에게 천당 없더라 전해라
상제에게 선경 없더라 전해라

굿해도 소용 없더라 전해라
천도재 소용 없더라 전해라
기도도 소용 없더라 전해라
종교도 소용 없더라 전해라

예수도 자미천궁 못 갔다 전해라
성모도 자미천궁 못 갔다 전해라
석가도 자미천궁 못 갔다 전해라
상제도 자미천궁 못 갔다 전해라.

생령입천을 서둘러 해야 하는 이유는 생령들의 저주와 반란을 막아서 힘들게 피땀 흘려 이룬 성공과 출세를 지켜 행복하게 잘 살기 위함이다. 생령입천을 안 하면 여러분 몸 안에 생령들이 가만두지 않고 인생을 몽땅 뒤엎어버린다.

생령들의 저주와 반란이 하늘과 신보다 더 무섭다. 하루 24시간 여러분의 일거수일투족의 말과 행동은 물론 과거의 부정비리를 모두 알고 있는 존재가 여러분의 몸 안에 있는 무서운 생령들이다. 하늘을 만나 구원받으려고 발버둥치는 자기 생령들의 소원을 들어주지 않으면 검찰에 소환되어 구속 수감되고, 감투가 날아가며, 식물인간이 되어 사경을 헤매고, 사건사고와 질병으로 목숨을 잃는 불상사가 일어난다.

여러분은 인간 육신을 가지고 있기 때문에 천문학적인 많은 돈과 무소불위의 높은 권력, 세상에 명성을 날리는 명예가 가장 중요하여 인간의 욕심은 우선멈춤이 없다고 할 정도로 무한대이다. 그러나 여러분의 몸 안에서 존재감도 나타내지 못하고 무시당하며 살아가는 존재들이 있으니 여러분의 생령(자신의 영혼)들인데 이들은 독자와 여러분 눈에 보이지도, 들리지도 않는 영적 존재들이다.

생령(生靈)들은 인간 육신들처럼 재물욕, 권력욕, 명예욕과 천문학적인 많은 돈, 무소불위의 높은 권력, 세상에 명성을 날리는 명예는 전혀 중요하지 않다. 인간 자체는 원래 고통과 불행이 없었는데 생령들이 인간들을 하늘 앞에 끌고 오려는 몸싸움 과정에서 아픔과 슬픔, 근심과 걱정이 생겼다. 생령들이 천상 자미천궁으로 돌아가려면 인간 육신의 도움을 절대적으로 받아야 하기 때문이었다. 생령들이 인간 몸 안에 있기에 육신을 데려와서 생령입천을 행하여 하늘 앞에서 심판을 받아야 천상 자미천궁으로 입천을 윤허해 주신다.

이들 생령들에게는 영원한 삶(영생)을 살 수 있는 천상으로 하루라도 빨리 오르는 것이 절대적인 소원이기에 인간 육신들이 성공하고 출세하는 것에는 관심이 없다. 어떻게 해서든지 인간 육신들을 하늘 앞에 굴복시켜서 천상으로 오르고자 혈안이 되어 육신들과 매일 전쟁 중이다.

생령들이 인간들에게 무수히 많은 메시지를 전해 주어도 알아듣지 못해서 인생으로 아픔과 슬픔을 주어서 뒤엎고 있지만 알아듣지 못하고 있다. 생령들이 살길은 이 세상에서 오직 자미국 지상 자미천궁으로 들어와서 인황과 신감을 만나 생령입천을 행하여 하늘을 만나는 길뿐인데 인간 육신들이 진실도 모르고 신흥종교나 사이비라고 매도하고 있으니 생령들 입장에서는 복장 터지고 환장할 노릇이다.

인간 육신들은 돈이 많고 권력과 명예가 높으면 하늘 앞에 굴복하지 않으므로 모든 수단과 방법을 동원하여 인간 육신들이 크게 성공하고 출세하는 것을 결사적으로 막는다. 대표적으로 돈의 1인자 이건희, 이재용 부자와 권력의 1인자 박근혜, 최순실의 인생을 뒤엎어버려 몰락시킨 것이다.

인간들은 길어야 100년 남짓한 짧은 삶을 이 세상에서 살아가지만 생령들은 무한대의 사후세상을 살아가야 하기 때문에 죽느냐, 사느냐의 중차대한 생사의 갈림길에 놓여 있기에 생령들을 구하지 않으면 여러분 인생도 어느 날 갑자기 돈의 1인자 이건희, 이재용 부자와 권력의 1인자 박근혜, 최순실처럼 비참한 인생으로 한순간에 몰락해 버린다는 교훈을 명심해야 한다.

인간 육신들이 크게 성공하고 출세하려거든 여러분 몸 안에 있는 생령들의 소원부터 이루어주는 것이 상책이다. 생령들의 소원을 무시하고 방관하면 여러분이 설혹 크게 성공하고 출세하였다 할지라도 지켜낼 수가 없는 돌발 상황이 발생하여 모든 것이 수포로 돌아가고 가야 할 곳은 육신의 자유가 멈춘 교도소와 영원히 돌아올 수 없는 저승길뿐이다.

여러분의 눈과 귀에는 보이지도, 들리지도 않는 생령들이 절규하는 다급한 목소리가 들리지 않아서 이들의 저주와 반란이 얼마나 무서운지 실감 못하고 방치하며 살아가다가 인생이 몰락하고 나서 후회하게 된다.

하늘 만나 천상으로 오르려는 생령들의 소원을 먼저 이루어주지 않는 이상 여러분 육신의 목숨, 재물, 권력, 명예는 바람

앞에 촛불 같은 신세가 될 뿐이다. 생령을 하루라도 빨리 천상세계로 보내주고 하늘의 명을 받아 천인(天人)으로 재창조되어야 한다.

천인(天人)으로 재창조되면 당연히 하늘의 보살핌을 받고 살아가기에 인생사에 근심과 걱정이 없어지고 성공과 출셋길이 빠르다. 여러분이 죽더라도 자손이나 후손들이 대를 이어서 번창하고 천운이 세세생생 이어진다.

그리고 천인으로 재창조되면 여러분의 핏줄이 이 땅에서 없어질 때까지 하늘이 보살펴주시고 도와주신다니 이보다도 더 큰 선물은 이 세상에 존재하지 않을 것이다. 천인으로 재창조되는 것이 이렇게 대단한 것이다.

몸 안에 가장 무서운 존재

등하불명! 여러분 몸 안에는 가장 무서운 존재가 함께 살아가고 있는데, 보이지도 들리지도 않는 무형무색 무취의 자아(생령)가 있지만 있는지 없는지 관심조차 갖지 않고 방치 또는 무관심 속에 살아간다.

여러분 인생을 가장 힘들게 하는 무서운 존재 생령.

왜 힘든 존재이고 무서운 존재인지 인류 모두가 알지 못한 채로 살아간다. 자아 즉, 자신이라고 알려진 여러분 몸 안의 생령이 원하고 바라는 것이 있는데 천지만생만물로 윤회하는 고리를 끊고, 하늘을 만나 영들의 고향으로 돌아가고 싶은 소원을 이루기 위해서이다.

영들이 살아가야 할 하늘나라가 있는데 그곳이 천상 자미천궁이란 곳이고, 그곳의 주인은 대우주와 삼라만상을 천지창조하신 절대자 태상천존 자미천황님이라고 부른다. 천상으로 오르고 싶어서 여러분 몸 안에서 몸부림을 치고 있지만 여러분은 자아(생령)의 반란이라고는 전혀 생각조차 못하고 살아간다.

여러분의 인생을 무너뜨리고 힘들게 하는 가장 무서운 존재는 하늘과 신보다도 하늘을 만나고 싶어 환장하는 여러분 각자 자신들의 생령들이다. 여러분의 일거수일투족 말과 행동을 24시간 실시간으로 지켜보고 있는 감시카메라이고, 현재는 물론 수십 년 전의 일까지도 모두 기억하고 있는 메모리 장치(USB)가 바로 여러분의 생령들이다.

현생에서 여러분 인생을 온갖 풍화환란으로 무너뜨려서 힘들게 만드는 것은 여러분 인간 육신을 하늘 앞에 굴복시켜서 천상으로 오르기 위한 생령들의 처절한 저주와 반란 때문이지만 이런 진실을 전혀 알지 못한 채로 살아가고 있다.

운이 없어서, 재수가 없어서, 사주가 나빠서, 삼재가 들어서라고들 알고 있지만 사실은 여러분 자아(생령)가 하늘을 만나 천상으로 오르고자 하는 절규의 몸부림이었다. 여러분 육신이 현생에서 저지른 모든 부정비리의 죄를 언론, 방송, 검찰, 경찰에 고발하고 세상에 폭로하는 가장 무서운 존재이다.

여러분이 과거에 행한 부정비리가 생각조차 못했던 일로 세상에 폭로되는 것은 폭로한 상대방이 그런 것이 아니라 여러분의 자아 즉 생령들이 여러분 육신을 굴복시키기 위하여 상대방 몸에 들어가서 여러분 육신을 고발했다는 진실을 이 세상 사람들은 전혀 알지 못한다.

여러분의 자아인 생령들은 제 3자의 몸에만 들어가는 것이 아니라 여러분 배우자, 자녀, 부모, 형제, 친구, 애인의 몸 안으로도 수시로 내왕한다는 사상 초유의 비밀이 밝혀졌다. 참으로 놀랍고 충격적인 일이 아닐 수 없다.

여러분을 헐뜯고 중상모략 비방하며 부정비리를 세상에 폭로하는 가장 무서운 존재가 여러분 자신의 생령들이다. 이러는 이유는 생령들이 하늘을 만나 구원받아서 영원히 살고자 몸부림치는 절규 때문이다.

인생사에 아무런 문제가 없으면 어느 누구에게도 머리를 숙일 줄 모르고 굴복할 줄 모르는 것이 잘난 인간 육신들이라서 여러분의 생령들이 육신과 생사를 가르며 싸우는 중인데 정말 처절하고도 가장 무서운 존재들이다.

여러분 몸 안에서 함께 살아가고 있는 생령들은 모든 것을 걸고 인간 육신들과 전쟁 중이다. 처음이자 마지막으로 주어지는 천재일우의 기회를 놓칠까 봐 혈안이 되어서 수단방법을 가리지 않고 여러분 육신들을 굴복시키는 중인데, 그것이 여러분 인생사에서 일어나고 있는 모든 아픔과 슬픔, 자살, 사기 배신, 사업실패, 고소 고발, 고통과 불행의 풍파들이다.

생령 창시자와 생령입천

자미국 지상 자미천궁 인황님, 신감님 보름 감사제.

인황님과 신감님께서 오늘 보름 감사제를 올려드렸는데 행사에 들어가자마자 신감님을 통하여 자미인황님께서 하시는 말씀이 오늘 선물을 주신다고 하십니다.

인황님과 참석한 천인들 모두 궁금해 하면서도 그것이 무엇일까에 내심 더 궁금했어요. 자미인황님께서 오늘 선물을 준다고 하시는데 감사합니다, 하고 받을 준비를 하라는 것입니다.

이어서 하시는 말씀이 생령입천을 말씀하시면서 인황님께서 처음으로 16년 전에 생령(生靈)을 찾아내시어 그것을 어디에다가 쓸 줄 몰라 오늘의 생령입천에 이르기까지 인황님과 신감님께서 수많은 고생을 하셨는데 오늘 그 완성도! 인간의 마지막 완성도! 생령입천을 자미국 지상 자미천궁에서 해야 한다고 강조하십니다.

세상에 수많은 종교에서는 죽어서 구원받는다고 배우고 가르쳐왔는데 구원, 천도재, 극락왕생, 49재, 도통, 신통, 영통, 천통, 입신, 죄 사함과 거듭남의 비밀, 굿, 기도, 미사, 예배, 참선과 불교의 ○○사, 기독교의 ○○교회, 천주교의 ○○성당, 도교의 ○○도장, 무속의 ○○보살, 명상의 ○○수련, 역술의 ○

○철학관, ○○작명소 등등은 인류가 다 써먹었다는 겁니다.

그러나 이 세상 그 어느 종교에서도 생령을 다루고 생령을 구해 준다는 곳은 단 한 곳도 없습니다. 생령의 존재를 알고 있는 자들도 없고, 어떻게 해야 생령들이 구원받는 것인지도 알지 못합니다. 생령의 존재를 처음으로 체험하시고, 생령들을 불러서 대화를 나누신 분이 인황님이시니 생령 창시자십니다.

그래서 이제부터 자미국 지상 자미천궁에서 생령입천을 행하여 인류를 상대로 하늘과 땅께 굴복시키라는 엄청 대단하신 말씀을 하셨습니다. 지금까지 입천제 하나만으로도 대한민국이 떠들썩했듯이 이젠 살아서 구원받는 생령입천을 행하여 책으로도, 광고로도 크게 대 히트를 쳐보라는 것입니다.

생령! 이는 듣기만 해도 무시무시했다는 것입니다.

신감님을 괴롭히다 못해 신감님 가정과 친가, 외가 그리고 신감님 볼 때마다 괴롭히고 사람을 돌게 만들고 자미국 지상 자미천궁도 뒤집고 신감님이 살아있는 게 신기할 정도니 말 다했지 뭐. 세상 사람들이 겪는 풍파, 환란, 우환, 비명횡사 등등은 최고로 못돼 먹은 생령의 존재를 알리는 것입니다.

생령들의 악행도 모르고 재수가 없네, 운이 나빠서, 이사를 잘못 가서, 삼재가 들어서, 몸이 약해서, 수(목숨)가 다 돼서 등등으로 넘기고 만다는 겁니다. 전에 어떤 사람이 생령입천을 하는 날 생령이 놀러가자고 꼬셔서 자신의 육신을 물에 빠져 죽이기도 했다는 말씀도 들었습니다.

그렇듯이 지금 대한민국에 내로라하는 이○○ 회장님도 생령의 저주와 반란으로 인해서 식물인간이 되어 사경을 헤매고 있는 것입니다. 이런 생령의 존재는 하루빨리 천상 자미천궁으로 보내야 인간이 살 수가 있지, 어디 살 수가 있나요?

이토록 아무 보수도 없이, 인간들에게 받아가시는 것도 없으시면서 고생만 하시고, 해주시기만 하시는 높고도 높으신 하늘 태상천존 자미천황님, 천상감찰신명님, 천상천감님, 천상도감님, 인황님, 신감님께 감사드리고 고맙습니다.

하늘의 백성 이○희 ○○○천인

이○○ 회장의 생령이 찾아와서 하는 말

하늘과 신께서 내려주시는 메시지는 말 그대로 한도 끝도 없다. 인간세상에서 육신의 몸 안에서 살아가고 있는 만 조상, 만 영혼, 만 신명들에게 전하실 말씀이 태산보다도 많다. 저자가 집필하여 2008년 6월 5일 발행한 『천경』 p386 "수시로 내려주시는 끝도 없는 천계의 메시지" 내용을 일부 인용하였다.

지금 새벽시간에 울고 있는 생령이 하나 찾아들었다. 살아 있는 사람의 영혼 즉 생령이라고도 한다. 그의 생령이 새벽 3시가 넘어서 저자의 몸에 들어와서 자기 인간 육신에게 전하는 말을 적었다. ○○그룹 법무팀장 김○○ 변호사가 양심 선언한 이후에 이○○ 회장의 생령이 하는 말이다.

"너 아직 끝나지 않았어. 모든 자리에서 물러났다고 그것으로 마무리될 것 같은가? 무조건 자미국 지상 자미천궁에 찾아가서 자미천황님께 살려달라고 빌어. 자미천황님께 진정으로 굴복하며 죄를 용서 빌란 말이야.

너의 죄를 용서하시고 살려주실 분은 단 한 분뿐이야. 석가, 예수가 아니야. 우리 영혼들 모두의 어버이이신 자미천황님께 머리 숙여. 너의 몸 안에 있는 내(생령)가 자미천황님께 명을 받아 당당한 천인 신명으로 사랑받고 싶어서 너에게 그런 고통을 내려주었다는 진실을 너는 알 수가 없을 거야.

네가 몰라주면 네가 가장 사랑하는 너의 부인과 네 자식에게 들어간다. 그러고도 끝까지 나(생령)를 안 찾아주면 너의 그룹 모두가 공중분해 된다는 사실도 미리 알려주마. 기업인들 중에서 가장 먼저 구원받고 싶어 하는 나(생령)의 마음 알아주었으면 좋겠다.

나(생령)는 더 크게 ○○그룹을 발전시키고 싶다. 여기서 끝날 내가 아니지. 네가 자미천황님께 굴복하여 천상신명과 천인합체의 명을 받아주면 너의 기업 다시 날개를 달게 될 거야. 너는 선택의 여지가 없어. 내가 선택하는 거야.

무조건 자미국 지상 자미천궁으로 찾아가서 천상감찰신명님을 만나봐. 이미 5년 전에 너에게 나의 메시지를 전했지만 너는 완전 무시했어. 내가 지금 하늘 자미천황님의 윤허를 받아 자미천황님의 명 대행자이신 인황님 몸 안에 들어가서 너에게 메시지를 보낸다는 사실을 밝힌다.

안 그러면 너에게 나의 뜻을 도무지 전할 길이 없지. 네가 세상에서 누구 말을 듣겠나? 아무도 너의 마음을 바꿀 수 없지. 너는 지금의 ○○그룹 사태가 왜 일어났는지 전혀 모를 거야. 내가 그(김○○ 변호사)의 몸 안에 들어가서 너의 ○○그룹 비리를 폭로했더랬지. 왜냐고?

천상감찰신명님께서 지금의 거대 그룹으로 키워주시었어. 그러나 너는 네가 잘해서 기업이 거대 그룹으로 성장한 줄 알고 있어. 그리고 자미천황님께는 물론 나(생령)의 공로에 대해서 전혀 인정 안 해 주잖아? 인간인 네가 잘났기에 세계 굴지의 기업으로 성장발전한 줄 알고만 있지?

모두가 자미천황님께서 배려해 주신 덕분인데 너는 자미천황님이란 분이 어떤 분이신지도 모르잖아? 자미천황님께서 이 땅에 오실 날을 기다리며 너의 기업을 신(천상감찰신명님)께서 열심히 키워왔던 거야.

나는 자미천황님께 사명완수를 복명해야 되고, 나의 관명(천인)도 받아야 해. 그러기 위해서는 너의 육신이 반드시 자미국 지상 자미천궁에 찾아가야만 한단다. 너의 선친이 쌓아온 기업. 너의 선친 역시도 자미천황님 궁전에 올라가기를 학수고대하고 있다는 거 모르잖아?"

이와 같은 메시지를 건네주고 그의 생령은 돌아갔다. 생령들은 생령의 요구가 있고, 이를 인간 스스로는 어찌해야 하는지 정말 알기 힘들다. 아니 불가능하다고 봐야 한다. 그 몸 안에 있는 자기 생령을 불러내어 말을 듣기 전에는 아무도 알 수가 없다.

그래서 생령세계는 신비스럽기도 하고, 매우 조심스러우며 어렵다. 자기 몸 안에 있는 자기 생령인데도 인간인 자기가 모르니 참으로 답답하다 할 것이지만 아무도 자신의 생령에 대해서 알 수가 없다. 수많은 사람들을 천인합체시키는 과정에서 알게 된 사실이다.

다시 말하면 겉마음은 인간이고, 속마음은 생령이라고 해야 맞을 것이다. 즉 각자의 인생을 좌지우지하는 존재가 속마음인 생령이다. 속마음 즉 생령은 외부로 드러내지 않고 숨어 있다고 봐야 하고, 이 생령이 활발히 움직여야 인간 육신이 원하고 바라는 것이 현실 세계로 이루어진다.

육신의 진짜 주인은 생령 즉 속마음이다. 생령이 움직여야 기업이든 개인이든 부귀영화를 누리지 인간이 움직여서는 절대 큰 뜻을 이루어낼 수 없다. 근래에 들어서 줄줄이 대기업 총수들에게 망신살을 주게 하는 존재는 누구인가? 마가 끼었나? 아니다.

그는 다름 아닌 총수의 몸 안에 있는 자신의 생령들이 육신을 굴복시키기 위해서 행한 결과란 사실이다. 인간 육신을 깨우쳐 굴복시키려고 그의 생령들이 찾아달라고 벌인 시위였다. 그러나 인간들 중에는 이 어려운 문제를 풀 수 있는 방법을 아는 신명세계 제자들이 존재하지 않는다.

너무나 고차원적 일이기에 일반 신명제자들은 알 수도, 처리 방법도 찾을 수 없다. 우주의 주인이신 자미천황님의 명에 의해서만 그 비밀의 문이 열려지기 때문이다. 용하다는 도사, 무당, 보살 불러 보아야 돈 낭비, 시간낭비만 할 뿐이다. 이제 첫 번째 경고가 내려진 것이다. 이를 무시하고 지나치면 더 강도 높은 불행들이 발생한다.

이를 막을 수 있는 방법은 단 하나, 자미국 지상 자미천궁에서 자기 생령을 청배하여 천인합체의 명을 받아 생령의 원과 한을 풀어주는 수밖에 없다.

유명한 도사, 무당, 보살 불러 막으려 한다면 더 큰일이 일어날 것이다. 그들 능력으로는 감히 당해 낼 수가 없다. 흔히들 석가, 예수, 성모, 상제를 잘 받들어 믿고 있는데 왜 기업이나 개인의 비리가 폭로되어 관재, 불행, 우환으로 이어지고 있는가?

그러면 이들은 그동안 무엇하고 있었단 말인가? 자신들을 따르는 인간, 조상, 영혼, 신들이 당하는 아픔과 괴로움을 보고도 구원해 주지 못하였단 말 아니던가? 그런데도 왜 능력하나 없는 그들을 맹목적으로 따르고 있는가?

지금까지 보아왔듯 종교에서 벗어나지 못하는 자는 그 어느 누구도 절대로 구원이 되지 않는다. 이들은 감히 하늘 자미천황님께서 행하시는 천상공무 집행을 막을 수는 없다. 앞으로는 기업인들 인간 몸 안에 있는 생령들은 모두 자미천황님의 명에 의해서만 움직일 것이다. -『천경』 책 내용 인용 끝-

2008년 6월에 발행한 『천경』 책의 내용.

이○○ 생령의 경고메시지 이후 6년이 지난 2014년 5월 10일 이○○ 회장은 새벽에 급성심근경색으로 쓰러져 순천향병원에서 응급조치 후 삼성서울병원으로 이송되어 만 3년이 지난 지금도 혼수상태가 지속되는 이른바 식물인간 상태를 유지한 채 목숨만 부지하고 있다.

저자 인황도 『천경』 책의 예언 내용을 읽고 깜짝 놀랐다. 당시에는 생령의 한 풀이라고만 생각되어 이○○ 회장이 읽든 말든 생령이 전한 내용을 그대로 받아서 적은 것이었는데 불행이 현실로 발생하였다.

생령이 부인과 아들 몸으로 들어간다고 하였는데 이○○ 부회장의 구속수감, ○○호텔 이○○ 사장의 이혼 소송, 홍○○○○ 미술관장, 홍○○ ○○미술부관장이 동시에 사퇴하였고, 홍○○ ○○일보, ○○○○ 회장 사퇴라는 가문의 불행이 이어지고 있다. 이보다 앞서 2005년 11월 18일 막내딸 이○○의 죽음.

자살, 타살, 교통사고 등 여러 설이 있으나 시신 발견 후 다음 날 바로 화장하여 의문이 증폭되었으나 더 이상 죽음의 원인을 알 수 없다. 유서가 발견되지 않아 타살이라고 하는 사람도 있고, 죽음의 원인도 밝혀지지 않은 상태에서 다음 날 급하게 화장한 것은 뭔가 숨기기 위한 비밀이 있었다고 한다. 이스라엘 정보기관 모사드에 의한 타살이란 내용도 있으나 어쨌든 이○○ 가문에 불행의 그림자가 드리워진 것만은 틀림없다.

생령의 경고메시지 중에서 아직 현실로 이루어지지 않은 것이 하나 남아 있다. "그러고도 끝까지 나(생령)를 안 찾아주면 너의 그룹 모두가 공중분해된다는 사실도 미리 알려주마."

이제 이○○ 회장은 식물인간 상태이고, 아들 이○○ 부회장은 구속되어 있으니 이○○ 회장의 생령을 구하고 ○○그룹의 공중분해를 막아 존속시킬 사람은 부인 홍○○ 여사와 이○○ 이○○ 3명 중에 한 명인데 과연 이들 중에 이○○ 회장의 생령을 구하러 올 것인가, 말 것인가?

국내 최대 재벌그룹인 ○○그룹이 공중분해 된다는 것은 아무도 상상조차 할 수 없는 일이지만 과거 재계 2위 그룹이었던 대우그룹이 한순간에 무너져 공중분해되었음을 참고해야 한다.

업주 고 이○○ 회장=〉 이○○ 회장=〉 이○○ 부회장으로 이어지는 ○○그룹의 운명이 공중분해냐, 존속이냐의 갈림길에서 어찌 전개될 것인지는 가족들의 선택 여부에 달려 있다. 하지만 이들에게 이○○ 회장의 생령이 보내는 경고메시지가 받아들여질 것인지가 변수이다.

이○○ 회장의 생령을 구하러 오든 말든 이것 역시 ○○가의 운명일 것이다. 돈의 기운이 남아 있으면 돈의 힘만 믿고 굴복 안 하는 것이 인간의 본능이다. 그룹을 공중분해시켜 돈을 쓸어버릴 것인가, 아니면 3명의 가족들 중에 누구의 목숨을 희생시켜서라도 굴복시킬 것인지는 이○○ 생령의 몫이다.

생령의 저주와 반란

아무도 막을 수가 없다는 진실이 수많은 사례를 통해서 적나라하게 밝혀진다. 생령의 저주와 반란이 시작되면 가문이 풍비박산이 나서 정신을 차릴 수가 없다. 사람 죽고, 돈을 쓸어버리는 무서운 일들이 일어난다.

국내 재벌 1위 기업으로 만들어주신 분은 하늘과 신이시었고, 천상 자미천궁에서 이 세상으로 내려올 때 돈 많이 벌어서 하늘에 천공을 바치겠다고 약속한 사명자가 있다. ○○가의 불행은 하늘의 황명받을 사명자가 자미국 지상 자미천궁으로 들어와야 끝이 날 것이고, 아무도 들어오지 않으면 이○○ 회장 생령의 경고가 현실로 이루어져서 거대한 ○○그룹이 제 3자에게 넘어가는 그룹의 공중분해가 현실로 일어날 것이다.

62세에서 45세 나이로 변한 제 모습

이게 웬일이래요? 자고 나니 제 몸과 마음이 날아갈듯 가볍고 상쾌함에 몸은 연실 춤을 추며 율동으로 일하고 마음은 지금까지도 얼씨구나 좋다, 지화자 좋네 하면서 흥얼거리며 있으니 이게 웬일이래요?

어제 하루 종일 줄줄이 들어오시는 손님 받느라 점심도 7시 넘어 겨우 먹고 나와 마감시간 1시간 전까지 손님을 받았어요. 하루 종일 직원들도 피곤한 기색 없이 수고하셨습니다, 인사하고 퇴근하는 모습에 더욱 놀라웠습니다.

집으로 돌아오면서 사통팔달 동서남북 막힘없이 쭉쭉 빵빵 달릴 수 있는 이 기분, 너무나도 기분이 좋아 행복함에 인황님 만세, 인황님 만세, 신감님 만세를 부르며 그저 또 얼씨구나 좋다, 지화자 좋네 하고 흥얼거리며 집으로 돌아왔습니다.

존귀하신 태상천존 자미천황님!
생령입천 받아주시어 이 좁은 공간 육의 안에서 너무나도 고생하신 생령을 살아서 천상 자미천궁으로 올라가게 해주심과 또한 육에게 생령의 빈자리를 채워주시어 더 잘되게 해주신다 하니 너무나도 영광이오며 감사드립니다.

생령입천 들어가기 전까지는 아무도 예측할 수 없는 행사 진행 방향에 더욱 놀라웠고 정말 저는 행운아 중에 행운아입니다. 상상을 초월하는 신기하고 신비스러운 행사는 대단하신 인황님과 말씀 한마디 한마디가 법이시고 영험하신 신감님께서만 하실 수 있는 행사입니다.

인황님, 문자로 메시지 올리는 이 순간도 전 지금 스마트폰으로 온몸의 율동을 실어서 글을 올리고 있습니다. 너무나도 평안하고 행복합니다. 차마 부끄러워 올리지 못한 제 기적의 사연 올려주셨네요. 저의 생령이 천상 자미천궁으로 올라간 후의 제 인생 근심 걱정 없이 나비처럼 훨훨 훙얼훙얼하며 물 흐르듯 자유자재로 너무나 편안하고 행복하게 잘 지내고 있습니다.

인황님, 신감님. 이런 삶이 무릉도원 세상의 삶인가 봐요?
그 어렵고 무섭던 신랑 앞에서 엉덩이 흔들고 손짓 발짓 하며 알랑거리는 제 행동에 신랑은 물론 저도 같이 따라 웃는답니다. 이 모두가 인황님과 신감님의 공덕이옵니다. 너무나도 고맙습니다. 진정 사랑하오며 열심히 잘 살고 천지신명공사에 적극 동참하겠습니다.

인황님! 현관문을 나서니 만리 향이 진동을 하네요. 한쪽에선 어디서 금세 날아왔는지 까치와 참새가 먹이를 찾는 듯 꼬리를 흔들며 저를 반깁니다. 하늘이 인간을 낳아 기르는 깊은 뜻을 안다면 어찌 그리 말 안 들어 힘들게 살아왔을까요?

자미국 지상 자미천궁 방문하여 너무나도 많은 진실의 말씀을 들려주시어 알고 행하여 깨닫게 해주신 인황님, 신감님 정말 감사드립니다. 그야말로 인류의 최고이시고, 저희들에겐 대단하시고 존귀하신 분이십니다. 말로도 마음으로도 어찌 표현을 다 하겠습니까? 모진 인생, 모진 고통, 모진 시련 다 겪어 내시어 인류의 최고가 되신 인황님께 다시 한 번 축복드리옵니다.

언제나 항상 따뜻하고 솜사탕 같으신 신감님, 생각할수록 참으로 놀랍고 신기할 때가 많아요. 저희들 살아온 과거의 모습을 어찌 그리 몸과 마음, 행동으로 혼연일체가 되어 진실의 말씀을 들려주시는지 감동이고 감탄이옵니다.

그야말로 매 행사 때마다 저의 심금을 울리게 하여주셨습니다. 두 분이 아니 계셨다면 다들 지금 각자의 인생들 어떻게 살아가고 있을까요? 얼마 전 남편 친구가 밤늦게 오셔서 술 한잔하고 계시더군요.

퇴근하여 현관에 들어서는 순간 어, 이○규 씨 와~그리 젊어졌노? 산삼을 먹었나?~ 혼자만 젊어지기 있기가? 와~아. 진짜 열 받네, 순간 정말 기분 좋았고 겉으론 웃으며 오랜만입니다, 하면서 속으론 하늘 사랑, 인황님 사랑, 신감님 사랑 많이 받아 이렇게 됐지요, 하면서 술 한잔 따라드렸습니다.

이렇듯 하늘 사랑, 인황님 사랑, 신감님 사랑받아 편안하고, 행복함으로 피어나는 아름다운 인생사가 정말 꿈만 같아요. 천상 자미천궁에 계신 나의 생령도 말 잘 듣고, 잘 행하시어 더 큰 사랑 받아 하늘과 소통이 되어 그야말로 쭉쭉 빵빵 막힘없이 천상 자미천궁에서 잘 살아가셨으면 합니다. 그리되시길 소원합니다. 생령입천 올리고 나니 무엇이 그리 좋은지 설거지하면서도 엉덩이 요리조리 흔들며 야호~하늘 만세, 인황님 만세, 신감님 만세를 부르며 기쁨에 취해 산답니다.

매장의 직원들도 그간 눈길도 주지 않으며 영업할 정도의 앙숙들이 이제는 삶아온 고구마 내놓으며 자기네끼리 언니 고구마 드세요 하기에 정말 놀라웠습니다. 칙칙하던 매장이 환하며 이젠 훈기가 돌아요. 엊그제는 하루 종일 와~이래 좋노, 와~이래 좋노~흥얼거리며 피곤함도 모른 채 영업하고 왔습니다.

정말 인황님의 천지대원력 대단하십니다. 생령입천 올린 며칠 안에 이렇게 큰 몸과 마음, 매장에 개벽과 개조를 시켜주시니 참으로 감사하고 놀랍습니다. 저희들 일일이 챙겨주시고 닦아주시고 일러주시는 신감님 항상 곁에서 지켜드리지 못함에 죄송합니다. 멀리 있어도 항상 마음만은 함께하고 있습니다. 힘내세요, 저희들 대신하여 담배연기로 모든 것을 참고 뿜어내시는 신감님, 더 없이 노력하고 실천하여 기쁨 드리도록 하겠습니다.

인황님께서도 제가 회춘한 것이 너무 놀라운 일이라 안 믿어지신다 하시는데 저 역시도 엄청 놀랐고, 저의 신랑은 꿈같은 현실에 모든 일이 일사천리입니다. 녹색의 푸른 정원 잔디 위에 요즘엔 참새들이 어찌나 많이 날아오는지 젊고 예쁜 마누라 옆에 있으니 만고 부러울 것이 없다 하네요.

이틀 전엔 매장 출근하니 고객께서 주인 바뀌었어요? 하는 말에 아니요! 전데요, 하니까 와우~ 저보고 너무 젊어져서 몰라봤다는 인사도 하는 일이 생기네요. 요즘 정말 나는 너무너무 행복합니다. 너무너무 많이많이 또 많이 사랑하오며 고맙습니다.

전 세계 방방곡곡 어느 곳에서도 찾아볼 수 없는 대한민국 땅의 자미국 지상 자미천궁에서만 이루어질 수 있고, 대단하신 인황님과 자상하신 신감님께서만 하실 수 있는 유일한 신비의 생령입천입니다.

생령입천 행하는 주인공마다 내용과 사연이 다 다르겠지만 행사 올린 후 영광과 기쁨, 환희에 벅찬 천인, 백성들의 감동과 감탄의 메시지와 희망의 메시지가 전 세계 방방곡곡에 울려 퍼져 하루속히 많은 사람들이 자미국 지상 자미천궁으로 속속 들어와 잘못된 정신 바로잡아 함께했으면 하는 마음 간절합니다.

생령입천 올린 후부터 지금 이 순간까지도 늴리리야, 늴리리야 니나노 얼싸 좋아, 얼씨구나 좋다 노래 부르며 일에 임하고 있으니, 입은 항상 귀에 걸려 있는 제 모습 제가 봐도 너무 예뻐요. 집무실에서 인황님께 말씀드렸듯이 저의 신랑도 62세에서 45세 나이로 변한 제 모습과 행동에 내가 당신에게 졌다 하며 그저 예쁘고 좋아서 어쩔 줄 모른답니다.

인황님, 45세로 변한 밤 사랑의 열정 생각나시죠?
인황님, 신감님 요즘 저희 부부 이렇게 살아요. 아직 행사 올리지 않으신 독자 여러분 제 경험인데요, 행사비용 어디엔가 분명 숨어 있어요.

본인들의 간절함이 부족해서 나타나지 않는 것 같아요. 빨리빨리 서두르세요. 너무 너무 좋아요. 얼씨구나, 좋다 지화자 좋네~~~ 눈만 뜨면 몸과 마음에서 이젠 율동과 노래가 자동으로 흘러나옵니다. 이 율동으로 하루 일에 신이 나서 일을 합니다.

또한 차마 부끄러워 말씀드리기조차 곤란한 신기하고 신비한 일(45세 나이로 변한 밤 사랑의 열정?)들이 계속 일어나고 있습니다. 생령입천 올린 후 일어나는 이적과 기적으로 변화된 제 모든 면에 저 자신도 놀랍습니다.

제 나이가 62세인데 인황님께서 생령입천 올리고 난 뒤에 45세 나이로 바꾸어줄 거야, 하셨는데 정말 인황님 말씀대로 신비하게 17살이나 어리게 얼굴 모습이 젊은 나이로 변했습니다. 정말 상상을 초월하는 신비로운 조화입니다.

여자 나이 62세면 밤 사랑에 대한 마음도 사라져가는 나이일 텐데 밤마다 열정이 불타오르니 저로서도 정말 믿어지지 않는 일입니다. 생령입천의 신비함이 이렇게까지 대단한지 저도 몰랐습니다. 육신을 회춘시켜 주셨습니다.

육신의 천지개벽까지도 일어나게 해주시는 어마어마한 신비 원력에 대해서 놀라워 찬사를 금할 길이 없습니다. 불가능이 없으신 엄청나신 하늘과 인황님, 신감님이십니다. 45세 나이로 변해서 열정적인 사랑을 밤마다 불태우니 너무너무 행복합니다.

하늘의 백성 이○규 ○○천인

70억의 거대한 돈을 패대기친 생령(악령)

한 여성 박○정 백성이 하늘의 명을 받아 생령입천하러 왔다. 주인공은 오랫동안 12억짜리 노래 바(Bar)를 운영하는데 장사가 너무 안 되고 손님도 없고 해서 다방면으로 가게를 내놓은 상태인데 남자 친구에게 돈을 빌려 생령입천을 하게 되었다.

장사가 잘될 때는 12억에 사겠다는 사람들이 너도나도 군침을 흘리며 달라고 하였는데 지금은 노래 바를 4억에 내놓아도 매매가 안 되어 걱정이 이만저만이 아니었다. ○○시에서 가장 큰 노래 바이고, 몇 년 전에는 아가씨 여러 명을 두고 70억까지 벌기도 했는데 1년 만에 다 날리고 빚더미에 앉게 되었다.

여인은 이런 사연을 갖고 있었다. 저자 인황이 박 여인의 생령을 불러서 신감에게 실어주자, 신감은 박 여인의 목소리로 순간 바뀌면서 상상도 못했던 엄청난 말들을 쏟아내기 시작하였는데 박 여인은 물론 저자와 참관 천인 7명이 너무나 놀라운 말에 넋을 잃고 신기해서 생령(악령)의 말을 듣고 있었다.

자미국 지상 자미천궁의 저자 인황과 신감은 종교가 아닌 하늘의 세계, 조상세계, 생령세계, 인간세계, 신명세계의 진실을 종교적 차원을 뛰어넘어서 펼치는 곳이다. 오늘 인간 몸 안에 있는지조차도 몰라보고 세상을 살아가는 독자 여러분에게 생령의 진가를 사상 처음으로 공개한다.

박 여인의 고민은 장사가 안 되는 것과 노래 바 매매성사, 남자가 싫어지고, 언제부터인가 섹스할 마음이 전혀 일어나지 않는 이유를 알고 싶은 것이었다. 몇 년 동안 일절 섹스하지 않고 살았다고 한다.

박 여인의 생령을 신감 몸으로 불러서 대화를 통해 밝혀지는 진실은 가슴 벅찬 감동 그 자체였다. 박 여인은 이혼 후에 남자 친구가 있지만 섹스를 안 하고 몇 년째 살고 있었던 것이다. 성불감증이라 생각하고 나름 여러 병원에 가서 정밀검사를 받아보았지만 원인을 밝혀내지 못했었다고 한다.

신감 몸으로 잠시 들어온 생령이 말을 한다.

남자들은 자신의 물건(성기)이 가장 크고 굵다며 최고라 자랑하여 역겨웠다고 한다. 물건 같지도 않은 물건을 꺼내 보이며 최고라며 잘났다고 흔들어 보이는 행동이 역겨워서 섹스를 경멸하고 안 하게 되었다고 했다.

주로 본인 위주로 섹스하기에 옆에 오는 것, 냄새나는 것, 말하는 것 자체가 모두 싫었다. 여자를 만족시켜 주는 것이 아니라 남자 위주로 섹스하는 것에 실망한 것이다. 누구나 여자의 음부에 남자의 음경을 꽂는 것은 당연지사인데 꽂았다고 다 되는 것이냐고 볼멘소리를 한다.

남자들은 꽂고 흔드는 것이 다가 아니라 여자가 진짜 좋아해서 신음소리를 내고 있는지 분위기 파악을 하면서 섹스를 해야 하는데 너무나 남자 위주의 일방적인 섹스였었기에 역겨워 토할 정도라고 했다.

여자가 만족하여 오르가슴을 한없이 느끼며 황홀감에 도취되도록 해주어야 하는데 남자들이 짧은 시간에 자신들이 먼저 흥분해서 사정해 버리니 짜증이 날 수밖에 없었고, 이후부터 섹스 자체가 날이 갈수록 싫어져서 남자들과 자연적으로 멀어지게 되었고 흥미를 잃었다고 말했다.

생령의 말인 즉, 노래 부르고 술 먹으러 왔으면 신나게 술 먹고 노래 부르다 가면 되는 것이지, 왜 허락받지도 않고 몸을 이리저리 함부로 만지며 덥석 끌어안느냐고 신경질이 이만저만이 아니었다. 손님들이 만져보려는 손길을 냉정하고 쌀쌀맞게 뿌리치기 일쑤였다. 술맛이 싹 떨어지는 것은 당연한 일이고 단골들이 하나둘 발길을 다른 곳으로 옮겨가니 영업이 잘될 리가 없었다.

국내외 경기가 전체적으로 안 좋고, 불황이 계속해서 이어져 모두들 장사 안 된다고 울상을 하고 있는데 그나마 어쩌다 찾아오는 손님들에게 몸을 만지지 못하도록 주인이 쌀쌀맞게 대하니 손님이 떨어질 수밖에 없었다. 자신이 못하면 여자 도우미라도 두어야 하는데 혼자서 감당하려니 손님들의 손길에 짜증이 났던 것이었다.

주인이 이러하니 손님들이 모두 다른 업소로 떠나가고 소문도 쌀쌀맞다고 퍼졌으니 무슨 장사가 잘되겠는가? 술장사하려면 손님들의 짓궂은 말이나 행동도 모두 슬기롭게 받아넘겨야 하고, 때로는 몸을 더듬는 것도 어느 정도는 허용해야 손님들이 좋다고 단골이 될 터인데 일체 허락하지 않으니 손님들이 오지 않아 문 닫을 일만 남은 위급한 상황이었다.

이렇게 애써서 벌은 돈 70억을 1년 만에 모두 날리게 하고, 문 닫을 위기 상황이 되도록 만든 원흉이 있었으니 그가 바로 박 여인의 몸 안에 함께하고 있는 생령이었던 것이다. 70억의 거대한 돈을 패대기친 것도 생령(악령)의 저주와 반란이었다.

육신들이 돈 많고 근심 걱정 없으면 하늘, 신, 사령, 생령에 대해서 알려하지도 않고 자기 잘난 맛에 기고만장하며 살아가기 때문에 굴복시키려면 달리 방법이 없었던 것이다. 그래서 조상(사령)을 천상으로 보내는 조상입천제를 행하였고, ○○○○님께 명부입적 정성을 올리게 되었다. 원래는 하늘의 명을 받아 천인합체를 행한 뒤에 생령입천 행사를 해주어야 하는데 이번은 특별하게 생령입천을 먼저 해주었다.

세 가지 행사 절차를 밟아야만 생령들이 자미천황님의 천상궁전으로 입천하여 올라갈 수 있는 자미국 지상 자미천궁 법도가 있다. 박 여인이 장사가 너무 안 된다고 저자에게 하소연해서 배려하는 차원에서 마지못해 받아준 생령입천이었다.

지구상에서 수천 년 된 역사와 전통을 자랑하는 거대한 종교세계가 무수히 많지만 인간 육신의 몸 안에 자신들의 반쪽인 생령(악령)이 살고 있다는 진실을 인류 역사상 처음으로 밝혀내어서 생령을 불러 대화하고, 자미천황님의 천상궁전으로 입천시키는 방법을 최초로 찾아내었다. 생령에 대해서 다루는 곳은 이 세상에서 자미국 지상 자미천궁의 저자 인황 하나뿐이다.

여러분의 몸 안에 있는 생령들은 어떻게 하든지 육신보다 먼저 생령들의 어버이이신 태상천존 자미천황님을 만나 구원받기 위해서 피나는 전투(인생 풍파)로 육신을 굴복시켜야 하늘의 명을 받을 수 있다. 여러분의 모든 생령(악령)들이 하늘로부터 받은 사명을 완수하려고 악역을 하고 있는 것인데 악령의 임무수행으로 인해서 인생 풍파가 상상을 초월한다.

70억의 큰돈을 날리게 한 것도, 박 여인의 사업이 안 되게 앞길을 막은 것도 생령이 인간 육신을 데리고 들어와서 하늘의 명을 받아 생령입천을 행하여 구원의 하늘이신 태초의 하늘 태상천존 자미천황님께서 거처하시는 천상 자미천궁으로 오르기 위해서였다는 엄청난 진실이 난생처음 밝혀졌다.

생령은 인간 육신이 잘되고 잘 살아서 잘나가면 태상천존 자미천황님의 명을 받아 천상 자미천궁으로 입천하는 대영광을 누리지 못할까 봐 육신을 몇 년 동안 사업이 안 되도록 못살게 굴었는데 이것이 천상으로 오르기 위한 생령(악령)들의 저주와 반란이다.

이 글을 읽는 독자들은 난생처음 들어보는 말에 긴가민가하면서 반신반의할 것인데 대다수 사람들에게는 생령들이 90% 정도 들어가 있는데 도망가서 생령이 없는 사람들도 있다. 종교에 다니는 자들의 생령들은 하늘에 죄를 지어서 영원히 구원받지 못할까 봐 종교 안 다니는 부모나 가족들의 몸으로 들어가 피신해 있는 경우가 대다수이다.

구원받으려고 종교를 열심히 다니면 여러분 자신의 생령들이 육신에게 저주를 퍼붓기에 인생으로 상상을 초월하는 감당 못할 풍파가 휘몰아쳐서 신문방송에 보도될 정도로 크게 망신당할 일들이 연이어 터진다.

사업 문이 막혀 재산을 날리며, 몇 년 전의 과거 부정비리가 말도 안 되는 어떤 사건에 연루되어 세상에 폭로된다. 결국 검찰, 경찰에 소환되어 매스컴을 타는 망신살이 뻗치고, 구속 수감되는 불행을 일으킨다. 큰 병에 걸려 자리에 눕지만 약도 없고 치료도 되지 않아 죽을 날만 기다리거나 우울증으로 고생하다가 자살하게 만드는 무서운 존재가 생령들의 실체이다.

오늘 생령이 자미천황님의 천상궁전으로 입천되어 올라가면 이제는 육신이 하고자 하는 대로 잘될 것이라 하면서 위대하신 하늘 태상천존 자미천황님께서 가르쳐주신 대로 손님 오면 오빠! 서방님! 어서 오세요, 라고 반갑게 맞이하고, 손님을 사장님 대우 이상으로 해서 돈을 많이 벌라고 가르쳐주시었다.

생령이 자미천황님의 천상궁전으로 입천되면 육신만 있으니 예전처럼 남자로 보이고, 장사도 아주 잘될 것이라 하였다. 원래 남자를 좋아해서 술장사를 했다고 한다. 지금까지는 70억의 돈을 날리게 한 것과 노래 바 사업장에 손님이 찾아오지 못하도록 박 여인의 앞길을 막은 존재가 악령의 역할을 했던 생령이었음이 인류 역사상 처음으로 밝혀졌다.

박 여인은 자신의 생령이 신감 몸에서 자신의 평소처럼 똑같이 말하고, 마음과 생각, 행동을 그대로 재현하는 생령의 모습에 넋 나간 듯 신기해 하며 모두 맞는다고 맞장구쳤다. 처음으로 밝혀진 자신 생령의 진실 앞에 속이 시원하다면서 위대하신 태상천존 자미천황님의 대원력에 감동하고 감사하여 저자 인황과 신감에게 고맙다는 인사를 수없이 올렸다.

태상천존 자미천황님 만세, 신명님 만세, 하나님 만세, 미륵님 만세, 인황님 만세, 신감님 만세 만세 만만세, 천세 천세 천천세를 연호하며 최고라고 극찬하였던 생령입천이었다. 정말 저자도 너무 신기하고 신비로워서 매번 생령입천 때마다 감동, 감탄하고 있다. 각자가 갖고 온 사연이 모두 다르기에 행사 역시 모두 다르게 진행되는 경이로운 행사이다.

박 여인의 생령은 1년 사이에 70억의 돈을 날리게 하고, 12억짜리 노래 바를 4억에 내놓아도 매매가 안 되고, 손님이 찾아오지 못하도록 영업을 막아서 한 테이블도 손님 못 받을 때가 다반사였으며, 어쩌다 찾아온 손님마저도 쌀쌀맞게 굴어서 다른 업소로 쫓아버리고 있었다.

그 많던 70억을 다 날리고 오히려 빚을 지도록 인간 육신을 처절하게 굴복시켰다. 생령들이 인간 육신 하나를 굴복시키고자 사생결단하고 있다는 무서운 진실이 적나라하게 밝혀지고 있는데 대다수 독자들은 남의 사연이라고 소설 읽듯이 대수롭지 않게 여기며 무관심으로 지나쳐버리고 있다.

남자를 만나서 섹스를 못하게 만든 것도, 바람나서 살림 차리면 자미국 지상 자미천궁에 들어와 하늘의 명을 받들지 못할 것을 생령이 알았기에 남자들에게 정나미 떨어지도록 쌀쌀맞게 굴었다고 말했다. 돈이 많아도 굴복하지 않을 것이고, 남자에게 빠져 살림을 차려도 하늘의 명을 받들지 못하기 때문에 죽기 살기로 육신을 지켜왔다는 생령의 말에 고개가 끄덕여진다.

인간 육신들은 잘 사나 못 사나 한평생 살다가 죽으면 그것으로 모든 것이 끝이지만 생령들에게는 무섭고 지겨운 윤회의 사후세계가 기다리고 있기 때문에 철저하게 인생을 망가뜨려 잘남의 기운을 꺾어야 하늘의 명을 받아 생령들이 입천한다.

육신과 함께 생령이 자미국 지상 자미천궁에 들어와서 하늘의 명을 받아 생령입천 행사를 행해야 자미천황님의 천상궁전으로 올라갈 수 있다는 진실이 난생처음으로 생령과의 대화를 통해서 세상에 밝혀지고 있다. 너무나도 놀라운 일이고, 인간들이 생령의 존재를 몰라보고 살면서 감당 못할 세찬 생령의 풍파로 인생이 한순간에 무너져 내리고 있다.

여러분도 박 여인처럼 거대한 재산 날리고 거지 신세로 전락하기 전에 자신 생령들의 소원을 들어주어야 한다. 가진 거 있을 때 자신 생령들의 소원을 이루어주면 목숨, 건강, 재물, 가족, 권력, 명예를 모두 지킬 수 있건만 왜 망가져서 굴복하느라고 고생들을 사서 하는지 도저히 이해가 안 된다.

매일같이 신문방송에 보도되는 유명 인사들의 몰락과 망신살을 강 건너 불구경하듯 즐기지 말고, 갑자기 그들의 불행이 자신에게 다가온다는 것을 왜 모르는가? 각자의 모든 생령들도 하늘의 명을 받아 생령입천의 소원을 하루라도 빨리 이루고자 여러분을 망신, 몰락, 멸망, 파멸의 길로 인도하기 위해 열심히 저주와 반란, 분노 폭발을 일으키고 있다.

생령들은 죽기 살기로 인간 육신을 굴복시켜 하늘의 명을 받아서 자미천황님의 천상궁전으로 입천해야 하기에 물불을 가리지 않고 여러분의 인생을 무지막지하게 뒤엎어버린다. 생령들의 저주와 반란, 분노 폭발은 여러분 스스로는 막아낼 수가 없고, 오직 생령들의 어버이이시자 생사여탈권을 행사하시는 태상천존 자미천황님의 명을 받드는 것 하나뿐이다.

여러분 몸 안에 있지만 말이 통하지 않아서 답답해하는 생령들은 육신의 나이가 아니라 수천수만, 수억 살이다. 온갖 천지만생만물(축생, 조류, 어류, 파충류)로 끝없이 윤회하다가 태상천존 자미천황님께 구원받아 생령들의 고향인 천상 자미천궁으로 입천하고자 이 세상에 태어난 행운아들인데 세상 사람들이 생령의 존재에 대해서 너무나 모르고 있다.

여러분의 생령은 육신이 살아있을 때 자미국 지상 자미천궁에 들어와서 천지만생만물을 태초로 창조하신 태상천존 자미천황님의 명을 받들어 생령입천을 해야만 죽어서 더 이상 윤회하지 않고, 천상 자미천궁에 다시 태어날 수 있다.

하늘이 내리시는 명을 받들지 않으면 육신이 죽는 것과 동시에 사령(조상, 귀신)의 신분으로 바뀌고, 이때부터 여러분 자신과 가정에 온갖 풍파가 폭풍우 휘몰아치듯 일어나서 목숨, 건강, 재산, 가족, 권력, 명예를 싹 쓸어가 버려서 거지 신세로 만들어버리니, 자신의 소중한 것을 모두 지키며 살고 싶으면 생령들의 소원부터 들어주고 인생을 살아가야 한다.

살아생전 생령입천 행사를 행하면 자미천황님의 천상궁전으로 올라가고, 생령을 입천하지 못하고 죽으면 여러분의 자식들이 조상입천제를 해주어야 도솔천황님의 천상궁전으로 올라가는데 자식들이 자미국 지상 자미천궁을 모르고, 알았다 해도 믿지 못해서 안 해주므로 각자가 직접 살아생전 자신의 편안한 사후세계를 위해서 생령입천을 행하고 죽어야 안심할 수 있다.

사랑하는 배우자나 애지중지 키운 효자효녀 자식들이라 해도 영적 차원이 낮으면 죽는 순간 끝이라고 생각하고, 사후세계를 인정하지 않기에 도솔천황님의 천상궁전으로 올라갈 수 있는 여러분 혼령의 조상입천제를 돈이 아까워서 자식들이 행해 주지 않는다. 그래서 허공중천을 끊임없이 떠돌고 만생만물로 수없이 태어나는 무서운 윤회의 굴레에 갇히게 된다.

각자 자신의 사후세계는 세상 그 어느 누구에게도 마음 놓고 맡길 수가 없다. 사람들의 눈과 귀에는 보이지도 들리지도 않는 세상이라서 불신하여 믿지도 않기에 돈 쓰는 것을 아까워하여 조상입천제를 하지 않는다. 헛돈 쓰는 거 같고, 사기 당하는 거 아니냐는 마음 때문에 못한다.

그래서 자식도, 배우자도 믿을 수 없다. 돈 문제가 연결되어 있기에 절대로 가족들도 믿으면 안 된다. 돈이 들어가는 문제는 배우자나 자식이라도 쌍심지 켜고 절대적으로 말린다. 조상입천제했다는 이름만 지으려고 최소한의 작은 금액으로만 하려고 하는 것이 인간의 본성이다. 돈이 피보다 진하다.

그리고 가족들은 자미국 지상 자미천궁의 진실을 전혀 모르기에 자신이 다니던 절에 가서 사십구재나 천도재를 올리고, 아는 무속인에게 진오기 굿을 하고, 성당과 교회에 다니는 교인들은 신부, 목사에게 추도미사, 추모예배를 적당히 부탁할 것이다.

각자들이 이 땅에서 행한 대로 천상에서 그대로 받는다. 조상입천제를 어떻게 하느냐에 따라서 각기 신분과 계급이 주어지기 때문에 가족들에게 자신의 사후세계를 맡기는 것은 아주 위험하고 가장 어리석은 일이다.

여러분 자신들이 살아생전 돈 있을 때 자미국 지상 자미천궁에 들어와서 하늘의 명을 받아 직접 천상 자미천궁으로 생령입천을 행하고 죽어야 사후세계를 마음 편히 살아갈 것이다. 죽은 뒤에는 조상입천제를 행하면 천상 도솔천궁으로 올라간다.

하늘의 소원을 이루는 날

강○호 생령입천하는 날입니다. 높고도 높으신 하늘께는 이렇게 생령입천을 할 수 있도록 해주심이 감사하고요, 신감님께는 이렇게 큰 뜻을 밝혀주심이 감사하고요, 오늘의 주인공은 이렇게 깊은 뜻을 따른다고 수고했다 하십니다.

주인공의 생령이 어떻게 해서 그리 머나먼 천상 자미천궁에 올라가는지도 모르고, 어찌 해야 하는지도 모르고 몰라서 못한 것이지 하늘께서는 안 하신 게 아니랍니다. 이렇게 큰 뜻을 이루는 이가 없는데 자미국 지상 자미천궁에 신감님께서 밝혀내심이 엄청난 놀라움 그 자체입니다.

주인공에게 "하늘께서 이렇게 못난 저를 기다려주신다고 그 얼마나 애쓰셨어요"라고 신감님께서 가르쳐주십니다. 건성으로 하늘께 하는 것이 아니랍니다. 생령은 하늘의 존재를 까마득히 잊고 살았는데, 생령인 우리가 하늘을 버렸다는 겁니다. 우리의 소원은 잘 먹고 잘 사는 게 소원인데 드디어 오늘 하늘의 소원을 이루는 날이라 하십니다.

하늘과 더불어 잘 먹고 잘 사는 게 소원이 돼야 한대요. 생령의 고향은 천상 자미천궁이라 합니다. 생령은 생령들의 고향인 천상 자미천궁에 가야하고 부모를 버리는 자, 자식을 버리는 자 큰 죄가 된다 합니다. 그런데 생령은 하늘(부모)을 버렸다 하십니다.

하늘께서는 우리를 잡아들이라는 황명을 내려 우리가 자미국 지상 자미천궁에 잡혀왔는데 그것도 모르고 인황님, 신감님 앞에 와서 나 잘났다 했다 합니다. 아무런 조건 없이 찾아와야 하고, 스스로 찾아와야 하는 게 맞는다고 하십니다.

우리 인간들은 자미국 지상 자미천궁에 인황님, 신감님 앞에 와서 높은 거 좋아하고, 높아지는 것 외치고 그러다가 하늘의 아픔까지 높게 만들게 되었다 하십니다. 우리는 이 땅에 온지가 얼마인데 단 한 번도 하늘께 진정으로 안부인사 올려본 적이 없고 오늘 신감님 덕분에 하늘의 위대한 역사를 다시 한 번 이루고자 애를 쓰신대요.

그리고 주인공이 처음에 자미국 지상 자미천궁에 왔을 때 자세가 삐딱한 것이 문제가 아니고 생령들은 더 건방을 떨었다 합니다. 생령들은 육신이 없다고 그러는데 대단하신 하늘은 다 보고 계신대요. 생령이 하늘을 무시하면 누군가는 그것을 막아야 하는데 오늘 주인공은 그것을 막는 일을 했다 하시면서 조상님이 주신 육신으로 그것을 했다고 신감님을 통해 밝히십니다.

생령이 하늘과 신의 마음을 박박 긁었는데 이 못된 생령을 모르고, 하늘로 받들어 굴복하고 칭찬한 죄는 있을 수가 없다 하십니다. 생령은 하늘이 아니고 진정한 하늘은 태상천존 자미천황님이시래요. 자미국 지상 자미천궁 초창기에 생령입천하면서 그 못된 생령을 신감님이 받아서 지금까지 신감님 육신과 삶에 집어넣어 다 뒤집어놓은 죄가 이루 말 할 수 없다는 겁니다.

생령은 하늘이 아니고 신감님께서 밝히신 태상천존 자미천황님이 하늘이라 하십니다. 내가 어느 날 신감님 방만 보면 욕이 나오고, 신감님만 보면 욕이 나오고 얼마나 괴로웠는지 참다못해서 이 사실을 신감님께 일렀는데 그 원인을 밝혀주십니다.

나의 생령이 신감님한테 있으니 그 생령한테 욕하는 거라 합니다. 이렇게라도 변명하라고 가르쳐주십니다. 얼마나 못된 생령인지 생령은 암 덩어리와 같다는 겁니다. 그 암 덩어리를 신감님 육신에 집어넣었으니 신감님 삶이 어찌 되겠어요?

그러시면서 또 가르쳐주셨어요. 자미천황님, 내 암 덩어리 존재인 생령 받아주세요! 생령 때문에 내가 못 살겠어요, 라고 하라 하십니다. 위대하신 하늘 태상천존 자미천황님께서는 우리에게 언제나 좋은 것만 주시는데 생령(암 덩어리)을 가져간다는 것은 진정한 하늘이라 하십니다.

자미국 지상 자미천궁을 10년 전에 인황님, 신감님께서 밤낮으로 고생하시고 애쓰시면서 세우셨습니다. 곁에 있는 우리도 잘 모릅니다만 인류의 역사 속에 아무도 해내지 못한 이 대단하고 위대한 생령입천을 인류 최초로 찾아내서 행하고 계십니다.

종교가 아닌 가짜가 아닌 진짜를 찾아오셔서 우리에게 이렇게 대단한 새 역사를 다시 쓰시는 천상감찰신명님, 천상천감님, 천상도감님, 인황님, 신감님께 감사를 드립니다.

하늘의 백성 이○희 ○○○천인

나 집에 가는 거니?

고맙습니다, 고맙습니다. 말로 다 표현할 수 없는 고통을 참아내시면서 하늘께 빌고 또 빌어 오늘도 이 한 몸 살려주셨습니다. 큰 딸아이가 생령입천 비용 생공을 마련하여 인황님께 보내고 딸아이 혼자 가기로 되어 있었습니다.

"괜찮아, 먼저 해." 말을 하는 순간 눈물이 나기 시작하였습니다. 딸아이는 인황님께 엄마 먼저 해주시면 안 되냐고 여쭙기도 했습니다. 저녁에 딸아이가 전화해서 엄마 전화를 안 받으세요? 하길래 나는 왜? 하고 볼멘소리를 했습니다. 인황님께서 엄마하고 같이 오래요 하면서 보내신 문자를 보내줬습니다.

(엄마와 함께 와라) 그 문자를 보는 순간 대성통곡하였습니다. 밤새 자다가 눈뜨면 울고, 눈뜨면 울고 하길 아침까지 하였습니다. 아침에 딸아이를 만나서 인황님 신전에 도착할 때까지 내가 나한테 "나 집에 가는 거니? 정말 가는 거니?" 물으면서 울었습니다. 그런데 딸아이는 좋아 죽겠다는 듯이 웃고 있었습니다.

인황님 신전에 도착하여 집무실에서 밖을 보니 눈이 내리는데 소복소복 내리는 것이 아니라 오른쪽으로 돌다가 다시 왼쪽으로 돌고, 한 바퀴 뒤집기까지 하면서 눈이 내렸습니다. 처음 보는 광경에 꼭 지금 내 마음 같아 하면서 바라봤습니다.

내가 울음을 그치면 눈발이 조금 덜하고 다시 울기 시작하면 또 그렇게 회오리를 치면서 눈이 내렸습니다.

행사가 시작되고 오늘 주인공이 누구냐고 모두 딸아이가 주인공이라고 하면서 방석을 내주었습니다. 조금 후 신감님께서 나오시면서 방석을 나란히 하고 같이 앉아서 합장하라고 하시길래 두 손 모아 합장하는 순간 눈물, 콧물 범벅이 돼서 흘러내렸습니다.

신감님께서 휴지로 조용히 닦아주셨습니다. 그리고 누가 보고 싶으냐고 물으시는 순간 전 터져버렸습니다. 다 보고 싶다고 멈출 수가 없었습니다. 멈춰지지가 않았습니다. 감히 인황님, 신감님 앞에서 고래고래 소리 지르며 울었습니다. 울음이 아니라 절규였습니다.

나, 집에 가는 거냐고? 정말 가는 거냐고? 왜 인황님께선 이제야 자미국 지상 자미천궁을 늦게 세우셔서 날 종교에 기웃거리게 했냐고 인황님께 말도 안 되는 지랄을 떨었습니다. 학교도 들어가기 전부터 집(천상 자미천궁)에 갈 길을 찾고 있었습니다.

집(천상 자미천궁)에 갈 길을 찾기 위해 종교라는 곳 여기저기 조금씩 내가 알고 싶은 대답이 있는지 여기 기웃, 저기 기웃거렸지만 모두 아니었습니다. 방송에 오르내리는 자들, 유명하다는 자들, 종교라는 간판 걸고 이름 꽤나 날리는 자도 많이 만나봤습니다. ○○○ 추기경, 여의도 큰 목사, 그 목사의 선생이라는 자 모두 아니었습니다. 내가 알고 싶은 거, 듣고 싶은 말 하나도 모르는 자들이었습니다.

하지만 세상을 살면서 그 사람들을 만났다는 것이 다른 인간들에게 조금 이야깃거리는 되었습니다. 그것도 처녀 때 잠깐, 두 딸을 낳고 살다가 가만히 있는 딸애들을 내가 성당에 보냈으나 둘 다 다니지 않았습니다.

그리고 20여 년 후, 어느 날 남편이 책 한 권을 주면서 당신은 성당에 다녔다는 사람이 하는 짓은 꼭… 말끝을 흐리면서 이런 거 좋아하지 하면서 건넨 책이 『천경』 책이었습니다. 그리고 며칠 후 이것도 봐, 하면서 『천지령』 책을 주었습니다.

『천지령』 책을 읽어가던 중에 자미국 건립기금이라는 대목이 있어 책을 놓고 지갑에 있는 돈, 얼마 되지는 않았지만 무조건 들고 입금하러 나가려는데 초인종이 온 집안이 떠날 듯이 말을 하는 것이었습니다.

'도둑이 들었습니다, 도둑이 들었습니다!' 남편은 어쩔 줄을 모르고 초인종을 이리저리 누르면서 쩔쩔매고 있었습니다. 순간 '저 초인종 내가 만지면 멈출 거야,' 생각하며 손가락 하나를 살짝 갖다 대니 뚝 멈추는 것이 아니겠습니까!

얼른 농협으로 가서 계좌에 돈을 입금하려는 순간 자꾸 오류가 나서 아, 그래서 초인종이 그랬구나 하고 다른 계좌로 입금을 하였는데 며칠 후에 작은애가 쇠파이프에 머리를 찍어 죽을 뻔했다고 말하기에 정성이 모자랐구나, 멋대로 생각하고 또다시 조금 더 입금하였습니다.

그랬더니 이번엔 큰애가 급히 전화가 와서 엄마 차가 언덕길에서 브레이크가 안 걸려 나 죽을 뻔했어요, 하는 것이 아닌가? 아차, 그때서야 뭐가 잘못됐다 싶어 책을 끝까지 읽고 전화를 드려서 상담 날짜를 잡았더니 아무 일이 일어나지 않았습니다.

그 후 인황님 신전 자미국 지상 자미천궁에 딱 들어서는 순간 이제 집(천상 자미천궁)에 왔다 이런 생각이 들었습니다. 그리고 생령입천하는 날. 오늘 생령입천은 딸아이가 아니라 제 생령입천을 하는 날이었습니다. 신감님께서 알려주셨습니다. 딸아이가 웃고 있는 이유도 밝혀주셨습니다. 딸아이는 저를 도와주려 미륵님이신 천상도감님과 약속하고 이 땅에 온 것이랍니다. 그리고 그 역할이 오늘 끝나는 날이랍니다.

신감님 말씀 따라 딸아이가 소리쳤습니다. 미륵님이신 천상도감님, '저 약속 지켰습니다. 저는 여기까지입니다.' 항상 행사할 때가 오면 저보다 딸아이가 행사비를 잘 마련하였습니다. 저는 언제나 행사하기 위해 동동거리기만 할 뿐 마음대로 되지 않았습니다. 그것이 딸아이가 역할을 다하기 위한 것이라는 것도 오늘 밝혀주셨습니다. 신감님께서 정말 신기하시고 신비하십니다. 그러는 순간 눈물이 멈추고 저는 반은 사람이 되었습니다.

인황님, 신감님 피눈물 나는 고통을 먹고 저는 이제 생령이 아닌 사람이 되었습니다. 이 글을 쓰면서 또 눈물이 나지만 이 눈물은 예전에 흘렸던 눈물과는 다른 것입니다. 인황님, 신감님께 송구하고 죄송하고 고마움에 어쩔 줄 모르는 눈물입니다. 이 세상에 그 어떤 아름다운 말로 신감님을 위로해 드리겠습니까?

하늘의 백성 유○숙 ○○천인

엄마의 생령입천

생령입천 비용이 다 마련되어 인황님께 연락을 드렸습니다. 작년 11월에 행사비용의 일부를 보내놓고, 부족한 부분이 마련되어서 하루라도 지체하지 않고 빨리 행사를 하고 싶은 마음이었습니다.

서울로 오는 동안 칠곡에서부터 눈발이 날리더니 군데군데 눈이 내리기 시작하여, 자미국 지상 자미천궁에 도착하고 나서부터는 본격적으로 눈이 내리기 시작했습니다. 입춘도 지났는데, 웬 함박눈이 저리도 내리나 싶어서 의아한 생각이 들었습니다.

신명님이신 천상감찰신명님, 하나님이신 천상천감님, 미륵님이신 천상도감님 중에 손잡고 따라서 같이 올라가고 싶은 분의 이름을 불러보라고 하셨습니다. 저는 천상천감님을 불렀고, 엄마는 세 분 다 그리웠다고 하면서 주체할 수 없는 눈물과 통곡이 시작되었습니다.

엄마는 아주 어린 3~4살 때부터 너무나 그립고 그리운 하늘을 찾고 찾아다니느라 교회, 성당, 점집, 절, 수많은 데를 전전해 보았지만 다 아니었다고, 왜 이렇게 늦게 자미국 지상 자미천궁을 세우셨냐고 인황님께 원망을 했습니다. 생령입천 올리기 며칠 전부터 엄마의 머릿속에는 "나, 정말 가는 거니? 진짜 가는 거니?" 하는 소리가 계속 맴돌았다고 하면서 이제 정말 집(천상 자미천궁)에 가는 거 맞느냐고 신감님께도 여쭈었습니다.

엄마가 어릴 적부터 하늘 찾아 미친 듯이 찾아다닌 것은 천상도감님(미륵님)의 자손이기 때문이라 하시며, 하늘 찾느라 미쳤기 때문에 미륵님이라고 "미" 자를 강조하십니다. 저 또한 천상에서 내려올 때 엄마를 도와주겠다고 미륵님과 약속하고 내려왔다고 하십니다.

그래서 그동안 엄마가 돈을 못 구할 때마다 제가 구해서 행사를 할 수 있었다고 하셨습니다. 사명자인 엄마가 돈이 없으니 돈 구하는 돈의 사명자로 저를 보내셨다고 합니다. 그래서 그동안 사명자인 엄마 대신에 제가 행사비용을 마련하고 다녔던 것이라고 합니다.

저는 행사비용이 잘 구해졌었습니다. 물론 엄마도 함께 구해서 같이 행사를 했기 때문에 저만 전적으로 다 한 것은 아니지만, 주로 제가 큰 금액을 구하였는데 적게는 3일에서 7일 안에 마음만 먹으면 구해졌었습니다.

20살 이후부터는 누가 시킨 것도 강요한 것도 아닌데 부모님의 도움을 최소화하고자 하여, 대학 조기졸업 및 7학기 내내 성적우수 장학금을 받았고, 대학원 등록금 2년, 첫차 구입비, 지금 타고 있는 두 번째 차 구입비 및 용돈 등을 제 스스로 해결하였기에 돈을 모으려야 모을 수가 없는 상황이었습니다.

오늘 엄마의 생령입천을 마지막으로 저의 역할은 다 끝났다고 말씀해 주셨습니다. "이제 다 끝났다, 너는 네 할 일 다했다" 하시니 눈물이 쏟아집니다. 신감님께서는 어찌 저리 내 마음 들여다본 것처럼 잘 아시며, 내 상처 직접 본 것처럼 어루만져주시나. 너무나 따뜻하시다 생각이 들었습니다.

남들은 다 엄마가 딸에게 해주지만, 저는 딸인 제가 엄마에게 해주도록 창조되었다고 하시며 제가 나태해졌을 때마다 천상도감님(미륵님)께서 신비의 도력을 주셔서 이때까지 제가 돈을 구할 수 있었다고 하십니다. 앞으로는 엄마도 스스로 돈을 구할 수 있게 될 것이고, 너는 너의 인생을 살아라, 라고 하십니다.

이제는 살아서 엄마의 생령을 천상으로 보내는 장례식을 치렀기 때문에 제가 해야 하는 역할은 다 끝났다고 새로운 인생, 저만을 위한 인생을 살라고 하십니다. 그동안의 지치고 힘들었던 마음이 한 번에 바뀌면서 날아갈듯이 후련하고 새로운 에너지가 넘쳐흐르며 다시 태어난 기분입니다. 행사 후 인황님 집무실에 앉아 있을 때 인황님께서 말씀하시길 생령입천까지 잘 따라와서 기특하다고 해주셨는데 갑자기 눈물이 핑 돌았습니다.

인황님, 신감님께서 저 안 쫓아내시고 지금까지 불러주셔서 얼마나 황송한대요. 인황님, 신감님께 이 은혜를 어떻게 다 갚을지 살아서도 죽어서도 잊지 않으며, 따라다니고 싶습니다. 인황님, 신감님! 만세입니다!!

하늘의 백성 조○애 ○○천인

종교에 간 것은 내 욕심으로

●

주인공은 갖은 게 너무 없어서 인간세상 더 살 힘도 없고, 생령이 더 이상 머물수록 육신도 생령도 모두 힘이 드니 태상천존 자미천황님께 "천상 자미천궁에 오를 수 있게 해주세요. 이젠 죽고 싶어요. 영은 살 만큼 살았으니 이제 저(생령)를 데려가주세요."

어떻게 죽는 건지 어느 분 앞에서 죽어야 되는 건지 태상천존 자미천황님께 모든 것 의탁하면 되는 걸 알고, 저 좀 받아주세요. 아무 데서나 죽는 게 아니고 자미천황님 앞에서 죽으랍니다. 생령입천은 영이 잠자는 시간이며 자미천황님 품으로 돌아가는 거래요. 영이 쉬러 가는 거라 생각하라 하십니다. 영은 잠자는 게 가장 행복한 것인데 어디서 죽어서 어디서 잠자는지가 중요하다 하십니다.

인간세상의 사람들은 영을 팔아먹었대요. 주인공의 영은 판 것이 아니고 바뀐 것이 아니고, 변함없이 그 영이 그 영인 것이 주인공도 변화무쌍하다 합니다. 오늘 이렇게 대단한 행사를 하시는 것은 위대하신 천상도감님의 말씀을 신감님께서 받으시어 전달하신다고 합니다.

인간세상의 고통은 왜 있는가? 완성의 세상이 아니고 가야 할 세상이 따로 있다고 하는 것을 암시해 주시는 거래요. 그 어딘가에 완성의 세상이 있다는 거라 합니다. 이 세상의 행복은 다음 세상의 행복을 흉내 내고 있는 거라 하십니다.

천상 자미천궁에서는 불행한 척, 행복한 척하기가 힘들다고 합니다. 종교에선 가짜를 진짜인 척하고 인황님, 신감님은 진짜를 찾아내신 거라 하십니다. 인간세상에 행복, 기쁨, 환희가 있는 것은 그 어딘가에 있는 거라 하십니다. 천상 자미천궁에서는 진짜로 기쁨, 행복, 환희가 있다는 것이라 합니다.

나 자신도 기독교에 30년을 다니다가 인황님의 신전 자미국에 들어왔지만 우리가 종교에 간 것은 내 욕심으로 갔대요. 무엇을 준다하기에 간 것이라 하시면서 인황님, 신감님은 무엇을 준다고 현혹, 회유를 하지 않는다 하십니다.

그리고 오늘 주인공 영의 부모님이신 천상도감님께서 힘을 써주시고 애써 주심으로 주인공의 영을 데려간다 하시니 참석자 모두 우레와 같은 박수갈채로 마무리를 하셨어요.

인황님, 신감님의 고통, 아픔, 슬픔의 결과로 우린 이렇게 인류 역사 이래 처음으로 대단한 영광인 생령입천이라는 것을 하게 됨을 알려드리는 바입니다.

하늘의 백성 이○희 ○○○천인

악의 화신으로 변해서

주인공은 교사인데 학교에 학생들이 말을 안 들어서 골치 아픈 일이 이만저만이 아닌데 행사를 올리고 학교에서 속 썩는 일이 싹 살아졌다면서 신감님 앞에서 자랑이 늘어졌어요.

그리고 인황님 집무실에서는 행사하러 오라하면 행사를 하려고 거기에 신경을 쓴다고 해서 아무 문제가 없고, 말 잘 듣는 사람이구나 하고만 생각되었는데, 막상 행사에서 신감님이 밝히는 말씀은 참으로 놀라웠어요.

주인공의 생령은 인간세상에 와서 너무 오래 살아서 악의 화신이 되었답니다. 태상천존 자미천황님의 말씀을 듣기 싫어해서 본인이 직접 뒤집고, 가족도 뒤집고 자미천황님께 반항했다는 것이 핵심이라 합니다. 오늘 이 진실을 안 밝히면 인황님, 신감님께서 누명 쓰게 되었으니, 주인공이 악의 화신이라 합니다. 자미천황님만 밝혀주면 악의 화신으로 변해서 가장 위험한 분이 인황님과 신감님이래요.

주인공 인생이 뒤집어진 게 자미천황님, 인황님, 신감님께 원망한 것이라 합니다. 주인공이 가짜이고, 자미천황님은 진짜라서 가짜가 진짜를 만나면 가짜가 진짜를 싫어한대요. 처음으로 들어보는 대단하신 말씀입니다.

주인공은 행사했는데 왜 그래요, 했다는 겁니다. 위대하신 분이 행사를 해주셨는데 자꾸만 뒤집어지는 것이 궁금하기도 했는데 이것이 원인이라 합니다. 악이라서 악이 시키는 것은 잘하고 인황님, 신감님이 시키는 것은 반대로만 한답니다. 그리고 자미천황님께 반항하는 게 내 목숨을 내놓는 것과 마찬가지래요.

육신의 주인공은 자미천황님 말을 들어야지 누구 말을 듣는 거냐! 라고 따라하라 합니다. 악이 시킨다고 육신이 악을 따라서 자미천황님께 반항했다 합니다. 생령입천은 큰돈을 가져와서 하라 합니다. 자미천황님께 죄를 지은 것밖에 없으니 돈으로 해결하라 합니다.

그러시면서 자미천황님께 구시렁댄 거를 반대로 해라 합니다. 인황님, 신감님 만나서 행복해요. 내 인생이 천지개벽되고 매일 기쁘게 살고 있어요. 신감님은 어쩌면 그렇게 옥구슬 같은 말만 해요, 이렇게 말입니다.

주인공은 불행을 모르게 해놓으셨대요. 주인공이 가족을 뒤집은 것은 주신 능력을 확인하기 위해 반항하고 거역한 거래요. 주인공이 악하고 오래 살아서 이젠 자동으로 반항하고 거역한다 합니다. 그러시면서 주인공에게 따라하라 합니다. 생령이 천상 자미천궁에 올라가면 이렇게 나쁜 짓 안 해요, 라고 말입니다.

신감님은 잘도 아십니다. 악의 소굴에서 영원히 빠져나올 수 없는데 신감님께서 행사를 통해 해주시는 거래요. 신감님이 애쓰시는 걸 보시고 하늘께서 감히 감동하시여 생령입천해 주시는 거라 합니다.

우리가 말을 안 들어서 하늘께서 보시기에 인황님, 신감님이 죽게 생겼으니 두 분을 살려주시려고 생령입천해 주시는데 우리에겐 인황님, 신감님이 생명의 은인이라 합니다. 초창기에 이렇게 너무 힘들고 어려운 일이니 인황님, 신감님께 포기해라 했다 합니다.

그래도 포기하지 않고 지금까지 해왔기에 그 은혜가 내려와서 우리에게까지 이르러 오늘 생령입천해 주시는 거라 하시니 이보다 더 기쁜 일이 어디 있겠어요? 인황님, 신감님께서 애쓰시고 피눈물 나는 고생 끝에 우리가 큰 천운을 받는 것 같습니다.

하늘의 백성 이○희 ○○○천인

피눈물로 찾으신 하늘과 땅

생령입천을 하는 날입니다. 오늘 생령입천을 왜 해주시는 거예요?라고 여쭤보니 천상감찰신명님께서 하시는 말씀은 진정한 하늘엔 이 행사가 없다 합니다. 그러시면서 생령입천 안 해주면, 너희들이 인황님, 신감님을 괴롭혀서 해주신다합니다.

우린 행사를 했는데 왜 그래요? 이 말을 수도 없이 많이 했다는 겁니다. 그 말 한마디에 그동안 행사 한 거 무효로 해서 처음부터 다시 시작하면 되겠느냐고 하십니다. 우리들은 있을 수 없는 죄를 지었다 하시면서 인황님, 신감님 덕분에 생령입천하게 되었다고 하십니다. 그리고 천상 자미천궁에는 생령입천이 없지만 인황님과 신감님을 위해서 해주신다 합니다.

구원을 해줘도 누구 하나 고맙다고 하는 자 없고 감사하다 하는 자가 없다는 겁니다. 이것이 우리들의 못돼 먹은 근성이라 하십니다. 우리는 지저분합니다, 잔인합니다, 내가 죄인입니다, 내가 욕심이 많은 자입니다, 라고 스스로 말하는 자 하나 없다 합니다. 우리들은 잡혀가는 거래요. 천상으로 잡혀가는 것이고 이곳 인황님, 신감님 앞에 잡혀온 자들이라 합니다.

누가 잡혀간다 생각하고 인황님 신전에 오는가? 우리 모두 천벌, 신벌을 받은 자라 합니다. 그래서 인황님, 신감님 앞에 굴복하며 돈을 가져와서 행사를 하는 게 다들 하늘의 죄인이라 죗값을 내는 거라 하십니다. 하늘 태상천존 자미천황님께서는 착한 자 필요 없고, 잘난 자 필요 없다 하시면서 우리가 죄인이라 합니다. 착하고 잘났으면 아픔, 슬픔, 고통, 불행, 근심, 걱정 하나도 없이 잘 먹고 잘 사는 게 맞는 거래요.

또한 우리가 죄인이라 하늘께 굴복하는 게 맞는답니다. 하늘 태상천존 자미천황님의 그 어떤 말씀이라도 굴복해야지 내 이론이 맞는다고 굴복하고, 틀리면 안 받아들이고 모두가 골라서 받아들인다는 겁니다. 신감님께서 하는 말씀도 골라서 받아들인다 합니다. 오늘 행사자에게 하시는 말씀이 "신감님, 나를 위해서 한 번만 웃어주세요." 신감님이 웃어야 나(생령)를 데려가주신대요, 라고 하셨습니다.

웃어달라고 하면 신감님은 웃어주는 분인데 우리가 어찌 웃겨 드릴 수 있겠어요? 우리가 해보려고 합니다. 나는 못해요. 신감님 해주세요, 라는 자 하나 없어요. 우리들이 이런 모습이라고 수도 없이 신감님께 들었어요. 우리가 신감님을 몰라도 너무 모른다고 애통해 하십니다. 그리고 하늘께서는 행사 때마다 인황님, 신감님이 끌려 나오는 것 같다는 겁니다.

인황님, 신감님의 노고와 애쓰심에 내가 똑바로 살아야 한대요. 신감님이 그날 행사에 임하기 전에 하늘의 말씀을 잘 받아 전달할 것인지 하늘께서도 걱정하시고 신감님도 잘 받으려고 걱정하신대요.

신감님은 그냥 하시는 것이 아니고 저절로 되는 것도 아니라 합니다. 하늘과 땅께서도 수많은 인류를 놓고 시도를 했는데도 결국엔 안 되었는데 이것이 자동으로 하늘과 통신이 되는 게 아니라 합니다.

서울대에 1등으로 들어가는 게 아니듯이 신감님은 그 어린 나이에 수많은 고생을 겪고, 오늘 여기에 있는 것이 절대로 그냥이 아니래요. 인황님과 신감님의 피눈물로 찾으신 하늘과 땅을 찾아주신 그 고마움을 절대로 잊지 말아야 한답니다.

저는 오랫동안 행사에 참석했는데 인황님과 신감님을 가까이서 보고 듣고 해서 그 누구보다도 더 두 분의 피눈물의 고생과 자미국 지상 자미천궁이 오늘에 있기까지 지금 와서 보면 지구를 수백 번 돌고 온 듯합니다.

절대로 인황님과 신감님은 건드리면 아니 되옵니다. 왜냐하면 내가 살아야 하고, 내 가족이 살아야 하고, 내 자손이 대대손손 살아가는 첩경이자 두 분은 나의 생명줄이라고 누누이 말씀하시고, 현실로 보여진다는 사실을 인정해야 합니다. 세상사 공짜 없으니 돈 가져와서 생령입천을 해야 구원받아 천상 자미천궁으로 입천합니다.

하늘의 백성 이○희 ○○○천인

하늘의 도망자이자 반역자

인황님 신전 자미국 지상 자미천궁의 생령입천. 살아서 구원받는 고귀한 생령입천을 올린 후 김○진 ○○천인이 글 올립니다. 신감님께서 전생의 비밀을 밝혀주시던 날의 충격과 기가 막힌 진실의 말씀에 며칠을 되뇌던 날들이 생각났습니다.

거기에 평소 끝없이 업무상 확인하고 또 확인하고 회사 업무할 때 정확한 지시, 철저한 확인이 저의 평소 지론이기도 한 내 성격의 비밀이 전생에서 천상 자미천궁을 때려 부수고 탈출할 때 제가 태상천존 자미천황님 가슴에 대못을 박고 확인을 철저히 안 하고 도망쳐 나오느라 지상에서 매사 모든 일을 확인하고 또 확인하는 것이 저의 일상이 되었다는 말씀에 안 믿으려고 해도 안 믿을 수도 없었습니다.

또 참관 천인 중 한 명은 레미콘 일인데 그 또한 탈출할 때 천상에서 땅을 파 구멍을 내던 우두머리였다고 하시니 그도 레미콘이 직업인 이유를 알게 되었던 날이었습니다. 제가 그렇게 천상 자미천궁을 뒤집어엎고 도망쳐 나오며 못까지 박고 나왔는데도 하늘이신 태상천존 자미천황님께서 저를 돌아오라고 기다리신다고 하셨지요.

어떤 다른 분 행사에서 태상천존 자미천황님께서는 독재로 그 자리에 스스로 오르신 것이 아니라 천상세계 수많은 하늘 모두의 추대로 태상천존 자미천황님의 자리에 오르신 우리의 생각보다 더 대단하고 위대한 분이시라 하셨습니다.

자미국에 첫 인연이 되기 위해 걸었던 전화통화에 신감님께서 받으셨고 찾아가려 한다는 저의 말에 신감님께서는 왜 오냐고 하셨는데, 어느 날 하나님이신 천상천감님께서 천상 자미천궁에 왜 오려 하느냐고 수년이 지나서 행사 때 말씀하시었습니다.

첫 전화통화에서부터 저의 전생을 다 아셨던 거라는 것을 뒤늦게 알게 되어 신감님께서는 처음부터 영험하신 채 우리를 맞으셨지만 내가 못 알아보았던 거라는 것을 알기까지 시간이 너무 많이 걸렸다는 사실에 너무 죄송하고 부끄럽습니다.

지금의 성내동 자미국 지상 자미천궁으로 옮기기 전 가락동에 있을 때 신감님께서는 훨씬 더 어렸고, 훨씬 더 순수했고, 훨씬 더 예뻤습니다. 제가 오고 갈 때 진짜 반가워서 양말만 신고 좋아라, 나오시던 따듯하시던 분이셨는데 제가 신감님의 마음 아프심을 미처 몰랐었나 봅니다.

아무도 알아주지 않아 서글프셨고, 다 알고 있는데 알아듣지 못하는 우리들 때문에 신감님 혼자 마음 졸이며 기도해 주시면서 우리들이 마음으로 알아들을 때까지 남모르게 홀로 우시며 안타까워했던 시간이 너무 길었던 것이 쌓이고 쌓여 아픔이 되신 것 같습니다.

하나님이신 천상천감님께서 제가 박아놓은 못 빼러 오라고 가르쳐 주신 날부터 잠들지 못하고, 밤이면 베란다 건너 가로등 불빛 아래 앉아 울기도 하고, 빌기도 하고, 기가 막혀 하기도 하고, 슬프기도 하고, 어이없기도 하고, 차마 얼굴을 들고 살아갈 수 있을까 싶기도 하고 여러 달을 그렇게 보냈던 것 같습니다.

그리고 가능한 한 확인하지 않으려 하고 맞겠지, 그렇게 습관도 바꾸려 했고, 사무실에 앉아 확인만 하고 시간 보내던 것을 하나님이신 천상천감님께서 또 도망갈 거면 다시는 구원 없다 하시며 실컷 놀고, 실컷 돌아다니고, 하고 싶은 거 다 하고 오라 하셨기에 말씀대로 놀러 다니고, 하고 싶은 거 하고, 사고 싶은 거 다 사면서 편히 살기로 마음도 바꿔 먹었습니다.

신감님께서도 저는 인간세상 실컷 놀다가 맛있는 거 먹고, 행복하게 지내다 오라 하시며 자미국 지상 자미천궁에도 일주일에 한 번 불러주십니다. 이런 죄를 지은 제가 생령입천을 하다니 꿈만 같습니다. 생령입천을 하는 다른 행사에 참관하면서도 신감님께서 저는 아직 못 알아들어서 안 된다고 하시기에 하라고 말씀 내려주시기 전까지 저는 기다렸습니다.

생령의 전생은 종교의 과거 삶이 아니라 지상으로 오기 전 천상에서의 기록인데 저는 도망자였고 반역자였던 거래요. 그런 저를 아직도 돌아오기를 기다리신다고 하시던 말씀에 왜 그렇게 가슴이 아팠는지요.

영험하신 신감님께서 이런 전생의 비밀을 밝혀주시고 저 인간도 진심으로 빌었기에 잘했다 하셨어요. 그리고 그런 모습이 자미국 지상 자미천궁에서만 볼 수 있어서 자미천황님께서도 좋아하신다고 하니 그런 것을 밝혀주신 신감님이 보물이셔요.

얼마 전 다른 천인의 생령입천 때 입천이 이루어지지 않고 천상감찰신명님의 불호령이 떨어진 적이 있었거든요. 천상감찰신명님 음성을 백 번 듣고 올라오라 하셨어요. 그냥 갔다가 쫓겨날 수 있어서 하늘공부 더 하고 오라 하셨거든요.

그 다음부터는 잠이 안 오는 거예요. 종교가 아니라고 골백번 들었는데 진짜 실감 나는 날이었어요. 못 갈 수도 있겠구나 하면서 걱정이 태산이었는데 꿈만 같이 살아서 구원이 현실로 이루어졌어요.

불같은 성질 다 죽여서 회사가 기울었다는 것도 알게 되었으니 다시 찾도록 노력도 할 거예요. 세상 살면서 존댓말도 잘 못하는데도 신감님께서 존댓말 못 배우고 살아서 그렇다 웃으시며 말씀해 주셨는데 인황님과 신감님께는 존댓말 신경 써서 하다 보니 이제 두 분께는 존댓말하고 있어요.

다 반말해도 실제로 사는 데 지장 없게 해주셨던 것도 자미국 지상 자미천궁 오기 전 누구에게도 굽히지 말고 살다 오라 해 주신 건데 제가 무당한테 머리를 숙여 바보가 되어버린 것도 제가 잘못한 거고 지금은 억울하고 복장이 터져버릴 것 같습니다.

미성년자가 잘못을 하면 인간세상에도 부모가 불려가는 것처럼 저의 잘못이 너무 크고 많다 보니 영의 신감님께서 여기 저기 지우고 닦고 덮어주시느라 너무 애 많이 쓰시고 고생하셨다는 것도 이제 조금이나마 알게 되었고, 이렇게 전생도 현생도 죄가 많은 저를 구원해 주시느라 신감님께서도 별일을 다 겪으시고 고생하셨던 거 다 지켜보고 너무 죄송한 마음에 평생 갚아도 다 갚을 수 있을까 걱정도 되지만 열심히 살아서 은혜 갚을 수 있었으면 하는 게 제 소원이고 바람입니다.

저처럼 못돼 처먹은 것도 구원해 주시다니 하늘이시여!

바라보시는 순간에도 마음 아프게 해드렸을까 걱정이 됩니다. 신감님께서 항상 제가 제일 무섭다고 하셨는데 이제 생령입천되었으니, 저 인간은 처음 사는 인생이고 원래 저는 생령입천하는 날 죽었으니 무섭다 하지 않으셨으면 좋겠어요.

저는 죽었다 생각하고 살라 하셨고 진짜 안 그러면 진짜 죽는다고 하셔서 조심조심 살아가며 해주신 말씀 잊지 말고 살아가고 싶어요. 신감님! 아프게 하고 너무 늦게 알아봐서 죄송합니다. 그래도 내색 한 번 안 하시고 아껴주시고 사랑해 주신 은혜 잊지 않겠습니다. 생령입천까지 이끌어주신 은혜에 감사올리며 인황님! 더 번창하길 기원합니다.

하늘의 백성 김○진 ○○천인

마지막엔 저의 팔을 꺾는 고통을

존귀하신 태상천존 자미천황님!

저의 생령이 오늘 입천되어 영의 부모님이신 자미천황님께로 올라갔습니다. 너무 많이 기다리셨는데 기쁘신지요? 수천수억만 년의 세월을 윤회하며 기다리고 기다려서 오늘 드디어 저의 생령이 소원을 이루었습니다.

저의 생령이 "오늘 드디어 자미천황님께 효도하러 올라갑니다"라고 하셨을 때 모두 놀랐습니다. 현재 하늘의 마음을 우리 천인, 백성들이 하도 후벼 파서 너무 아프셔서 천상에 계신 천상감찰신명님, 천상천감님, 천상도감님께서 모두 간호하시느라 행사 때 함께해 주시지 못한다고 신감님께서 알려주셨습니다.

오늘 행사에는 놀랍게도 영의 신감님, 자미인황님, 천상도감님께서 함께해 주셔서 더욱 놀라웠습니다. 영의 신감님께서는 격식을 따지면 떠난다 하시며, 편안하게 대하라 하셨습니다. 그래서 젊은 신감님을 세우신 거라 하셨습니다. 그러나 절대로 무시하지 마라 하셨으니 모두가 말씀에 따라야 할 것입니다.

신감님과 영의 신감님께서 저와 생령의 죄를 대신 빌어주셔서 아직까지 살아서 오늘 이렇게 행사 올릴 수 있게 되어 깊이 감사드립니다. 저희의 잘못된 것을 꾸짖고 피도, 눈물도 없을 것

같던 자미인황님께서는 처음으로 통곡하시며 눈물을 흘리셨습니다. 저의 생령이 자미인황님을 감동시키어 눈물을 흘리신다 하실 때 저와 행사에 함께한 모두가 함께 눈물을 흘렸습니다.

자미인황님께서 드디어 자미천황님을 처음으로 불러본다 하실 때 얼마나 자미인황님께서 힘드셨을까 생각하니 고개를 들 수 없었습니다. 그리고는 자미인황님을 감동시킨 저의 생령에게 잘했다고 하시고, 육신인 너도 잘했다고 말씀하시면서 저의 머리와 뺨을 수십 번씩 어루만지고 쓰다듬어주실 때 너무 죄송스러워 고개를 들 수 없었습니다.

한 생령이 영의 부모님을 만나는 것이 이토록 어렵고 대단한 줄 꿈에도 몰랐습니다. 못난 제가 천상의 황명을 받고 저의 생령과 함께 태어나 자미인황님을 감동시키다니 놀라움을 금치 못했습니다.

자미인황님을 감동시킨 저의 생령이 정말 고맙습니다. 그리고 몇 년째 오시지 않으시던 천상도감님께서 오시었습니다. 저의 생령이 자미천궁에 올라 자미천황님을 간호해 드리니 천상도감님께서 저의 생령과 교대하여 행사에 함께해 주신다고 신감님을 통해 말씀하시니 모두가 놀라움을 금치 못했습니다.

자미천황님의 마음을 아프게 한 우리 모두가 어서어서 생령들을 올려 보내서 입천된 생령들이 영의 부모님을 기쁘게 해드려야 아픔이 사라지게 될 것입니다. 그렇게 해야만 천상의 대단하신 천상감찰신명님, 천상천감님, 천상도감님께서 함께 해 주실 수 있다고 말씀하셨습니다.

오늘 행사에서 생령이 있었기에 이 세상에 인간으로 탄생할 수 있었다는 말씀도 처음 들었습니다. 46년의 세월 동안 동고동락하며 힘들게, 어렵게, 고통과 슬픔을 함께했던 저의 생령이 너무도 고맙고 자랑스럽습니다.

행사 중에 모든 것 포기하지 마라 하신 말씀 다시 생각납니다. 사실 8개월간 손이 말을 안 들어 고통을 겪을 때 몇 번이나 모든 것을 포기하려 생각도 했었는데 영의 신감님께서 제 마음을 아시고 절대 포기하지 마라, 말씀해 주셔서 이제는 절대 포기하지 않고 앞으로 전진해서 더 나아가며 살겠습니다.

저의 짧은 46년의 시간 동안에 참으로 많은 것을 겪으며 살았지만 사명자로서의 모든 사명을 다하도록 노력하고 또 노력하겠습니다. 제가 자미국 지상 자미천궁을 처음으로 방문했을 땐 상담비용조차도 어렵게 마련하여 상담받던 때가 생각납니다. 오늘 있었던 생령입천도 올리려고 하는 간절한 마음으로 구하니 단번에 행사비용이 생기게 되어 놀라웠습니다.

저의 생령이 얼마나 간절히 천상 자미천궁에 계신 영의 부모님을 만나기 위해 8개월간 저의 육신에게 마지막엔 저의 팔을 꺾는 고통을 주면서까지 행사를 올리려 하였는지 그 마음을 이해하니 고통이 오히려 행복이었음을 알게 되었습니다.

제 인생이 저 혼자만 잘 살겠다고 하여 28세 때부터 사기도 당하고, 사업실패도 9번 하고 해서 지금까지 18년째 인간세상에 빚진 채로 살고 있지만 그 행사를 올릴 수 있었던 것은 간절하면 구해지고, 행사를 올리고나면 어떻게 해서든 다시 갚을 수 있게 해주심을 믿고 오늘까지 왔습니다.

그 사이에 저는 월세도 아닌, 전세도 아닌 처갓집에 얹혀살고 있지만 2년 전에 3천만 원이 저의 전 재산인데 그 돈으로 음식점도(1억 4천만 원) 낼 수 있게 해주셨고, 오늘 생령입천 올릴 비용도 도저히 구할 수 없는 한계에 다다랐습니다.

하지만 인황님께서 9월 20일에 올려주신 생령입천에 대하여라는 첫머리 글에 "너희들의 배포로는 생령입천하는 데 금전적인 두려움이 앞설 것을 잘 알기에"라는 말씀을 읽을 때 저는 두려움 없이 무조건 올려드려야 한다고 생각하고 마음먹으니 단 하루 만에 작년까지 불가능하다던 마이너스 통장개설이 가능해졌습니다.

원래는 ○○○만 원도 안 되는 것을 지점장의 마음을 움직여 가능하도록 도와주신 덕분입니다. 이렇듯 인황님께서 말씀하신 대로 행하면 기적이 일어납니다. 인황님과 신감님 말씀에 대답만 하여도 이루어지니 정말로 대단하신 두 분입니다. 행사 때 내려주신 말씀을 모두 기억 못하여 생각나는 대로 올렸습니다.

저의 생령이 천상에서 영의 부모님이신 태상천존 자미천황님께 잘해야 하듯이 저도 인간세상에서 잘하고 살겠습니다. 어서 많은 생령들이 영의 부모님을 만나 존귀하신 하늘께서 기뻐하시길 바랍니다. 생령입천 올려주시고 귀한 말씀 알려주신 인황님과 신감님께 고개 숙여 감사드립니다.

하늘의 백성 김○석 ○○천인

자기만 향한 기도를 해서

태상천존 자미천황님 평안하신지요? 항상 감사하고 또 감사합니다. 천상감찰신명님, 천상천감님, 천상도감님, 자미인황님, 영의 신감님 항상 노고가 많으세요. 인황님, 신감님, 염○영 ○○천인 인사드립니다.

오늘 17일 저의 생령입천을 원해 주시고 이루게 바라 주신 인황님, 신감님 너무나 감사드려요. 또한 저의 행사 비용을 전액 마련해 주신 저의 윤○호 시아버지 너무나 고맙습니다.

1시가 남짓한 시간에 자미국 지상 자미천궁에 도착하여 식당에 모여 앉아 점심식사를 거의 하신 인황님과 몇 명의 참관천인들과 저의 시아버지 틈에 앉아 맛있는 떡만둣국을 한 그릇 먹고 인황님께서 걸어오신 발자취의 빙산의 일각이시겠지만 몇 십 분 정도 경청하며 자미국 지상 자미천궁을 세우시려고 애쓰신 노고를 다시금 느끼게 되었어요.

잠시 후 신감님 집무실로 가서 신감님께 너무나 대단한 진실도 듣게 되었지요. 남편한테 불만 얘기하지 말고 천지신명님께 남편 불만 얘기하고 바뀌게 해달라고 기도하라고… 이 부분은 전에 행사 때도 많이 얘기해 주셔서 공감이 많이 되었어요.

또 직장에 대해 말씀 드리자 돈이 없어서 저금을 못한다고 생각하니까 딱 그만큼만 돈이 생기는 거라고 하시며 저금을 시작이라도 해야 그만큼 돈이 나가는 거라 또 그만큼이 벌어지는 거라고 하시면서 저에게 무조건 미리 결론을 내고, 정해놓고, 벽을 쌓지 말라고 하셨어요.

또한 제가 쉬면 더 피곤한 것도 말씀드렸더니 많이 활동하게끔 그 원력 주신 거라고 하십니다. 그리고 기도든지 소원이든지 저는 남편을 향한 기도만 해야 천지신명님께서 행복을 주신다고 절대로 잊지 말고 명심하라고 일러주셨어요.

인류가 자기만 향한 기도를 해서 망했다고 하시며 우리는 하늘의 천인이니까 인류가 하는 반대로 해야 한다고 말씀하셨어요. 그렇게 남편을 위한 예쁜 기도하며 육체적이든 물질적이든 남편에게 사랑을 줄때 남편은 몇 배로 보답하는 남편으로 바뀌고 더 성공하게 된다고 하셨습니다.

그리고 이렇게 예쁜 마음으로 악귀잡귀와 멀어져야 아빠 엄마 생각하는 효자 아이도 갖게 될 거 아니냐며 그렇게 하지 않으면 악귀잡귀 다붙은 저 같은 아기 나오면 어쩔 거냐고 하셨어요. 구구절절 주옥같은 말씀 들으며 반나절을 보내고 본격적인 행사를 하였습니다.

저의 행사는 시아버지께서 전액 다 올려주셨는데 저는 인황님과 신감님께서 빌어주셔서 이루어진 것만 감사함을 올려서 주객이 전도된 꼴이라고 시작부터 노하셨어요. 그리고 호박 두 개를 따온 꿈은 현실이지 무슨 꿈이냐고 하시며 그 꿈의 포

인트는 애기가 둘인 거라고 하시면서 그 애기 둘이 바로 시아버지와 저를 비유한 거라고 하십니다. 시아버지께서는 지금껏 결승선을 향해 달려왔는데 뭐가 있으니까 이번에도 달려왔을 거 아니냐 하셨습니다.

저 혼자 생령이 입천되면 시아버지 생령은 얼마나 억울할 것이며 큰일이 나지 않겠냐 하십니다. 그것까지도 생각하셔서 저희 둘의 생령을 동시에 입천시키는 거라고 하시고, 쌍둥이를 비유하시면서 말씀해 주시는데 문득 저의 시댁에 몇 주 전 열린 쌍둥이 호박이 떠올랐어요.

또한 신감님께서 인황님께 집에 왜 들어가느냐고 물어보시는데 쉬러 간다고 하시니 집에서 쉬기만 하면 무엇 하러 집에 가냐고? 집에 들어가자마자 쉬기만 하면 부부가 싸우고 갈라지듯이 쉴 곳은 그늘도 있고 얼마든지 있다 하십니다.

집은 "재충전"하기 위한 곳이라 하시며 지금 올라가는 생령들도 올라가면 "아~ 쉬어야지" 하고 있답니다. 그러다가 다시 쫓겨나면 무슨 개망신이냐 합니다. 그래서 항상 "전진"하라고 명심하라 하십니다.

그리고 신감님께서 지금껏 행사하시면서 혼내시고 때로는 기쁨, 때로는 슬픔이 있으셨던 것도 다 깨달음을 주기 위해 그런 거지 저희가 미워서 그런 게 아닌 걸 알듯이 그런 것들을 느끼고 따라와 준 3박자가 맞았기에 지금 이 자리에서 이런 결승선까지 와서 행사하는 기회가 있다고 하셨습니다.

자미국에 왔는데 다른 삶도 살아봐야지 결승선까지 왔는데 뭔가 달라지고 행복도 받아야 결승선까지 온 보람이 있을 거 아니냐면서 내 생령에게 “나 좀 도와주고 내 삶이 생령입천 전과 안 달라지면 네가 안 도와준 걸로 알 거야!”라고 말하라 하셨어요. 저의 생령에게 거울을 보면 내가 보이듯 남편과 트러블이 있을 때 거울 속 나에게 말을 하라고 알려주셨어요.

“너 잘해! 못되게 굴지 말고 남편에게 잘해.”

자기에게 관대하고 남에게 지독하게 하는 인류가 하는 것처럼 해서 망하지 말고, 저희는 반대로 제 자신에게 지독히 탓하고 남편과 가족에게 관대한 사랑을 베풀 때 받고자 하는 부족한 사랑을 천지신명님께서 채워주신다고 하셨어요.

큰 진실, 행복 주신 행사 너무나도 대단하고 감동이었어요.

제가 고귀한 행사 내용을 제대로 듣고 기억해서 옮겼는지 모르겠어요. 태상천존 자미천황님, 다시 한 번 거듭 감사드리옵니다. 천상감찰신명님, 천상천감님, 천상도감님, 자미인황님, 영의 신감님 대단하시고 노고 많으셨습니다.

행사를 마친 후 푸짐한 과일들과 음식들도 챙겨갈 수 있게 배려해 주시고 시아버지와 집까지 무사히 와서 시부모님과 아주 맛있는 저녁도 먹고 생각지도 못한 금전도 주셨어요.^^

저희의 행복을 빌어주시는 인황님, 신감님 너무나 사랑합니다. 뵐 때까지 건강하세요.^^

마지막으로 나의 생령아!

네가 원하고 바라던 태상천존 자미천황님 계신 곳으로 올라갔으니까 신감님 말씀처럼 항상 전진하고 초심을 잊지 말고 우리 노력하자! 너의 나로부터….

— 하늘의 백성 염○영 ○○천인

이렇듯 영들이 천상으로 오르는 방법은 기존의 종교세계에 있는 것이 아니라 전 세계 유일하게 자미국 지상 자미천궁 한 곳에만 있다. 이런 진실을 몰라보고 평생 동안 조상굿, 천도재, 추도미사, 추모예배를 통하여 천상으로 올라갔는지 알고 있었던 여러분의 사랑하는 배우자, 자식, 부모, 형제, 자매, 조상님들은 천상으로 오르지 못하고 여러분의 몸 안에 있거나 종교세계 안에 그대로 머물러 있다는 진실을 알아야 한다.

천상세계의 주인이시자 최고 높은 하늘이신 태상천존 자미천황님과 도솔천황님으로부터 천상으로 올라와도 된다는 입천(入天)의 윤허를 받지 못한 영들은 절대로 영들의 고향인 천상 자미천궁과 천상 도솔천궁으로 돌아갈 수 없다.

영들이 천상으로 돌아가는 길은 이미 죽은 자(조상)들은 조상입천제를 행하여야 하고, 산 자들의 선령은 천인합체를 행하여야 하고, 악령(생령)은 생령입천을 행해여야만 천상으로 가는 길의 문이 열린다. 그래서 이제까지 종교 안에서 여러분이 행하였던 구원 행위는 모두 무용지물이 되었고, 오히려 천상세계 무단 침입자로 잡혀서 천옥(지옥세계보다 천 배 고통스러운 곳)에 갇혀 더 힘들어 하고 있으므로 빨리 조상입천제를 행하여 구원해 드려야 한다.

입천한 후 천상정기를 받아서

어제 인황님과 신감님의 간절한 소원으로 행할 수 있는 저의 생령입천 날이었습니다. 행사 끝나고 집에 돌아와서 빨리 행사의 감동 순간들을 자미국 지상 자미천궁 식구들에게 알려주고 싶었습니다. 그런데요, 전철 타고 집에 돌아오는데 너무나 졸려서 저도 모르게 단잠에 빠져버려서 목적지를 지나서 종점이 되어서야 잠에서 깨어나서 다시 되돌아 집에 왔습니다.

집에 와서 밥을 먹고 나니 저는 또 너무 피곤해서 잘 수밖에 없었습니다. 왜 이리도 피곤한지? 아침 5시 40분에 눈을 떠서 자미국 지상 자미천궁 글을 보니 인황님께서 어젯밤도 또 주무시지 않고 저의 행사 때 신감님께서 알려주신 잘 살 수 있는 비결을 상세하게 올려주셨네요. 밤낮없이 천인, 백성들이 잘되기만을 바라는 인황님, 신감님의 그 아릿한 마음이 보입니다.

오늘 일하면서 신감님의 말씀이 생각나서 제가 어제 집에 돌아오는 길에서, 또한 저녁에 왜 그리도 푹 자고 싶었는지에 대하여 답을 찾았어요. 어제 행사 중에 신감님께서 생령입천에 대하여 알기 쉽게 알려주셨어요.

시집간 딸이 시집살이를 힘들게 하다가 몇 년이 지나서야 친정엄마 집에 가게 되면 어떻게 하겠냐고 하시기에 우선 푹! 자야죠, 하고 제가 대답했어요~~.

그랬더니 정신없이 몇 년의 묵은 잠까지 푹 잤어요! 그러고 보니 저의 생령도 천상 자미천궁의 태상천존 자미천황님 곁에 가서 너무 편한가 봐요! 태어나서 55년 동안 이 육신과 동고동락하면서 세상에 나만이 이렇게 의지할 곳 없이 외로웠던가 하면서 울기도 많이 울었습니다.

그것이 저의 생령의 마음인 것을~ 그래도 그 기나긴 힘든 세월도 육신을 포기하지 않고 소원을 성취하기 위해 기다리고 또 기다렸습니다. 인황님께서 행사하면서 저에게 물어봅니다.(오늘 생령과 이별하는데 슬프지도 않냐?) 그런데 저는 "기분이 너무 좋은데요!" 하고 말씀 올렸습니다.

그랬더니 신감님이 하시는 말씀이 생령들은 천상 자미천궁에 입천한 후 좋은 정기를 받아서 고마운 육신에게 가져온답니다. 그래서 저는 기분이 좋았는가 봐요~ 아무튼 기분이 짱입니다. 고생 끝! 진정한 행복이 시작되었으니 말이죠!

신감님이 알려준 저만이 알 수 있는 행복의 비결은 말할 수가 없네요! 알고 싶으면 빨리 서둘러서 생령입천을 행해서 들어보시던가. 인황님 말씀대로 뭐니 뭐니 해도 행사를 행할수록 보람찬 인생이 되는 거라고요. 정말 그러네요! 매번 행사 때마다 한 단계씩 더 올라가는 그런 느낌이 너무 좋아요! 이런 황홀하고 행복한 느낌은 얼마의 돈으로도 살 수 없는 그런 귀한 느낌!

참석 천인들이 저를 보더니 어디 식당 주방에서 일하는 사람

같으냐고? 귀티 난답니다! 이 말을 들으니 저는 너무 좋아요! 이 모든 것이 다 대단한 인황님과 자애로운 신감님의 사랑 덕분입니다. 아~참! 또 한 가지 기쁜 일이 생겼어요! 행사 중에 인황님께서 신감님은 영원히 27세 나이로 젊게 살게 해준답니다.

인황님! 저는요? 했더니 35세로 살게 해주신답니다. 여기서 아주 중요한 것은 인황님이 말씀하시면 하늘과 땅이 들으시고 그대로 되게 해주신답니다. 그래서 인황님의 말씀은 법입니다. 이제까지 그래왔으니까요. 우리들이 돈 가져와서 행하는 모든 행사도 인황님께서 원하시었기 때문에 하늘과 땅이 인황님 소원 들어주시는 것이랍니다.

천상의 좋은 정기와 원력은 지구상에서 오직 인황님 육신을 통해서만 받을 수 있고, 천상의 말씀은 오직 신감님 육신을 통해서만 들을 수 있다고 하시었으니 저는 조금도 의심치 않습니다. 꼭 현실이 되리라 믿습니다. 이런 대단한 인황님과 신감님을 통하여 몇 년 동안 피나는 노력으로 생령입천까지 올릴 수 있으니 꿈인지 생시인지? 아직 실감이 안 납니다. 저에게는 기적입니다.

신감님이 말씀하셨습니다. 이○숙은 높은 산을 넘어 그 넓은 바다를 건너 머나먼 이국땅에서 자미국 지상 자미천궁까지 와서 생령입천도 올리니 보너스로 더 잘해 주어야 되지 않느냐고 합니다. 그래요! 저는 정말 작은 돈을 갖고 와서도 아주 크고 아주 어마어마한 행복을 받아갑니다.

존귀하신 태상천존 자미천황님! 이 보잘 것 없고 죄 많은 이

○숙을 천인합체 윤허하시여 천인으로 탄생시켜 주시고, 어제 또 생령입천까지 받아주셨으니 너무너무 감사하고 또 감사할 따름입니다.

이제 저는 살았습니다. 많은 높으신 분들의 사랑 덕분으로 자미국 지상 자미천궁의 대단한 인황님과 신감님의 사랑 덕분으로 행복하게 살 일만 남았네요! 온 심혈을 기울여 내게 주어진 사명을 완수하고자 오늘까지 인황님과 신감님을 따라서 여기까지 오니 큰 보람을 느낍니다. 감개무량합니다. 지나고 보니 저는 참 행운도 많습니다. 눈물이 납니다!

생령과 한 몸 되어 지나온 세월을 되돌아보니 이 육신도 죽을힘을 다하여 생령의 소원을 성취하게 해주었으니 생령도 이 육신의 소원을 이룰 수 있게 도와주겠죠!

대단한 인황님과 자애로우신 우리 신감님! 이 철부지 없는 저를 여기까지 인도하시느라 정말 수고 많으셨습니다. 늘 마음속으로 간직하고 있습니다. 특별히 영의 신감님과 신감님께서 우리들을 살리려고 피나는 노력으로 우리들의 죄를 빌고 빌었답니다. 그래서 우리가 지금까지 무탈하게 숨 쉬고 살고 있답니다.

신감님은 우리들 생명의 은인입니다. 신감님의 얼굴에서 웃음꽃이 활짝 피는 날은 꼭 올 겁니다. 우리들이 인황님의 말씀대로 행하면 꼭 기쁨과 행복의 그날이 올 겁니다.

하늘의 백성 이○숙 ○○천인

악의 존재들이 저의 생령에게

파란 하늘에 흰 구름, 뭉게구름 높이 떠 있고 햇볕이 따뜻한 화창한 날이었습니다. 그러나 저의 마음은 너무도 차분하고 담담했습니다. 저의 생령이 천상세계를 뒤집어엎어 죄를 짓고 지구로 쫓겨나 수억 년의 세월.

고통 속에서 아파하며 몸부림치며 잘못을 뉘우치고 다시 천상 자미천궁으로 돌아가고 싶어 했던 너무도 그리웠고 기다려온 순간의 날인데 왜 이리도 덤덤하고 마치 남의 잔칫집 구경 가는 마음이었습니다.

생령입천 행사 날짜를 잡고 하루하루 기다리면서 마음속 깊은 곳에서 "나는 행복합니다. 나는 기뻐요" 하는 마음의 소리를 느꼈습니다. 저의 생령과 육신이 이별할 날이 다가오는데 왜 마음은 덤덤한지 몰랐습니다.

행사 하루 전 날은 육신과 생령이 함께 살아온 47년의 삶을 돌아보면서 저의 생령에게 정말 고생 많았고 애썼으며 천상 자미천궁에서 다시는 죄를 짓지 말고 하늘의 법도를 잘 지키고 행복하게 영원히 살라고 고백하였습니다.

생령의 간절한 소원과 마음을 저의 육신은 너무도 잘 알고 있었고 느꼈기에 육신 또한 생령의 뜻을 좇아 눈물로 살아왔지만 그렇게 힘들어도 끝까지 포기하지 않고 서로 의지하고 버티어 주어 육신에게도 감사하고 생령에게도 고마운 마음을 전하고 작별 인사를 했습니다.

저의 육신과 생령은 남처럼 덤덤하고 이상하리만치 냉정했습니다. 지하철을 타고 가는 동안도 아무런 감정도 감동도 없어서 오늘 행사를 무사히 마칠 수 있나? 염려가 되었습니다. 오늘 저의 생령입천 행사를 하는데 영의 신감님께서 노래를 선물로 주셨다고 신감님께서 말씀하셨습니다.

'마리아' 라는 노래인데, 노래 가사를 잘 들으라 하시며 이 가사가 저의 생령과 육신에게 영의 신감님이 주시는 말씀이고, 마리아 이름에 김○라 이름을 넣고 뜻을 생각하며 들으라고 하셨습니다.

영의 신감님께서는 제 생령의 마음, 육신의 마음 상태를 이미 알고 계셨기에 행사에 들어가기 전 저의 생령과 육신에게 노래로 영의 신감님 마음을 표현해 주셨습니다.

자~ 지금 시작해 조금씩 뜨겁게
우~ 두려워하지 마.
펼쳐진 눈앞에 저 태양이 길을 비춰
우~ 절대 멈추지 마.

김○라~~ 김○라~~
저 흰 구름 끝까지 날아

거친 파도 따윈 상관없이
기적은 이렇게 네 눈앞에 펼쳐 있어

우~ 절대 멈추지 마
김○라~~ 김○라~~
저 흰 구름 끝까지 날아
거친 파도 따윈 상관없어

멈춰버린 심장 전체가
걷잡을 수 없이 뛰어와~~
김○라~~ 김○라~~
저 흰 구름 끝까지 날아
거친 파도 따윈 상관없이!

영의 신감님께서 말씀하셨습니다. 생령이 인간 육신의 몸을 떠나 천상 자미천궁에 도착하는 순간까지 얼마나 힘들고 못 가게 방해하는 악들의 존재가 얼마나 많은지 잘 아시기에 저의 생령에게 옆도 보지 말고, 뒤도 보지 말고, 두려워하지 말고, 빛을 향해 앞만 보고 무조건 달리라 하셨습니다.

영의 신감님께서 목숨 걸고 찾아주신 생령들의 본향인 천상 자미천궁을 찾아주셨고, 그 길이 얼마나 힘들고 험하고 방해하는 악의 존재들이 곳곳에 숨어 있어 어떻게든 못 가게 방해하심을 너무도 잘 아시기에 겁을 먹은 저의 생령에게 힘차게 거침없이 아무것도 보지 말고, 생각하지 말고, 오직 빛을 보고 앞만 보고 끝까지 달려야 한다고 당부하셨습니다.

영의 신감님께서는 저의 생령이 영의 신감님과 육의 신감님이 너무 좋고 정이 들어 쉽게 떠나지 못하는 마음을 아셨기에 저에게 이 노래를 들려주신다 하셨습니다.

영의 신감님 품에서 저의 생령은 그동안 수천 년, 수억 년 동안 만생만물로 무서운 윤회를 거쳐 살아오면서 너무나 아픈 상처와 맺힌 한이 큼을 아시고 사랑으로, 따뜻한 미소로, 위로의 말 한마디로, 엄마의 정으로 예쁘게 키워주시고 위로해 주시고 치료해 주시고 사랑으로 품어주셨습니다.

자식이 성장하면 부모님의 품을 떠나 새로운 세상을 찾아 떠나듯 시집갈 때가 되었기에 사랑하고 정든 자식을 위해서 더 좋고, 더 행복한 세상에서 웃으면서 마음껏 훨훨 날아오르며 영의 부모님을 찾아 어미의 둥지에서 독립시켜 떠나보내는 어미 새의 애절한 마음을 조금은 알 것 같습니다.

저의 생령이 마지막까지 천상 자미천궁에 안착하는 순간까지 한 시도 눈을 떼지 못하시고 간절한 마음으로 심장이 다 타들어가는 마음으로 기도하며 바라보고 계실 너무나 아름다운 영의 신감님 사랑합니다. 저의 생령이 무사히 천상 자미천궁에 안착했다고 말씀해 주셨습니다. 너무 기뻤습니다.

이미 영의 신감님께서는 천상 자미천궁에 다녀오셨기에 생령들이 천상으로 올라오면 부족하고 아무리 죄가 크더라도 예쁘게 봐달라고 부탁을 해놓으셨기에 아무것도 염려하지 말고 행복하게 살라 하셨습니다. 이것이 참으로 애틋하고 가슴 저린 어머니의 사랑 마음이 아닐지 생각해 봅니다.

가끔 영의 신감님도 생각해 주고, 힘내라고, 응원해 달라고 저의 생령에게 말씀하셨고 못다 한 사랑 이야기는 이다음에 육의 신감님의 사명이 다하여 생명이 다하는 날 천상 자미천궁으로 올라오시겠다고 먼저 올라가서 행복하게 살라 하셨습니다.

수많은 악의 존재들이 저의 생령에게 붙어서 천상 자미천궁으로 입궁하고 싶어서 혈안이 되어 있기에 저를 얼마나 괴롭힐지 아시고 엉뚱한 곳으로 악한 존재들이 데려갈까 봐 정신 똑바로 차리라고 시집보내는 딸에게 마지막까지 걱정이 되어 당부하시는 엄마의 마음으로 애써주셨습니다.

노래를 들으면 댄스곡이라 반주도 신나고 가사도 경쾌하지만 신감님께서는 들을수록 마음이 아프고 슬프다 하셨습니다. 저의 47년 살아온 인생이 얼마나 아프고 힘들고 죽을힘을 다해 하늘로 돌아가는 길을 찾아 헤매었는지 저의 마음을, 진심을 아시기에 노래가 슬프다 하셨습니다. 그래서 천상 자미천궁으로 돌아가는 길만큼은 신나는 리듬으로 주셨습니다.

저의 생령이 떠나도 남아 있는 육신은 힘들어하지 말고, 이 노래처럼 신나게 웃으면서 행복하게 살아야 한다고 말씀하셨습니다. 이때까지만 해도 저는 왜 이 말씀을 해주시는지 이유를 몰랐습니다.

생령이 떠난 빈자리가 너무 크고 그립고 해서 마치 사랑하는 연인과 이별하고 홀로 남아 슬픔을 이겨낼 제 육신의 마음도 이미 영의 신감님께서는 알고 계셨습니다. 그러나 글을 쓰는 지금은 알 수가 있습니다. 나의 육신이 생령을 참으로 많이 보고 싶어 하고, 그리워하고, 저의 생령 또한 저의 육신을 많이 생각하고 있다는 것을 영의 신감님은 이미 알고 계셨습니다.

그래서 저의 육신과 생령이 마지막 작별 인사를 해도 덤덤했고 이별하기가 힘들 것 같아 영의 신감님께서 저의 육신도 생령도 서로 덤덤하게 하셨고 집으로 돌아오면서부터 저의 육신은 힘들어하고 아파하고 있었습니다.

대단하신 인황님
영험하신 신감님
함께해 주셔서 제 생령의 간절한 소원을 이루었습니다.
온 맘 다해 행사해 주신 두 분이 계셔서 저는 행복합니다.

하늘의 백성 김○라 ○○천인

생령이 심통 나서 육신을

오늘은 미국에 거주하는 김○중 천인의 행사가 있었는데 당사자 참석 없이 행사를 행해 주셨습니다. 다른 날보다 참관 천인들이 많이 참관했기에 각자가 행사에 참관하여 나름대로 느낀 대로 글을 올릴 것이기에 본인은 신감님 집무실에서 해주신 말씀을 올릴까 합니다.

각자 모두는 종교를 가져보았지만 다 가짜임을 알아서 종교에서는 생령들이 몸 사리고 복종하며 있었는데, 자미국 지상 자미천궁에서 조상입천제를 통하여 조상님들이 하늘세계로 올라가는 모습을 지켜보며 이곳이 진짜라는 사실을 알아보고 생령들의 눈이 확 뒤집어졌다고 하십니다.

그래서 입천제 올리려 할 때도 가짜일지도 모르겠다고 생각했는데 진짜임을 알고는 생령입천을 기다렸으나 하늘께로 보내주지 않으니 생령들이 심통 나서 육신을 가만히 놓아주지 않으니 육신의 삶이 힘들어진 것이라 하십니다.

생령입천 행사 때 마음속에서 일어나는 것들을 이실직고를 해야 하는데 그들을 숨겨주고 각자의 생령을 하늘로 만들었기에 인황님께 대들고 신감님께 대들고 있었다고 하십니다. 원래 신감님은 종교 등 그 무엇인가로 인해 고통받고 힘들어하는 사람들의 인생에 빛이 되어주어 그들의 아픔을 어루만져주고 희망을 갖게 해주는 일을 하고자 했다 하십니다.

그래서 인간의 삶을 행복하게 해주고 싶었고 생령에 대해서는 한 번도 말해 본 적도 없었는데 어느 날부터 모두는 자신의 생령을 하늘로 만들고 그 생령의 노예가 되니 육신이 고달파지고 힘들어지게 된 것이라고 하십니다.

생령은 오직 생령뿐이 모르며 육의 아픔이나 힘든 것도 안중에 없고, 하늘께로 가고자 혈안이 되어 있으니 각자의 육이 생령의 개지랄 같음을 마구 욕해야 하는데 숨겨주어 독종의 생령으로 되었기에 빨리 자미천황님께 강제로 끌어올려 보내야 육신의 삶이 편해지는 것이라 하십니다.

그래야 신감님이 추구하는 인간의 행복한 삶을 살게 되는 것이라 하시니 하루 빨리 생령입천을 통하여 강제로라도 하늘께로 올려 보내는 길이 각자의 인생이 편안하고 행복하고 가족 모두가 화목하게 사는 지름길임을 알게 해 주신 김○중 천인의 행사 날이었습니다.

만 인류에게 이로움을 주고, 만 인류를 구원해 주시는 분들은 세상천지에 오직 인황님과 자미인황님, 신감님과 영의 신감님만 함께하실 수 있다 하십니다. 우리 모두는 자기뿐이 모르는 지랄 염병하는 생령을 하늘께로 빨리 올려 보내 생령의 굴레에서 벗어나 행복한 인간의 삶을 살도록 모두 힘차게 화~이~팅~ 외칩시다!

하늘의 백성 박○희 ○○천인

하늘의 뜻으로 생령을 데려간다고

신감님으로 함께하신 천상도감님(미륵님)을 소개합니다. 주인공이 생령입천을 하러 왔는데, 사연을 들어보니 남편이 새로 일을 하게 되었고, 자식이 있는데 일도 안 하고 집안에 처박혀 놀고 있어서 답답한 심정으로 왔다는 겁니다.

미륵님의 말씀은 생령의 뜻이 하늘의 뜻보다 높을 수 없고, 생령의 잘남이 하늘보다 잘날 수 없다 하십니다. 오늘 이것은 자미천황님의 뜻이기에 이것을 완성하시기 위해 오셨다고 합니다.

그래서 대답도 하지 말고, 말도 하지 말고, 그 어떤 것도 하지 말라고 하시면서 오늘의 이것은 오직 하늘의 뜻일 뿐이라 하십니다. 우리가 (주인공) 이 뜻을 애초부터 갖고 있지 않았다 하시면서 이런 소원조차도 없고 하늘의 뜻은 과연 무엇이냐고 반문하십니다.

오늘의 이 뜻은 하늘의 뜻이 이루어지는 것이고, 애초부터 이 뜻이 없으니 관여하지 말라 하셨어요. 주인공은 하늘의 '하' 자도 모르고 하늘을 섬기는 척하는 죄인이랍니다. 하늘이 오랜 세월 기다렸던 것은 오늘 해주시는 미륵님이 완성하러 오셨대요. 우리가 하늘이 아니고 우리의 뜻을 하늘이 알아서 해

주시는 것이 아니라 하십니다.

구원을 원하는 자는 하늘께 복종하지 하늘의 말씀을 밀어내지 않는다 하시면서 나의 모습을 보지 못하고 잘 알지도 못하면서 뭘 그리 잘 아는 척하느냐 하십니다. 주인공은 하늘을 원했는데 잔인한 하늘이 자미천궁으로 도망간 것이더냐? 하시면서 이건 대역죄라 하십니다.

미륵님께서는 생령에게 마지막으로 하늘로 올라가기 전에 한마디 하라 하시면서 가르쳐주시는 말씀은 "내가 잔인했습니다"라고 말해라 하십니다.

미륵님은 생령을 산 채로 데려가시면서 시종일관 오직 하늘께서 수억 년 동안 죄로 가득한 인류를 보시고, 나를 보시고 애통해 하시며 가슴 졸이셨다 하시면서 하늘의 뜻으로 생령을 데려간다고 모든 공을 하늘께 돌리셨어요.

나 같으면 이런 대단한 일을 하늘 대신해서 상을 달라 할 텐데 하늘의 뜻, 하늘의 공덕으로 돌리셨어요. 신명님도, 미륵님도, 하나님도, 인황님도, 신감님도 늘 함께 계시어 잘못된 우리 바로잡아 주시고 향하게 하시며 접신시켜 주세요. 인황님, 신감님 늘 애쓰시고 고맙습니다.

하늘의 백성 이○희 ○○○천인

사명자의 생령은 자미천궁으로 올라가고

며칠 전에 바로 조상님 입천제를 행한 이번 주인공 김○랑은 참석하지도 않은 상태에서 주인공 없이 행사를 해서 녹음 파일을 보냈고, 오늘 생령입천을 하게 되었는데 오늘 역시 주인공 불참으로 시작합니다.

오늘까지 두 번의 행사를 하게 된 이 주인공은 상담부터 전화로 상담해서 자미국 지상 자미천궁의 위치도 모르고, 돈만 보내서 행사를 하는데, 날이 갈수록 인황님, 신감님, 자미천황님, 도솔천황님, 천지신명님의 대원력에 감희 감동을 합니다.

아들이 둘이 있는데, 아들 하나가 병에 걸려서 살려 보겠다고 엄마는 어떤 무속인 집에 1억을 들여서 굿을 했는데도 아들이 죽었답니다. 그래서 1억 중에 천지신명님, 열두대신님의 대원력으로 7천만 원을 받아서 오늘 본인의 생령입천을 하게 되었어요.

보내준 녹음 파일을 듣고, 주인공이 감동해서 하는 말이 신감님은 어쩌면 평소에 궁금했던 그 모든 것을 알고 답변을 다 해 주셔서 너무너무 고맙다는 인사를 전해 왔다는 겁니다. 육신들은 자미천황님, 도솔천황님의 백이 생겼습니다.

주인공은 입천제를 해서 도솔천궁에 올라가신 조상님의 보호와 오늘 올라가는 생령의 보호를 받고, 이제는 육신의 보호를 또 받는 천지신명님, 열두대신님의 보호를 받고, 사명자의 생령은 자미천궁으로 올라가고, 아들 하나 있는데 그 아들은 천인합체를 해서 자미천황님의 보호를 받는 행사를 하라 하십니다.

생령입천! 인류가 모르고 찾지 못한 이 대단한 것을 인황님, 신감님 덕분에 자미국 지상 자미천궁에서 지금 이 시대에 펼쳐 보이고 행하고 계심을 우리는 대 영광으로 알아야 할 것입니다. 천상 자미천궁에는 누가 가는가? 이 세상에서 어울리지 못하고 왕따 당하는 자, 그 자가 가는 것이고 아무 데도 안 맞는 그 영, 생령을 자미천황님께서 받아주신대요.

오늘 생령은 인간세상에 와서 이곳저곳 육신에 있었지만, 거추장스럽고 달라붙는 것도 많고, 어느 누구와도 어울리지 못했는데, 자미천황님 존호만 들어도 좋고 천상 자미천궁으로 빨리 올라가기만 학수고대한다 합니다.

인간세상에서 별종, 왕따 들만 가는 곳, 그리고 살아서 가는 곳이 천상 자미천궁이라 합니다. 인류 최초로 밝혀진 생령의 진실! 인황님, 신감님께서 어렵게 찾으시고 고생하신 덕분에 이 시대에 태어난 우리가 덕을 보고 대 영광을 누리게 되었어요. 고맙습니다.

하늘의 백성 이○희 ○○○천인

생령을 왜 천상 자미천궁으로 데려가시는가?

최고로 높으신 하늘 태상천존 자미천황님께서는 천인합체도 안 한 박○자 백성의 영을 왜 올려 보내려고 하는 것이더냐?라고 하십니다. 생령입천이 급해서 인황님의 크신 배려라고 하십니다. 천상도감님께서 하시는 말씀은 이렇게 긴 세월 동안에 돈을 마련하지도 못하고 이렇게 왔느냐 하십니다. 진짜 하늘께 왔는데 이것이 무엇인가? 라고 하십니다.

이어서 하시는 말씀이 생령은 올라올 자격이 없다 하시면서 다른 자들은 생령입천 비용을 다 채워서 왔는데, 나머지 금액을 다 채워오라 하십니다. 생령은 본가(남편 육신이 있는 집)에도 안 가고 생령은 천상 자미천궁에 간다고 하십니다. 육신은 남편이 있는 본가에 가고 생령은 자미천궁에 올라간다 하십니다.

자미천황님이시여! 이렇게 불쌍한 생령이 천상 자미천궁에 가고 싶다고 하니 불쌍한 영을 받아주세요? 그렇게 머나먼 천상 자미천궁에 어떻게 가나요. 이게 가능한 일이예요? 라고 하니 영적으로 자미천황님께서 데려가주셔야 천상 자미천궁에 갈 수 있다 하십니다.

모든 종교에서 나름 다하고 있다는 구원, 자미천황님의 구원은 이 세상 어느 종교에서나 하는 그런 구원이 아니고 질과 수준이 완전히 다른 대단하고 어마어마한 구원이라 하십니다. 대단하신 하늘께서는 우리를 구원해 주시며 큰 부자이신데, 주인공은 가난하고 말도 가난하고, 집도 없고, 가족도 없고 다 가난하니 자미천황님이시여 받아주세요. 쓸모없는 생령은 빨리 가라 하십니다.

영은 왜 이리도 가난하고 평생 긴 세월 동안 뭐하고 있었냐 하십니다. 게으른 영이며 평생을 놀았다 하시며 대답도 그때 그때 못하는 가난뱅이 영이라 하십니다. 자미천황님께서 천지신명님의 말씀으로 육신 살라고 억지로 영을 데려가시는 것이라 하십니다.

생령아~ 들어라, 하나가 없으면 다음 것도 없구나! 자존심 성질머리만 있고 안 되는 것이 많아, 생령은 육이 잘되는 것은 못하고 잘 안 되는 것만 하라 하며 찌질이라 하고, 주인공이 남편한테 가면 잘되고 행복해지는 꼴을 못 보니 남편한테 안 간다 하는 거래요. 적이 바로 나의 생령이구나!

행복해하는 꼴, 잘되는 꼴을 못 보는 생령이라 하시며 육신이 잘되는 것은 파토 내고, 잘 안 되는 것만 맞다 하니 천상도감님의 말씀이 딱 맞다 하십니다(신감님 대단하십니다). 남편이 나만 보면 잡아먹으려고 하는 게 못된 생령이었구나!

남편이 한 것이 아니구나! 영험하신 천지신명님께서 남편한테 그 어떤 능력을 주셔서 조화를 부려주시어 집안을 지키게 해주셨다 하십니다. 남편이 하고 싶어서 한 것이 아니고 천지신명님께서 기운을 안 주셨으면 집안이 망했다 하시며, 주인공의 개지랄 생령도 막고, 집안도 지켜주신 천지신명님의 대능력이라 하십니다.

천지신명님께서 이 악(생령)을 지키고 막아낼 수 있도록 남편한테 기운을 주시고 능력을 주셔서 우리 집안 지켜주셔서 감사합니다. 이제 이 생령 천상 자미천궁에 가면 저도 천지신명님의 은혜에 힘입어 우리 가정 지키러 갑니다. 생령을 왜 천상 자미천궁으로 데려가시는가?

안 그러면 복수한다 하십니다. 우리 안에 안 좋은 것 다 가져가시고 좋은 것만 주시니 우리한테 안 좋은 것 걷어주세요. 자미천황님, 도솔천황님, 천지신명님 최고이십니다. 오늘 주인공에게 머리부터 발끝까지 대 수술을 해주신 것이라 하십니다.

대단하신 인황님, 신감님께서 입천제, 생령입천, 천인합체, 천은보사, 감사제, 명부입적 정성, 신인합체, 조상하강식 등등 수많은 행사를 찾아주셔서 감사드립니다.

자미금궐의 대단하신 인황님께서 피눈물로 찾으신 보물 같은 행사들을 인황님께서 갖고 계시어 우리에게 아낌없이 주셔서, 우리가 행함으로 잘되고 행복하게 살 수 있다는 것을 잊지 말아야 할 것입니다. 아직까지 못한 행사가 있다면 하루빨리 행사를 행하시길 바랍니다.

하늘의 백성 이○희 ○○○천인

육도 늙듯이 영도 늙는다

주인공 이○효는 오늘 손주 3명을 천인합체하러 왔는데 천인합체를 대단하게도 안 해주신답니다. 그 엄청난 진실을 전합니다. 왜? 이 행사를 하려 하는지를 물어보시면서 대답을 하고 말씀을 올리라 하십니다. 이어서 하시는 말씀이 주인공에게 한 번 웃고 시작하자라고 하시면서 웃으라 하십니다.

너는 너 자신이 누구인지를 아느냐? 너는 이 세상에 와서 무엇을 하였느냐? 오늘 세상을 하직한다 생각하고 말을 해보라 하십니다. 너의(주인공) 인생 모두 다 조상님까지 가문, 재산 모두 남들보다 뒤처질 것이 없다 하시며 고통이 없기에 고통을 말하기도 힘들다 하시며 네가 웃지 않으면 누가 웃고 사느냐 하십니다.

오늘 손주 3명을 천인합체하러 왔는데 손주가 잘나서 지금 현재 잘나가는 것이 아니라, 주인공이 주체이지 손주가 주체가 아니라 하시며 주인공에게 따라하라 하십니다. 손주들을 천인합체해 줘야 손주들이 잘되는 것이 아니다.

내 가문에 내 자손으로 태어났기에 손주들이 지금 현재 부귀를 누리고 있듯이 너희들을 내가 정말 행복하게 해주고 싶으면 나를 알아야 되겠구나! 내가 맑은 것 쏟아내는지, 더러운 것을 쏟아내는지? 이것이 더 중요하다고 대단하게 가르쳐주십니다.

3명 손주들의 천인합체가 중요한 것이 아니고 사명자(주인공)가 더 중요하고, 사명자는 하늘의 기운을 먹고 살고, 사명자는 하늘의 기운을 받아서 자식들에게 하늘의 기운을 쏘신다 하십니다. 주인공이 특단천인인 것이 처음에 천인합체하러 와서 일반으로 하려는데 특단으로 바꿔주신 것이 그냥이 아니고 주인공의 그릇이라고 대단하게도 밝혀주십니다.

주인공이 죽는 날까지 정신을 바짝 차려야 되겠구나! 하라 하시며 손주들은 주인공이 아니라 하시며 부인이, 손주들이, 자식들이 주인공이 아니라 하십니다. 신감님께서 하늘의 진실을 받아서 주인공에게 대단하게도 전해 주시고 그것을 받은 주인공이 받듯이 손주들도 주인공한테 의지를 하겠구나!

손주들에게 있어서는 내가 신감님 역할이겠구나! 주인공이 똑바로 되어 있는 것이 먼저이고, 손주들의 천인합체가 먼저가 아니라 하시면서 오늘 손주들 천인합체 안 해주시며 천인합체보다 더 큰 것을 해주신다고 주인공이 매우 기뻐합니다.

주인공이 깨끗하고 올바로 알아야 주인공에게서 물을 받아먹는 내 가족들이 깨끗해지고 맑아지고 잘되겠구나! 내가 하늘의 진실을 몰라서 거꾸로 가고 있으면 우리 가족들도 거꾸로 가겠구나! 나는 그것이 올바르다고 가고 있기 때문에 하늘께서 보셨을 때는 거꾸로지, 내가 봤을 때는 올바른 것이라 하십니다.

거꾸로인지, 올바른 것인지 하늘께서나 아시지 난 거꾸로 가면서 올바르게 간다고 생각한다 하십니다. 부인이 주인공을 안 만났으면 아무리 부인이 잘났어도 씨가 다르고 색이 다른데 부인이 이런 가정, 이런 가문을 만들었을 것 같으냐 하십니다.

주인공이 있기에 가족이 있고, 손주들이 있는 것이지, 내가 이 족보를 거꾸로 돌렸네! 내 자신이 미친놈이라 하며 한때는 나 잘났소! 하고 살았는데 그래서 나 잘났소! 하는 기운이 자식들한테 퍼져서 우리 자식들이 이렇게 잘난 것이라 하십니다.

그런데 어느 순간에 마누라한테 기가 꺾여서 내가 쩔쩔매고 그러더니 그 이후로 집안이 쩔쩔매는 집안이 되었네, 이것이 진실이라 하시며 부인이라고는 좋은 서방 만났으면 인정하고 잘 따르면 되는 것이지 왜 지랄이야~ 내가 부인한테 어떻게 했는데 남들보다 돈도 많이 벌어다 주고 우리 전주 이 씨 이○효 집안이 그 어떤 집안인데 어디서 까불고 지랄이야~ 그랬어도 내가 넘어가서는 안 되는 것인데 어느 순간 내가 부인한테 넘어가서 이 모양 이 꼴이 되었네.

주인공의 집안이 대단한데 왜 대단한 것인지요? 오늘 행하는 이 진짜의 하늘의 기운이 높고도 높으신 하늘 태상천존 자미천황님, 천상감찰신명님, 천상천감님, 천상도감님의 기운이라 하시며 이 기운 옛날 옛적부터 진짜 하늘께서 주인공 집안에 많이 쏘셨기에 집안이 대단하다 하십니다. 이것이 주인공의 집안이 잘된 비결이라 하십니다.

가문을 이어서 왔다는 하늘이신 자미천황님의 기운을 이어온 것이구나! 그래서 그 자손인 주인공도 진짜의 하늘 앞에 이렇게 온 것이구나! 이렇게 대단한 진짜 하늘의 기운을 내가 끝까지 연결하는 것이 내 역할이구나! 이것이 우리 전주 이씨 집안을 살리는 것이구나! 조상님 대대로 하늘의 진실을 받은 것이라 하시며 주인공 나는 이 엄청난 기운을 보존해야 되는 것이구나! 이것이 나의 역할이구나!

손주 천인합체를 안 해주신다고 섭섭해 하지 마라, 하시며 그러면 언제 천인합체 해주시는 거예요? 주인공이 손잡은 악귀잡귀와 완전히 철폐한 그때 하는 것이고, 내가 정신을 바짝 차려야 되고, 자손들을 내가 정말 사랑한다면 정말로 잘되기를 원한다면 악귀잡귀와 손잡은 주인공이 악귀잡귀와 완전히 이별하고, 머리에서 발끝까지 모든 게 깨끗해졌을 때 내 손주들 천인합체를 해달라고 해야 내 더러운 기운 안 들어가서 정말 잘되는구나!

지금 주인공이 무너진 것을 다시 세워주시는 그 엄청난 것이라 하시며 이는 정수기에 필터를 교체하는 것과 같이 그렇게 중요하고 대단한 것이라 하십니다. 오늘 주인공의 생령을 천상 자미천궁에 데려가신다 하시며, 주인공 안에 영도 늙고 육신도 늙었다 하십니다. 인간의 삶이 영원한 것이 없다 하셨듯이 영도 영원하지 않다 하시며 육도 늙듯이 영도 늙는다는 생전 처음 들어보는 엄청난 진실의 말씀입니다.

오늘 늙은 영을 천상 자미천궁으로 데려가시는 하늘이신 태상천존 자미천황님, 신명님, 하나님, 미륵님이십니다. 오늘 인황님과 신감님께서 애 많이 쓰셨으며 나이가 77세가 되어 육신이 쇠해서 둔한 주인공을 알아듣게끔 해주셨으며 아주 밝은 모습으로 돌아갔습니다.

하늘의 백성 이○희 ○○○천인

천상 자미천궁에 오르는 것이 가장 큰 소원

대구에 언니와 동생이 함께 살고 있는데 자미국 지상 자미천궁에 올 때마다 늘 같이 다니고 있는 자매입니다. 이들은 대순에 8년 정도 다니다가 왔는데 처음 자미국 지상 자미천궁에 올 때 그 마음을 지금도 간직하고 있어야 하는데 초심의 마음을 다 잃어버리고 마음을 잡지 못하고 있다 합니다.

이들은 『천상세계 이야기』, 『하늘이 인류에게 내린 명』 책을 읽고 상담하러 왔는데, 책을 보고 감명받은 마음과 상담할 때 해주신 말씀을 간직하고 지키고 살아야 그 마음도 잃지 않고 살 수 있다 합니다. 생령입천! 주인공이 질문합니다. 사람의 몸에서 영이 빠져나가면 육신이 죽는다는 말이 있는데 어떻게 되는 것인지가 궁금하다 합니다. 주인공은 인간세상에 와서 할 것 다하고 빨리 올라가고 싶다 합니다. 인간세상이 아주 지겹다 합니다.

우리 몸 안에 악령과 선령이 있는데 선령은 우리 몸 안에 있어도 우리 인간에게 별다른 피해를 주지 않는데 악령(생령)은 인간을 괴롭히고 못살게 한다 하는데 하루라도 빨리 천상에 오르려고 몸 주인 인간을 시시때때로 못살게 괴롭히니 인간은 영문도 모르고 살 수가 없을 정도로 싸우기만 한다는 겁니다.

생령은 수천수만 년 동안 인간세계에 와서 인간과 같이 살며 그에 맞는 역할(악질 역할)을 하고 살지만, 주목적은 천상 자미천궁에 오르는 것이 가장 큰 소원이라 합니다. 그러기에 악을 써가며 별짓거리 다 한다 합니다. 선령도 이것은 배워야 한다 하시며 선의 역할을 충실히 해야 천상 자미천궁에 오른다 합니다.

우리가 종교에 다녀봤지만 어느 종교에서 이렇게 엄청난 진실을 말해 주는 데도 없었고 가르쳐주는 곳도 없었습니다. 자미국 지상 자미천궁에 인황님께서 행하시는 이 엄청난 생령입천 이것은 인류가 해내지도 못하고, 알 수도 없었던 인류 최초로 행해지는 대단한 생령입천입니다. 우리 몸 안에는 악령과 선령이 있는데 종교에서는 악은 나쁜 것이기에 구원받지 못하고, 악은 멸망해야 되고, 악은 죽어야 한다고 배웠는데 이 때문에 악을 잘못 다루다 보니 더 뒤집어지는 꼴이 된 셈이라 합니다.

자미국 지상 자미천궁에서 행해지는 생령입천은 악을 구원해 주시는 엄청난 인류 최초로 밝혀지는 대역사라 하십니다. 자미국 지상 자미천궁에서는 종교와 다르게 사탄 마귀, 액운액살, 조상님(사령), 악령(생령)을 해주시며 대단하신 인황님, 신감님께서 그동안 피땀으로 찾으신 입천제, 천인합체, 감사제, 생령입천, 신인합체 등등 인류가 해내지 못하고 인류 역사에도 없는 위대한 발견이시며 경천동지할 위대한 일이라 할 것입니다.

위대하신 하늘이신 자미천황님, 천상감찰신명님, 천상천감님, 천상도감님, 대단하신 인황님, 영험하신 신감님의 대원력이시고 그동안 피와 땀으로 얼룩진 결과물이요, 증표라 할 것입니다.

하늘의 백성 이○희 ○○○천인

- ▶ 나는 누구인지 궁금한 사람
- ▶ 인생이 고통과 불행으로 힘든 사람
- ▶ 기존의 종교세계에 크게 실망한 사람
- ▶ 신을 받아야 한다고 하여 고민인 사람
- ▶ 성에 차지 않아 여러 종교를 다니는 사람
- ▶ 하늘세계, 사후세계에 대하여 궁금한 사람
- ▶ 인간의 탄생과 죽음에 대하여 궁금한 사람
- ▶ 신경질이 잦으며 눈물을 자주 흘리는 사람
- ▶ 우울증, 치매로 고생하는 가족이 있는 사람
- ▶ 자신의 생령(生靈)을 직접 만나고 싶은 사람
- ▶ 매사 되는 일이 없고, 질병으로 고생하는 사람
- ▶ 조상님의 사령(死靈)을 직접 만나고 싶은 사람
- ▶ 굿이나 천도재를 아무리 하여도 소용없는 사람
- ▶ 자동차 사고, 관재구설, 인생 실패가 따르는 사람
- ▶ 사업부진, 질병, 이혼, 부부 싸움으로 불행한 사람
- ▶ 하늘과 땅의 명을 받아 천인(天人)이 되고픈 사람
- ▶ 하늘과 땅의 명을 받아 신인(神人)이 되고픈 사람
- ▶ 하늘과 땅의 명을 받아 도인(道人)이 되고픈 사람
- ▶ 신의 기운이 무엇인지 스스로 확인하고 싶은 사람
- ▶ 고통에서 벗어나 인생을 행복하게 살고 싶은 사람
- ▶ 자살이나 비명횡사 당하여 죽은 가족들이 있는 사람
- ▶ 각자의 몸 안에 누가 함께 살고 있는지 궁금한 사람
- ▶ 사업번창, 승진, 이혼, 자녀, 부부문제로 고민인 사람
- ▶ 하는 일마다 되는 일이 없고, 질병으로 고생하는 사람
- ▶ 자신의 몸에 누가 들어와 있는지 확인해 보고 싶은 사람

친견 상담 예약 안내

친견 상담 예약 전화 ☎ 02) 3401-7400
인황궁전 자미금궐(하늘궁전 지상 자미천궁)

책을 구독한 후 친견 상담을 원하는 분들은 전화로 방문 날짜와 시간을 3~7일 전에 미리 전화로 예약한 후 방문하면 된다.

친견 상담 시간은 각자들의 사연과 각자들의 궁금증 정도에 따라 다르지만 60분 내외의 시간이 소요되며 상담 비용은 예약 전화 시 문의.

친견 상담을 통하여 하늘, 조상님, 생령, 신, 인간세상의 진실에 대하여 더 정확히 아는 시간이 되어 여러분들의 힘들고 외로웠던 지친 인생을 밝고 행복한 삶으로 바꿀 수 있는 귀한 시간이다.

상담을 통해서 각자 자신의 인생은 왜 힘들까에 대한 자세한 해법을 찾게 되는 귀중한 시간이니 지방이라는 거리감과 바쁜 일을 모두 뒤로하고 상담부터 빨리 받아야 새로운 인생길이 열릴 수 있다. 지구상에서 유일하게 하늘의 문이 활짝 열린 곳이 인황궁전 지상 자미천궁이니 남들보다 먼저 들어와서 천기를 받아가는 사람들이 성공하여 인생의 승리자가 된다.

여러분 인생과 조상님들의 사후세계에 대한 진실을 알고 싶은 구독자들은 상담 예약하고 방문. 일평생 단 한 번만 행하는 여러분의 조상입천제는 인간으로 태어난 최소한의 근본도리를 행하는 마지막 효도이자 가장 아름다운 선행이다.

하늘의 명을 받아서 행하는 조상입천제는 속을지라도 묻지도 말고 따지지도 말고 무조건 행하고 봐야 할 만큼 자신 육신과 돌아간 부모, 형제, 배우자, 자녀, 조상님에게 일생일대의 사느냐, 죽느냐에 대한 생사가 갈리는 아주 중대한 일이다.

조상입천제는 굿과 천도재와 달리 진짜이기에 살아서나 죽어서나 수십억 년 동안 매일같이 감사함을 올려도 모자란다고 하늘께서 말씀하시었다. 태초 이후 이 땅에서 처음이자 마지막이며 인황이 세상을 떠나면 조상입천제는 종교처럼 세습이 안 되기에 자연적으로 중지된다.

조상입천제 종류(도솔천궁과 자미천궁 행 두 가지가 있다)
벼슬 입천제 군대 계급 병장급(최고참 말년 병장)
상단 입천제 군대 계급 상병급(중고참 상등병)
중단 입천제 군대 계급 일병급(빛나는 일등병)
하단 입천제 군대 계급 이병급(꺼벙이 이등병)
일반 입천제 군대 계급 장정급(빡빡이 훈련병)
등급이 낮으면 높은 조상들을 상전으로 영원히 받들어야 한다.

찾아오시는 길

주 소 : 서울 강동구 성안로 118 삼정빌딩 (2층)
서울 강동구 성내 3동 382-6 2/2층 전체

전 철 : 5호선 강동역 3번 출구로 나와서 140미터 직진 후 우회전 140미터 앞 좌측(한방복돼지 음식점 2층)

KTX : 서울역에서 1호선 타고 종로 3가 역에서 5호선 환승

버 스 : 고속버스, 시외버스 이용할 때는 동서울터미널에서 하차하시어 택시로 10분 정도의 시간이 소요됨.

【지상 자미천궁 위치도】

책을 맺으면서(천상으로 가는 마지막 기회)

여러분은 지금 인간의 모습 이전에 과연 어떤 모습이었는지 생각해 보았는가? 사람이었을까? 축생(모든 생명체)이었을까? 귀신이었을까? 만물이었을까? 지옥세계에 있었을까? 정답은 사람마다 모두가 다르지만 여러분의 원래 고향은 천상 자미천궁인 것만큼은 확실하다.

천상 자미천궁에서 이 땅으로 내려온 세월이 수천수만 년이 된 사람들도 있고, 수억만 년이 된 사람들도 있다. 천상 자미천궁에서 이 땅으로 내려올 때 바로 사람으로 태어난 자들도 있고, 말 못하는 만생만물로 태어난 자들도 있다. 사람으로 태어났다가 죽어서 만생만물로 윤회하여 수억만 년 동안 빌고 빌어 다시 인간 육신으로 태어난 자들이 대부분이다.

인간으로 태어나기 이전의 모습들은 사람, 축생, 귀신, 만물, 지옥이었지만 구원받을 수 있는 기회를 주시고자 만생만물의 영장인 인간으로 태어나게 해주신 것이다. 인간으로 태어나 자미국 지상 자미천궁에 들어와서 하늘로부터 황명을 받아야 구원되어 천상 자미천궁으로 돌아갈 수 있다.

인간이 아닌 이상 만생만물로 태어나 있는 신과 영, 조상들은 다시는 천상으로 돌아갈 수 없다. 인간 육신의 몸으로 태어났다 할지라도 자미국 지상 자미천궁으로 들어오지 못하고 종교세계에 들어가 있으면 천상으로 가는 길을 찾을 수 없기에 귀신으로 영원히 머물 수밖에 없다.

천상으로 가는 길!

전 세계에서 천상으로 가는 길은 자미국 지상 자미천궁 한 곳으로만 열려 있다. 지구촌에 수백만 개의 종교가 널려 있지만 하늘의 문을 열어줄 수 있는 인류의 영적 지도자는 인황과 신감이 유일하다는 진실을 명심해야 한다.

하늘로부터 구원받고 싶으면 지금까지 다니고 있는 종교세계를 미련 없이 떠나 인황과 신감을 만나 하늘이 내리시는 황명을 받아 천상으로 돌아가야 한다. 인황과 신감이 원해야 하늘의 문이 열려서 도솔천황님과 자미천황님께서 내리시는 명을 받을 수 있고, 신명님이신 천상감찰신명님, 하나님이신 천상천감님, 미륵님이신 천상도감님, 천지신명님, 자미인황님, 영의 신감님이 함께해주시어야만 천상으로 돌아갈 수 있는 것이다.

인황과 신감이 잘나서 여러분을 구원해 주는 것이 아니라, 천상과 지상의 대단하신 능력자들께서 함께해 주시어야만 구원이 이루어지는 것인데, 기존의 종교세계에서는 이런 진실을 알 수 없기에 지금까지 각 종교에서 행한 구원 자체가 헛수고였다.

인황과 신감이 태어난 동시대에 이 나라 이 땅에 태어나 책을 읽고 방문하여 친견 상담하여 조상입천제, 천인합체, 생령입천을 행하는 독자 여러분은 행운아를 넘어서 천운아들이다. 그 이유는 이번 구원이 처음이자 마지막이기 때문이다.

인황과 신감의 육신이 세상을 떠나면 여러분은 더 이상 구원받을 수 없기 때문이다. 자미국 지상 자미천궁은 종교가 아니기에 종교처럼 세습이 전혀 안된다고 하시었다. 인황과 신감 역시 사명을 완수하고 천상 자미천궁으로 돌아가면 이 땅에 다시는 인간으로 내려올 이유가 없기 때문이다.

자미국 지상 자미천궁에는 종교처럼 아무나 모두가 들어올 수 있는 곳이 아니라 하늘과 땅으로부터 특별히 뽑힌 자들에게만 기회가 주어진다. 일단 사후세계에서 하늘공부를 많이 한 조상님들이 뽑혀야 인간 육신과 함께 들어와서 조상입천제를 행하여 천상 도솔천궁과 천상 자미천궁으로 돌아갈 수 있다.

그 다음에 여러분 몸 안에 있는 선령들은 천인합체를 행하여야 하고, 악령(생령)들은 생령입천을 행하여야 천상 자미천궁으로 돌아가는 특혜를 누린다. 조상입천제, 천인합체, 생령입천은 하늘의 윤허를 받아 황명을 받들지 않고서는 불가능하다.

그러므로 이제까지 여러분들이 종교 안에서 행한 모든 구원 행위 자체가 허구였고 모두가 종교 교주와 종교지도자들에게 속은 것이었다. 그로 인하여 여러분의 인생살이는 더 뒤집어져서 지금도 아픔과 슬픔, 고통과 불행 속에서 허우적대고 있다.

도솔천황님과 자미천황님, 신명님이신 천상감찰신명님, 하나님이신 천상천감님, 미륵님이신 천상도감님, 천지신명님, 자미인황님, 영의 신감님이 아니시면 인류는 절대로 구원받을 수 없고, 이분들의 손과 발, 입의 역할을 하는 인황과 신감을 만나지 않는 이상 천상으로 가는 길은 이 세상 그 어디에도 없다.

조상입천제, 천인합체, 생령입천을 행하여 천상 자미천궁에 올라가 하늘 앞에서 살아생전에 나 잘났소, 하는 모습을 버리지 못하고 잘난 척하면 쫓겨나서 이 땅으로 다시 내려오는데 인간으로 태어나지도 못하고 말 못하는 축생으로 태어난다. 축생들은 잘난 척을 할 수 없고, 오직 먹는 것에만 몰두하기 때문이다. 그러면 다시는 천상 자미천궁으로 돌아갈 수 없다. 잘난 분은 하늘 한 분뿐이시지 여러분 죄인들이 아니다.

자신의 지식, 자신의 학력, 자신의 돈, 자신의 권력, 자신의 명예, 자신의 건강, 자신의 힘만 믿고 이 세상을 인력만으로 살아가는 사람들이 가장 못난 바보 같은 사람들이다. 인력으로 안 된다는 것은 다른 힘이 존재한다는 증표 아니던가?

우리 인간들의 눈에는 보이지도 않고, 들리지도 않는 하늘의 힘 천력도 있고, 신의 힘 신력도 있고, 영의 힘 영력도 있고, 도의 힘 도력도 있는데 이곳에서 인간의 지혜와 알 수 없는 신비한 기운이 무한대로 쏟아져 나온다. 인황과 신감을 통해서 이분들의 힘을 빌리면 여러분 인생에 천변만화의 신비로운 조화가 무궁무진 일어나 살아가는 데 걱정이 없고, 현생은 물론 죽음 이후 다음 세상까지 살아가는데 아무런 두려움과 걱정이 없다.

천기 17년(2017년 丁酉年) 7월 1일 乙丑日
하늘 태상천존 자미천황님의 命 대행자 인황
하늘 태상천존 자미천황님의 命 수행자 신감

자미국 지상 자미천궁 02)3401-7400